살아있는 수학 활동 시리즈 **2**

계산기로 하는
중학교 수학

장경윤 · 류현아 · 신용대 · 고호경 · 원영심 · 이진호 지음

교우사
KYOWOOSA

머리말

인도-아라비아 숫자와 계산도구(주판)의 발명은 수학의 복잡한 계산을 루틴으로 만들었다. 이 루틴의 결과는 사회적 변화에도 크게 영향을 끼쳤다. 상인들은 새로운 숫자와 십진법을 선점하면서 계산 능력에 있어서 매우 월등한 지위에 있게 되었으며 계산도구는 이들의 우위를 더욱 가속화시켰다. 이제 상인들은 관심을 무역과 교역 자체에 집중하여 보다 많은 이윤을 남길 수 있게 된 것이다.

> "기술공학은 수학의 교수 학습에 필수적이다. 그것은 가르쳐지는 수학에 영향을 미치며 학생들의 학습을 향상시킨다." (NCTM, 2000, p.24)[1]

16세기 이후 새로 등장한 강력한 계산도구가 계산기와 컴퓨터이다. 계산기나 컴퓨터와 같은 공학도구의 발달은 수학 교육에도 도전과 변화의 흐름을 가져왔다. 그리고 그 도전과 변화의 방향은 교육 방법의 변화를 넘어 교육의 목표와 내용, 계열, 접근 방식에도 영향을 미친다. 휴대전화에서도 계산기가 도구로 제공되는 상황에서 계산기를 배제한 지필로 하는 수학이 누구에게 필요한 것일까?

수학 교육의 주요 목적은 사칙 계산 기능의 숙달이 아니다. 계산 기능은 수학, 특히 산술 교육의 지극히 일부일 뿐이며, 수학의 핵심은 수학적 사고와 문제해결이다. 현재 우리가 사는 사회가 정보화 사회이며, 수학 수업의 초점이 내용이나 절차적 지식의 획득이 아니라 보다 고차적인 사고와 기능이 되어야 한다는 점이 강조되면서 수학 수업에서의 공학도구 사용은 점차 힘을 얻어 왔다. 학교 교육의 목적이 거의 완성된 형태의 지식과 기능을 갖춘 사람을 길러내는 것이라는 전통적 신념이 정보사회에서는 도전을 받는다.

계산기 사용은 수학 내용에 접근하는 방식을 달리 할 수 있다. 또 지금까지 학생들이 다룰 수 없었던 새로운 내용에도 접근을 용이하게 한다. 계산기의 도입은 학생들의 동기유발에도 영향을 주지만 학생들이 실질적인 문제를 해결하고 수학의 여러 영역 사이에 또 다른 교과와도 연결할 수 있도록 한다. 수학을 스토리텔링의 맥락이나 융합 교과로 다루기 위한 기본적 환경은 계산 도구의 도입 없이는 가능하지 않다. 그러므로 계산기의 적절한 활용은 살아 움직이는 수학적 경험을 우리에게 제공하게 될 것이다.

---

1) NCTM. (2000). *Principles and Standards for School Mathematics*, Reston, VA: NCTM.

계산기는 '개념 먼저 응용 나중'의 기존 수학교육 도식에도 변화를 가져올 수 있다. 본 저서는 우리 학생들이 만나는 수학의 초점이 계산보다 모델링으로 옮겨가는 경험을 하게 할 것이다. 계산기는 지필 환경에서는 다루지 않던 새로운 주제에 주목하게 한다. 예를 들면 그래픽계산기에서 View-Window 설정 과제는 학생들에게 어림이나 수 감각을 촉진시키기도 하고 도형의 변환에 주목하게도 한다. 과학자들이 찾아낸 여러 공식은 실질적인 자료에서 얻어진 식으로 함수식의 형태로 나타난다. 공학 도구는 실질 자료를 수집할 수 있게 하여 학생들은 과학자들처럼 자료에 근거하여 관계식을 탐색할 수 있다. 통계 영역에서도 기기나 설문지를 활용한 실험은 실험적 자료 분석(EDA)을 통해 실생활의 의사결정에 유용한 도구로 통계를 활용할 수 있게 함으로써 개념 위주의 기존 통계 교육에 변화를 이끌고 있다.

이 책은 계산기를 도구로 사용하는 '살아있는 수학 활동 시리즈'의 일환으로, 수학을 지루한 계산이 아니라, 인류 문명의 발달을 이끌었던 강력한 도구로 만나기 원하는 학생, 이들을 가르치는 중고등학교 수학 교사와 예비 교사, 그리고 일반 독자들을 위한 자료집과 안내서로 개발되었다. 수록된 각 활동은 계산기의 역량, 수학적 개념의 학습, 그리고 실제 문제 상황에서 개념의 응용 사이에 연결을 핵심적으로 고려하였으며 학생의 자발적인 참여가 가능하도록, 그리고 계산기의 사용 능력이 활동에 장애 요소가 되지 않도록 가능한 한 조작 방법을 활동에 포함시켰다.

이 책의 출판이 미래의 희망인 우리 학생들에게 살아 숨쉬는 강력한 수학을 만나는 계기가 되기를 희망하며, 출판을 허락하신 교우사 오판근 사장님과 편집진에게 감사의 마음을 전한다.

2014. 4.

저자 일동

이 책의 저술 방향과 특징

이 책의 저술 활동에서 적용한 자료 개발 방향과 이 책 구성의 특징은 다음과 같다

1. 그래픽계산기 도입이 수학 학습을 돕는 활동으로 구성한다.
2. 기본적으로 중학교 수학 이상의 내용을 다루되, 기존 내용을 전통적 방식으로 학습하기 위한 활동, 기존 내용을 그래픽계산기를 활용하여 새롭게 접근하는 활동, 정보화 사회가 요구하는 새로운 수학 내용의 학습을 위한 활동을 포함시킨다.
3. 계산기 자체를 다루는 기능이 학생들에게 새로운 학습부담으로 작용하지 않도록 계산기 키의 조작 방법을 상세히 화면과 함께 제시한다. 계산기 사용방법 전반에 관하여, 특히 그래프의 화면(V-Window) 설정에 관해서는 부록에 비중있게 포함시킨다.
4. 계산기를 활용한 수학 탐구가 지필 환경에서의 학습과 연계할 수 있도록 활동을 구성하였다. 무분별한 계산기 사용을 제한하고, 계산기를 활용한 학습이 학생의 수학적 사고 활동으로 다져질 수 있도록, 활동의 각 단계에서 계산기 활용의 정도와 활용 방향을 안내하였다. 활동 단계에서 계산기의 허용 여부를 안내하기 위하여 삽입한 도구 사용 아이콘은 다음과 같다.

   - 계산기 아이콘
     계산기 사용을 전제로 하거나 허용하는 활동
   - 지필(종이와 연필) 아이콘
     계산기를 사용하지 않고 지필환경에서 추론이나 답을 구하는 활동
   - 계산기 & 지필아이콘
     계산기를 활용한 후, 지필 환경에서의 추론이나 문제해결로 이어지는 활동

5. 학생용 활동지의 활동 목적과 유의점 그리고 해답을 포함하는 교사용 지도 자료를 마지막 장에 수록하였다.

이 책의 내용 개요

본 저서는 함수의 그래프 표현, 정수론과 일상적 상황에서 수의 성질 탐구, 수학적 개념의 귀납적 탐구, 수학의 핵심 요소로서의 패턴 인식과 규명, 고등 수학 개념의 경험, 그래프를 이용한 문제해결, 의사결정을 위한 통계 자료의 분석과 적용, 실제적 문제해결을 위한 자료의 수집과 분석을 내용으로 담고 있다.

다음은 각 장별 내용의 개요이다.

제1장 **수와 수 감각**은 계산기를 이용하여 마일과 킬로미터, 달러와 원화 같이 길이나 화폐의 단위 환산 상황에서 비율적 사고를 이해하고 실제적인 문제를 해결하며(1.1, 1.2), 좌석번호 등 수배열의 패턴(1.3)과 거듭제곱 관련한 패턴에 주목하며 수감각을 개발하고, 달력에서 수 사이의 관계를 구체적으로 발견한 후 대수적으로 이를 정당화시키는 활동으로 확장한다(1.5).

제2장 **제곱하면 2가 되는 수**는 무리수의 도입과 무리수 계산, 이를 활용한 실질적 문제해결을 다룬다. $\sqrt{2}$를 제곱하면 2가 되는 수로 도입하고 계산기의 실수 표현을 통하여 무리수의 특징과 무리수 계산 방법을 자연스럽게 이해한다(2.1, 2.2, 2.3). 무리수를 끝없이 계속되는 연분수의 관계를 탐색하고(2.4), 제곱근이 관련된 실제 문제를 해결한다(2.5).

제3장과 제5장 **함수와 그래프, 2차 함수와 그래프**는 일상적인 상황에서 정비례, 반비례 문제와 그 그래프를 다루며(3.1, 3.2, 3.3), 그래픽계산기로 일차함수 $y=ax+b$(3.5, 3.6, 3.7)와 2차 함수(5.1, 5.2, 5.3, 5.4)의 그래프를 그리고 그 특징을 관찰하고. 이를 지필환경에서의 학습으로 확장한다. 그래프의 특징을 발견하는데 계산기의 다양한 기능–표(Table), 그래프(Graph), 동영상(Dyna)–을 활용한다.

제4장과 제6장 **함수의 그래프 이용하기, 그래프와 문제해결**은 일차함수 또는 2차 함수 그래프의 활용을 다룬다. 도형의 일부분인 선분을 일차함수식을 이용하여 그리거나(4.1), 일차방정식이나 연립방정식의 해를 직선의 그래프를 이용하여 구하며(4.2, 4.3), 축구공의 궤적, 혈압 등 일상생활에서 2차 방정식과 3차방정식으로 나타나는 문제도 그래프를 이용하여 해를 구한다(6.1 ~ 6.6).

제7장 **삼각비와 문제해결**은 거리나 높이 측량(7.1 ~ 7.4), 정체구간의 길이(7.5) 등 삼각비가 관련된 일상생활 문제를 계산기를 활용하여 해결한다.

제8장 **자료정리와 의사결정**은 수집한 자료를 도수분포표나 히스토그램으로 정리하고, 계급의 크기와 도수분포표 및 평균과의 관계를 탐색한다. 또 자료를 대표하는 값으로 평균, 중앙값, 최빈값의 의미를 알고 적절한 값을 활용하게 한다(8.1 ~ 8.4).

제9장 **자료 들여다보기**는 대푯값과 분포를 이해하고 이를 이용하여 상황을 분석하고 집단을 비교하며(9.1 ~ 9.3), 특정 자료의 추가(또는 삭제)가 평균과 표준편차에 미치는 영향을 탐색하며(9.4), 주어진 자료에 근거하여 상점 인수나 물건 구입 등 구체적인 상황에서 의사결정을 할 수 있게 한다(9.5 & 9.6).

제10장 **자료에서 식 구하기**는 이야기 또는 실생활에서 수집된 자료를 기초로 계산기의 통계(Stat) 메뉴를 이용하여 식을 찾아 문제를 해결하는 활동으로, 과학적 발견 방식을 경험하게 하는 활동이다. 학생들은 계산기의 개별 사안을 점으로 나타내고 이를 관찰하여 변수 사이의 관계식의 유형(1차, 2차 함수식 등)을 선택하고 정확한 식은 계산기를 활용하여 구한다(10.1 ~ 10.5). 실제 실험을 통해 변수 사이의 관계를 탐색하는 과학 활동은 이와 같은 방식으로 이루어진다.

제11장 **자료에서 읽는 두 변수 사이의 관련성**은 발의 길이와 키(11.1), 키와 몸무게(11.2)와 같이 서로 관련이 있을 것 같은 두 변수 사이의 관련성을 조사하는 활동으로 통계(Stat) 메뉴를 활용한다. 상대적으로 많은 실생활 자료를 근거로 조사하며, 회귀분석이라는 이름으로 사회 과학 연구에서 많이 사용하는 방식이며, 분석한 결과를 이용하여 예측도 가능하다.

제10장과 제11장의 활동은 계산기의 도움이 없으면 전혀 가능하지 않은 내용으로 우리나라 수학교육과정에는 포함되어 있지 않다. 그러나 통계의 실질적인 활용인 자료의 분석과 예측을 다루는 활동으로 매우 의미가 있으며 또 계산기가 이를 용이하게 하므로 본 저서에 포함시켰다.

제12장 **실제 자료의 수집과 분석**은 연구 목적에 적합하게 자료를 수집하고 계산기를 사용하여 이를 분석하는 사례 두 가지를 담고 있다. 인터넷 중독 예방 캠페인을 위하여 설문조사(12.1)를 실시하거나, 끓인 물의 냉각속도를 조사를 위하여 기기(Data Analyzer)를 사용(12.2)한 직접 측정으로 자료를 수집하고, 이를 분석에 사용한다. 이는 실생활 상황의 문제해결을 위한 융합교과 지도의 사례로 수학을 사회 조사연구와 과학 탐구에 활용하는 예이다.

마지막 장 **교사용 지도서**는 교사가 학생을 지도할 때 참고할 수 있도록 학생용 활동지에 대한 학습목표, 기대효과, 해설, 그래픽 계산기 조작 방법 및 주의할 점 등을 포함한다.

차 례

제 1 장

수와 수 감각

1.1 속도제한 표지판 MPH

민영이는 미국 이모네를 방문하여 여행하던 중 길가에 세워진 속도제한 표지판을 보았다. 표지판에는 속도제한 25 mph 40 km/h라고 쓰여 있었다. 이모는 자동차의 최고 시속을 표시한 것으로 같은 속력을 마일(mile)과 킬로미터(km)로 나타낸 것이라고 하셨다.

※ MPH는 mile per hour (mile/h)의 약자이다.

1. 이 표지판에 의하면, 시속 25 mile(MPH)은 시속 40 km와 같다는 뜻이다. 이 표지판을 근거로 1 mile를 km로 나타내면 얼마인지 쓰세요.

2. 제한 속력을 mile로 표시한 다음 표지판의 제한속력을 km로 표시하세요.

________ km/h

________ km/h

제한속력 ________ km/h

최저 ________ km/h

3. 제한 속력(시속)을 km로 표시한 다음 표지판의 제한속력을 mile(MPH)로 표시하세요.

최저속도제한

________ (MPH)

________ MPH minimum ________ MPH

※ 표지판 숫자 밑에 그은 밑줄은 최저속력을 나타낸다.

4. 뉴욕공항에서 보스톤공항까지 갈 때 항공기의 비행시간은 1시간 20분이며, 두 공항 사이의 거리는 189 mile이라 한다.

(1) 두 공항 사이를 비행하는 항공기의 평균속력은 시속 몇 마일인가요?

(2) 항공기의 평균속력을 km로 나타내면 얼마인가요?

1.2 안녕하세요. 환전하러 왔는데요!

예진이는 지난해에 미국 여행을 다녀왔다. 환율은 하루에도 여러 번 수시로 바뀐다. 은행들은 매시간 바뀌는 환율을 일정한 수수료를 붙여 고시를 하게 된다. 해외여행 시 출국에 앞서 은행 중 가장 환율이 싼 곳을 선택해 환전을 하게 되면 이익을 볼 수 있다. 다음은 예진이가 2012년 5월 10일, 2012년 6월 13일에 걸쳐 달러를 각각 구입할 때 확인한 환율이다. 예진이는 5월 10일에 50달러를 산 후, 6월 13일에 추가로 달러를 샀더니 총 121,205원이 필요하였다. 다음 물음에 답하여라.

통화명	현찰 구입할 때	전일대비	등락율
미국 USD	1,141.50	▲1.50	+0.13%
일본 JPY 100	11431.71	▲2.24	+0.16%
유럽연합 EUR	1,478.01	▼1.71	−0.12%

(2012.5.10)

통화명	현찰 구입할 때	전일대비	등락율
미국 USD	1,166.00	▼3.00	−0.26%
일본 JPY 100	1,465.19	▼4.14	−0.28%
유럽연합 EUR	1,459.60	▼2.12	−0.15%

(2012.6.13)

1. 5월 10일에 1달러를 구입하기 위해 필요한 원화는 얼마인가요? 또 5월 10일에 50달러를 구입하는데 지불한 원화는 얼마인가요?

2. 5월 10일에 50달러를 구입하고 6월 13일에 x달러를 구입하였다. 5월과 6월 2회에 걸쳐 지불한 총원화를 y원이라고 할 때 x와 y의 관계식을 구하고, 그 그래프를 그리세요.

3. 예진이는 5월과 6월에 달러를 구입하는데 총 121,205원을 지불하였다고 한다. 예진이는 6월 13일에 추가로 몇 달러를 구입하였나요?

4. 만약 예진이가 5월 10일에 50달러를 구입한 후 6월 10일에 35달러를 더 구입하였다면 원화를 총 얼마 사용하였나요?

1.3 수 배열과 Answer 키

A그림은 세종문화회관 D열의 좌석배치도이다. a~e 화살표를 따라서 좌석을 배정하려고 한다. 각 화살표를 따라 배정되는 좌석 번호 배열은 다음과 같다.

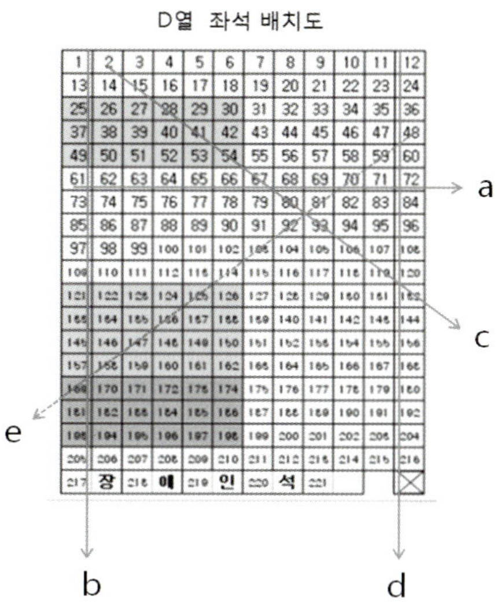

a화살표

61, 62, 63, 64, 65, 66, 67, 68, …

b화살표

1, 13, 25, 37, 49, 61, 73, 85, …

c화살표

2, 15, 28, 41, 54, 67, 80, 93, …

d화살표

12, 24, 36, 48, 60, 72, 84, 96, …

e화살표

48, 59, 70, 81, 92, 103, 114, …

1. 각 화살표를 따라가는 배열에서 좌석 번호 사이의 규칙을 말로 써 보세요.

a화살표 ■ 61, 62, 63, 64, 65, 66, 67, 68, …
규칙: ______________________

b화살표 ■ 1, 13, 25, 37, 49, 61, 73, 85, …
규칙: ______________________

c화살표 ■ 2, 15, 28, 41, 54, 67, 80, 93, …
규칙: ______________________

d화살표 ■ 12, 24, 36, 48, 60, 72, 84, 96, …
규칙: ______________________

e화살표 ■ 48, 59, 70, 81, 92, 103, 114, …
규칙: ______________________

2. a화살표를 따라 n번째 좌석 번호를 a_n으로 표현하기로 약속하면, a_1 =61번, a_2 =62번, e_1 =48번입니다. 다음 기호가 나타내는 좌석 번호는 얼마인가요?

a_5 =__________, b_3 =__________, c_2 =__________, d_4 =__________

3. 이웃한 두 좌석 번호 사이의 규칙을 식으로 나타내려고 한다.

> a화살표 좌석은 '61에서 시작하여 1씩 좌석번호가 증가한다.' 이웃한 두 좌석을 n번째와 n+1번째 좌석으로 하면 좌석 번호 사이의 규칙을 다음과 같은 식으로 나타낼 수 있다.
>
> ■ (시작) $a_1 = 61$, (이웃한 좌석번호 사이의 식) $a_{n+1} = a_n + 1$

같은 방식으로, b~e의 이웃한 두 좌석 번호 사이의 규칙을 식으로 나타내세요.

b화살표 1, 13, 25, 37, 49, 61, 73, 85, …
■ 시작: 식: __________

c화살표 2, 15, 28, 41, 54, 67, 80, 93, …
■ 시작: 식: __________

d화살표 12, 24, 36, 48, 60, 72, 84, 96, …
■ 시작: 식: __________

e화살표 48, 59, 70, 81, 92, 103, 114, …
■ 시작: 식: __________

※ 계산기의 Answer(Ans) 키 사용하기 MENU 1 (RUN·MATH)

- 계산기의 Answer(Ans) 키는 직전 계산 결과를 의미한다.
- fx-9860에서는 그림과 같이 (−)키 바로 위 계산기 몸체에 주황색 글씨로 기록되어 있다. 그러므로 Shift (−)를 차례로 누르면 Ans로 입력된다.
- 한번 Ans를 사용한 식을 입력한 다음에는 실행키 EXE를 누르면 계속 같은 계산을 반복하여 답을 낸다.

왼쪽은 앞에서 살펴 본 a화살표를 따라 배정되는 좌석의 번호를 (Ans)키를 사용하여 계산기에 입력한 화면이고, 오른쪽은 그 결과 화면이다.

계산기 키조작	결과 화면
61 (입력) exe → (Ans)+1 (입력) exe exe exe exe	

4. 계산기 조작으로 다음과 같은 화면을 얻었다. Ans 다음에 어떤 수식을 입력한 것인지 네모 안에 식을 써 넣으세요.

(1)

(2)

(3)

(4)

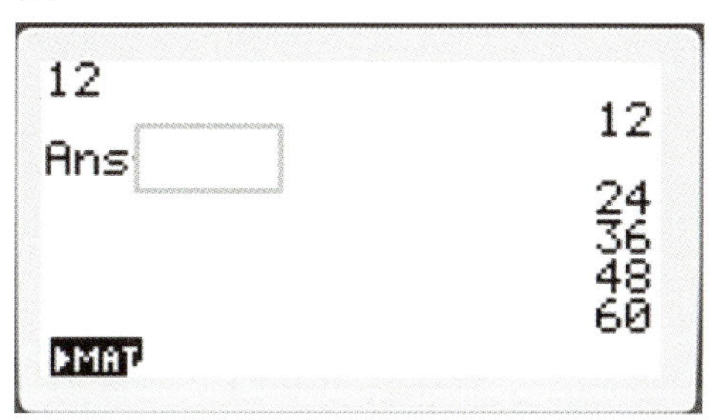

5. Ans 키를 이용하여 값을 구해 보세요. 또 그 값은 어떤 수인지 말로 써 보세요.

(1) 100 (1번째)
95 (2번째)
90 (3번째)
…
______(10번째)

____

(2) 1
$1 \div 2$
$(1 \div 2) \div 2$
…
______(7번째)

____

(3) 0.9
$0.9 \times 0.9 =$
$(0.9 \times 0.9) \times 0.9 =$
…
______(30번째)

____

6. Ans 키를 이용하여 다음 규칙을 따르는 수의 배열을 써 보세요.
수 배열의 특징이 있으면 써 보세요.

(1) 시작: 2　　　규칙: $X_{n+1} = X_n \div 0.5$

■ 수의 배열:

2, ______, ______, ______, ______, ______, ______, ______, …

특징: ______________

(2) 시작: 5　　　규칙: $Y_{n+1} = Y_n \times 1.2$

■ 수의 배열:

5, ______, ______, ______, ______, ______, ______, ______, …

특징: ______________

(3) 시작: 5　　　규칙: $Z_{n+1} = \left(Z_n + \frac{3}{Z_n}\right) \div 2$

■ 수의 배열:

2, ______, ______, ______, ______, ______, ______, ______, …

특징: ______________

1.4 거듭제곱 : 어느 수가 클까요?

$$\underbrace{a\times a\times a\times\cdots\times a}_{n\text{개}}=a^{n}$$

지수 ↙ (n), 밑 ↖ (a)

$2\times2\times2=2^3$

2의 거듭제곱

$10^2=10\times10=100$이므로, 10^2은 100의 또 다른 표현입니다.

1. A는 10보다 작은 자연수이며 $A^7=\square\square\square\square\square\square2$입니다. 이 식이 참이 되도록 □ 안에 한 자리 수를 하나씩 써 넣으세요. 이때, A의 값은 얼마인가요?

2. 다음 □ 안에 적당한 한 자리 수를 넣으세요.

$\square^4=81$

$\square\square^3=46656$

3. A가 다음과 같을 때, A^2의 거듭제곱 A, A^2, A^3, A^4, A^5, …의 1의 자리 수를 나열해 보세요.

A=1일 때 ____, ____, ____, ____, ____, ____, ____, ____, ____, …

A=3일 때 ____, ____, ____, ____, ____, ____, ____, ____, ____, …

A=5일 때 ____, ____, ____, ____, ____, ____, ____, ____, ____, …

A=7일 때 ____, ____, ____, ____, ____, ____, ____, ____, ____, …

A=9일 때 ____, ____, ____, ____, ____, ____, ____, ____, ____, …

위에서 발견한 사실을 써 보세요.

4. A가 다음과 같을 때, A의 거듭제곱 A, A^2, A^3, A^4, A^5, …의 1의 자리 수를 나열해 보세요.

A =2일 때 ______, ______, ______, ______, ______, ______, ______, ______, ______, …

A =4일 때 ______, ______, ______, ______, ______, ______, ______, ______, ______, …

A =6일 때 ______, ______, ______, ______, ______, ______, ______, ______, ______, …

A =8일 때 ______, ______, ______, ______, ______, ______, ______, ______, ______, …

위에서 발견한 사실을 써 보세요.

5. 다음 두 수의 크기를 비교하여, □ 안에 부등호를 넣으세요.

12^3 □ 7^4

4^2 □ 2^3

7^3 □ 3^7

1.5 달력에서 찾은 패턴

S	M	T	W	T	F	S
				$\boxed{1}$	2	$\boxed{3}$
4	$\boxed{5}$	6	$\boxed{7}$	8	9	10
11	12	13	14	15	16	17
18	19	20	21	22	23	24
25	26	27	28	29	30	31

미영이는 달력을 보다가 연속한 세 수 (1, 2, 3), (5, 6, 7) 사이에 재미있는 관계를 발견하였다.

(1, 2, 3)

$\boxed{1}\times\boxed{3}=\underline{3}$ $\boxed{2}^2=\underline{4}$

(5, 6, 7)

$\boxed{5}\times\boxed{7}=\underline{35}$ $\boxed{6}^2=\underline{36}$

1. 다음 세 수 사이의 관계를 언어로 표현하고, 이를 식으로 나타내 보세요.

(1, 2, 3)

(5, 6, 7)

2. 연속한 세 수에 대하여 이와 같은 관계가 항상 성립하는지 확인하세요.

(14, 15, 16)

(28, 29, 30)

3. 연속한 다른 세 수를 선택하여 위와 동일한 관계가 성립하는지 확인 하세요. 이 같은 관계가 항상 성립하는 이유를 써 보세요.

4. 계산기를 이용하여, 다른 세 수 사이에 성립하는 패턴이 있는지 조사해 보세요. 그 패턴이 항상 성립하나요? 또 이유는 무엇인가요?

예: (10, 17, 24), (2, 9, 16), …

S	M	T	W	T	F	S
	1	2	3	4	5	6
7	8	9	10	11	12	13
14	15	16	17	18	19	20
21	22	23	24	25	26	27
28	29	30				

5. 달력과 계산기를 이용하여 네 수 사이에 다른 패턴을 찾아보세요. 그 패턴이 항상 성립하나요? 그 이유는 무엇인가요?

예: (5, 6, 12, 13)

S	M	T	W	T	F	S
					1	2
3	4	5	6	7	8	9
10	11	12	13	14	15	16
17	18	19	20	21	22	23
24	25	26	27	28	29	30
31						

제 2 장

제곱하면 2가 되는 수

2.1 $\sqrt{2}$는 어떤 수일까요?

$\sqrt{\ }$는 "루트"라는 기호로, $\sqrt{2}$와 $\sqrt{3}$은 각각 "루트 2"와 "루트 3"이라고 읽습니다.

이들이 어떠한 수를 나타내는지 알아봅시다.

설정: [MENU][1](RUN·MAT)

[SHIFT][MENU](SET UP): [F2](Linear)[EXE]

바빌로니아 점토판에 새겨진 대각선과 정사각형

1. $\sqrt{2}$와 $\sqrt{3}$의 값을 각각 구해 보세요.

[SHIFT][x^2]($\sqrt{\ }$)[2][EXE]

$\sqrt{2}$의 값: ____________ $\sqrt{3}$의 값: ____________

2. $\sqrt{2}\times\sqrt{2}$와 $\sqrt{3}\times\sqrt{3}$의 값을 각각 구해 보세요.

$\sqrt{2}\times\sqrt{2}=$ ____________ $\sqrt{3}\times\sqrt{3}=$ ____________

위 결과를 보고 $\sqrt{2}$와 $\sqrt{3}$이 어떤 수인지 자신의 생각을 써 보세요.

$\sqrt{2}$는 ____________ 수입니다. $\sqrt{3}$는 ____________ 수 입니다.

3. $\sqrt{31}\times\sqrt{31}$의 값을 추측해 보세요.

$\sqrt{31}\times\sqrt{31}=$ ____________

$\sqrt{31}\times\sqrt{31}$의 값을 구하여, 자신의 추측이 옳은지 확인하세요.

계산기로 구한 $\sqrt{31}\times\sqrt{31}=$ ____________

$\sqrt{31}$은 어떤 수입니까? ____________

4. 기호로 나타낸 다음 수의 값을 추측하고, 계산기로 확인해 보세요.

1) $\sqrt{121}=$ ________________

2) $\sqrt{25}=$ ________________

3) $\sqrt{36}=$ ________________

4) $\sqrt{225}=$ ________________

> A가 양수($A>0$)일 때,
> $\sqrt{A}$는 "제곱하면 A가 되는 수" 입니다.
> 이때 $\sqrt{A}$는 'A의 제곱근'이라 하고 '루트 A'라고 읽습니다.

5. 한 걸음 더

> 계산기로 구한 $\sqrt{2}$의 값은 1.414213561입니다.
> $\sqrt{2}$는 제곱하면 2가 되는 수입니다.
> 그러면 1.414213561을 제곱해도 2가 될까요?

계산기로 구한 $\sqrt{2}$의 값을 제곱해 보세요.

$1.414213561^2=$ ________________

위의 결과가 $\sqrt{2}\times\sqrt{2}$, 즉 $(\sqrt{2})^2$와 값이 다른 이유를 생각해 보세요.

2.2 $A\sqrt{2}$의 값은 얼마일까요?

설정: [MENU][1](RUN·MAT)
[SHIFT][MENU](SET UP) : Input/Output[F2](Linear)[EXE]

1. $\sqrt{2}+\sqrt{2}+\sqrt{2}$의 값을 구해 보세요.

[SHIFT][x^2]($\sqrt{\ }$)[2][+][SHIFT][x^2]($\sqrt{\ }$)[2][+][SHIFT][x^2]($\sqrt{\ }$)[2][EXE]

2. $3\times\sqrt{2}$와 $3\sqrt{2}$의 값을 구하고, 두 값을 비교해 보세요.

[3][×][SHIFT][x^2]($\sqrt{\ }$)[2][EXE] [3][SHIFT][x^2]($\sqrt{\ }$)[2][EXE]

$3\times\sqrt{2}=$ ______________

$3\sqrt{2}$ $=$ ______________

두 값을 비교하면 ________________________________

3. $2\sqrt{2}+3\sqrt{2}=A\sqrt{2}$일 때 A의 값은 얼마입니까? A를 추측하고, 이를 계산기로 확인해 보세요.

A= ______________

$5\sqrt{2}+10\sqrt{2}$의 값을 간단히 나타내 보세요.

4. $\sqrt{2}\times\sqrt{3}$의 값을 구해 보세요.

$\sqrt{2}\times\sqrt{3}=$ ______________

계산기를 이용하여 $\sqrt{6}$의 값을 구하고 위의 값과 비교해 보세요.

$\sqrt{6}=$ ______________

두 값을 비교하면 ______________

5. 근호를 포함한 다음 식 $\sqrt{A}\times\sqrt{B}$의 결과를 추측하고, 이를 계산기로 확인해 보세요.

$\sqrt{2}\times\sqrt{5}=$ ______________

$\sqrt{5}\times\sqrt{10}=$ ______________

1) $3\sqrt{2}\times\sqrt{5}=$ ______________

2) $\sqrt{3}\times\sqrt{27}=$ ______________

3) $6\sqrt{5}\times2\sqrt{2}=$ ______________

2.3 $\sqrt{2}$의 근삿값 구하기

한 변의 길이가 2m인 정사각형 모양 식탁 위에 그림과 같이 색깔 있는 정사각형 모양에 헝겊을 가운데 놓아 장식하려고 합니다. 가운데 놓을 헝겊의 한 변의 길이는 얼마로 해야 하는지 알아봅시다.

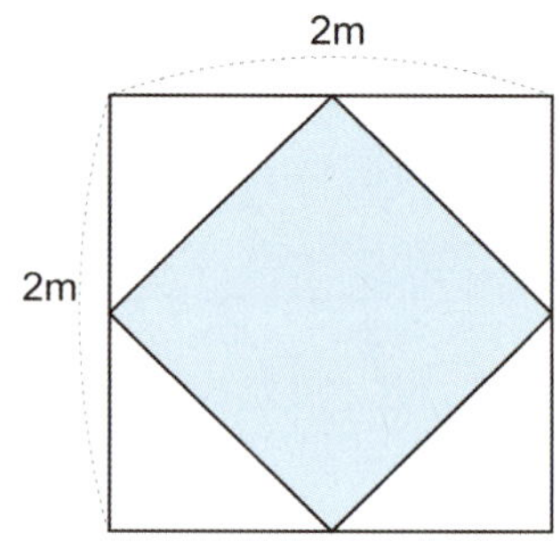

1. 식탁보의 넓이는 식탁의 넓이의 $\frac{1}{2}$이므로 ____ m^2 입니다.
그러므로 식탁보의 한 변의 길이는 ____m 입니다.

2. $\sqrt{2}$는 "제곱하면 2가 되는 수"입니다. $\sqrt{2}$의 값을 구해 봅시다.

x	1.1	1.2	1.3	1.4	?	1.5
x^2	1.21	1.44	1.69	1.96	2	2.25

위 표에서 $\sqrt{2}$의 값은 1.4와 1.5 사이에 있음을 알 수 있습니다.
그러므로 $\sqrt{2}=1.4\times\times\cdots$이고, $\sqrt{2}$의 소수 첫째 자리 값은 4입니다.

(1) 다음과 같은 방법으로 $\sqrt{2}$의 소수 둘째 자리 값을 구해 봅시다.

x	1.41	1.42	1.43	1.44	1.45
x^2					

위 표에서 $\sqrt{2}$의 값은 ________와 ________ 사이에 있음을 알 수 있습니다.
그러므로 $\sqrt{2}$의 소수 둘째 자리는 ________입니다.

(2) 위의 방법으로 여러분이 x의 값을 쓰고 $\sqrt{2}$의 소수 셋째 자리값을 찾아 보세요.

x					
x^2					

$\sqrt{2}$의 근삿값을 구해 소수 셋째자리까지 쓰면
$\sqrt{2}=$ ________입니다.

2.4 계속되는 분수

1. 다음 지시에 따라 분수 계산을 해봅시다.

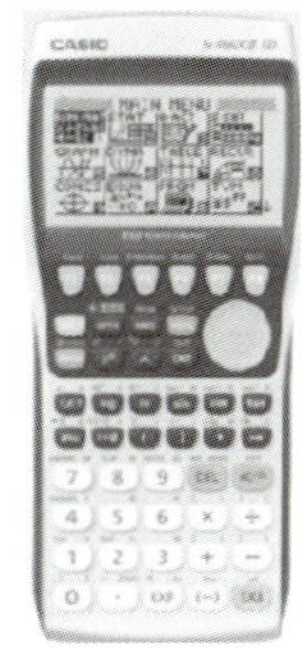

(1) 양수(A) 하나를 택하여 계산기에 입력하세요.

내가 택한 수 ______________

입력 후 [EXE] 결과 ______________

(2) $(A+2\div A)\div 2$를 계산하세요.

입력: $(\mathrm{Ans}+2\div \mathrm{Ans})\div 2$ [EXE] 결과: ______________

*계산기의 Answer(Ans) 키는 직전 계산 결과를 의미한다.
fx-9860에서 Ans는 (−)키 바로 위 계산기 몸체에 주황색으로 기록되어 있으므로 [SHIFT][−]를 차례로 누르면 Ans로 입력된다.((1.3의 해당 쪽수 삽입)쪽 참조)

[EXE] 결과: ______________

[EXE] 결과: ______________

[EXE] 결과: ______________

[EXE] 결과: ______________

[EXE] 결과: ______________

[EXE] 결과: ______________

[EXE] 결과: ______________

2. 위 활동에서 얻은 값은 $\sqrt{2}$의 근삿값이 됩니다. 그 이유를 생각해 보세요.

3. 한 걸음 더

$\sqrt{45}$의 근삿값을 유사한 방법으로 구할 수 있는지 그 방법을 생각해 보세요.

(1) 양수(A)를 하나 택하시오.

(2) (RUN)화면에서 $(A+45\div A)\div 2$를 입력하세요.

(3) $(A\text{ns}+45\div \text{Ans})\div 2$

(4) [EXE]

(5) [EXE]를 반복한 후 계산기에 나타난 수를 쓰시오.

2.5 자동차의 스키드마크

스키드마크(Skid mark)는 타이어가 노면위에서 잠겨(lock) 미끄러질 때 나타나는 타이어 자국으로 교통사고를 해석하는데 가장 중요한 자료 중 하나이다. 스키드마크의 길이를 통해 제동 직전 차량의 속도를 추정할 수 있기 때문이다.

마찰계수가 k인 도로를 달리는 차량이 급히 제동하였을 때 사고로 생긴 스키드마크의 길이 S(m)와 제동 직전 차량의 초속 V(m/sec)사이에 다음과 같은 관계가 성립한다고 한다.

$$V = \sqrt{2 \times k \times g \times S}\ (m/sec)$$

※ 여기서 g 는 중력가속도 $9.8(m/sec^2)$이다.

〈출처: 교통사고 공학연구소(http://www.taei.re.kr/)〉

1. 제한 속력이 시속 100 km인 아스팔트 고속 국도에서 교통사고가 발생하였다. 사고로 미끄러진 차량이 만든 스키드마크의 길이가 60 m일 때, 제동 직전 이 차량의 속력은 시속 몇 km이었는지 소수 첫째 자리까지 구해 보세요.(사고 당일 아스팔트 도로의 마찰 계수 k=0.8이라고 한다.)

2. 위 계산 결과를 토대로 이 자동차가 규정 속도를 지켰는지 토의해 보세요.

2.6 63빌딩 전망대에서 가시거리는?

맑은 날에 지상에서 높이가 $h\,\mathrm{m}$인 곳에서 사람의 눈으로 볼 수 있는 가시거리를 $d\,\mathrm{m}$라 할 때, d와 h사이에는 다음과 같은 관계식이 성립한다.

$$d = 3600\sqrt{h}$$

서울의 63빌딩의 높이는 약 $250\,\mathrm{m}$일 때, 맑은 날 63빌딩 전망대에서 가시거리를 구하세요.

1. 계산기를 이용하여 63빌딩 전망대에서 가시거리 d의 근삿값을 구해 보세요.

2. 맑은 날 N서울타워(자체높이 236.7 m, 해발고도 243.0 m)에서 어디까지 보일지 아래 지도에 표시해 보세요.(지도에 표시된 N서울타워에서 봉화산까지의 직선거리는 약 60 km이다.)

제 3 장

함수와 그래프

3.1 논에서 생산되는 쌀의 양은 얼마나 될까요?

요즘처럼 농사 기술이 발달하지 못했던 옛날에는 논 한 마지기에서 보통 2가마의 쌀이 생산이 되었다고 합니다. 그럼 논 두 마지기와 세 마지기에서는 각각 몇 가마의 쌀이 생산되었을 까요? (논 한 마지기는 약 200 평이고 이는 약 660 m^2 입니다. 또 쌀 한 가마는 80 kg입니다.)

1. 두 마지기 논에서 생산되는 쌀은 _____ 가마이고,
세 마지기 논에서 생산되는 쌀은 _____ 가마입니다.

x 마지기 논에서 생산되는 쌀의 양이 y 가마라고 할 때, y를 x에 대한 식으로 나타내면 $y=ax$ 형태가 됩니다. a의 값을 구하세요.

2. 다음 순서에 따라 $y=2x(x = 0, 1, 2, 3, \cdots, 10)$의 그래프를 그리세요.

메뉴선택(TABLE)/ 함수식 입력
[MENU][7](TABLE) [2][X,θ,T][EXE]

① 화면 설정
[SHIFT][F3](V−Window)
Xmin: 0 max: 10
Ymin: 0 max: 20

② Dual Screen 지정
[SHIFT][MENU](SET UP)
Dual Screen: [F1](T+G)[EXE]

③ 범위 설정
[F5](SET) [EXE]
Start: 0, End: 10, Step: 1

④ 그래프 그리기
[F6](TABL)[F6](G−PLT)

※ 질문: 계산기에 어떻게 나타났습니까? 결과 화면을 아래에 옮겨 보세요.

(그래프)	(표)

3. 그래프에서 Trace 기능을 이용하여 $y=2x$ 그래프 위의 점의 좌표를 4개만 써 보세요.

[SHIFT][F1](Trace)

(※ 그래프 위에서 점 이동시 ◀▶▲▼ 사용한다.)

(　,　), (　,　), (　,　), (　,　)

4. x의 간격(Step)이 0.5와 0.2일 때, $y=2x$의 그래프를 예측하고 이를 확인해 보세요.

범위 설정

[F5](SET)[EXE]
Start: 0, End: 10, Step: 0.5

[F5](SET)[EXE]
Start: 0, End: 10, Step: 0.2

5. $-5 \le x \le 5$일 때, 함수 $y=2x$의 그래프를 그려보고, 4번 그래프의 모양과 비교하여 설명하세요.

메뉴선택(GRAPH) / 함수식 입력

[MENU][5](GRAPH)
Y1=[2][X,θ,T][EXE]

화면 설정

[SHIFT][F3](V−Window)
Xmin: −15　　max: 15
Ymin: −10　　max: 10

그래프 그리기

[EXE][F6](DRAW)

※ 질문: 계산기에 어떻게 나타났습니까?
결과 화면을 아래에 옮겨 보세요.

4번 그래프와 비교한 특징:

3.2 함수 $y=ax$의 그래프에서 a의 역할

1. 다음 순서에 따라 함수 $y=\frac{1}{2}x$, $y=x$, $y=2x$의 그래프를 같은 좌표평면에 그려 보세요.

메뉴선택(GRAPH)/ 함수식 입력
[MENU][5](GRAPH)
$y_1=\frac{1}{2}$x, y_2=x, y_3=2x

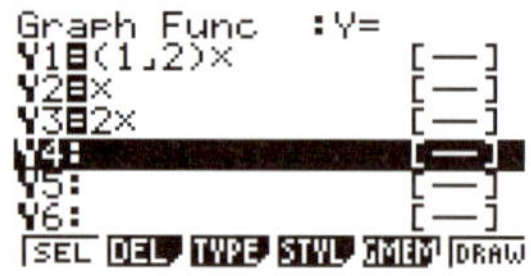

화면 설정
[SHIFT][F3](V-Window)
[F3](STD)

그래프 그리기
[F6](DRAW)

※ 계산기 결과 화면을 아래에 옮겨 보세요.

2. 함수 $y=-\frac{1}{2}x$, $y=-x$, $y=-2x$의 그래프를 같은 좌표평면에 그려 보세요.

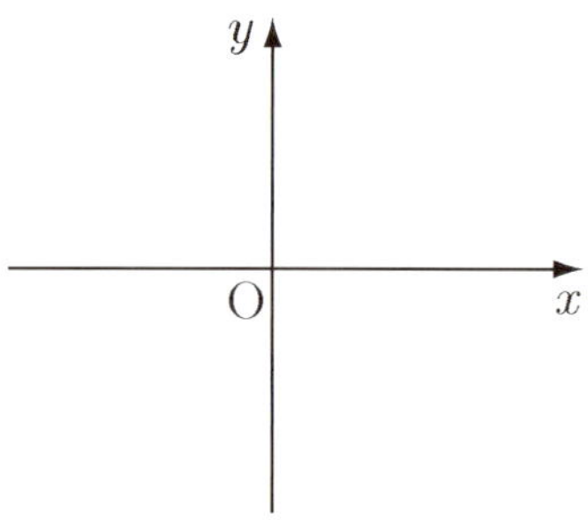

3. 1과 2를 살펴보고, 다음 빈칸을 채워 보세요.

(1) 함수 $y=ax$의 그래프는, $a(a\neq0)$값에 관계없이 그래프는 항상 ________을 지나는 _선이다.

(2) 함수 $y=ax$의 그래프 모양과 a의 부호 사이의 관계

$a>0$일 때 그래프는 ______________________________

$a<0$일 때 그래프는 ______________________________

(3) 함수 $y=ax$의 그래프 모양과 a의 절댓값의 크기 사이의 관계

a의 절댓값의 크기가 클수록 그래프는 ______________________________

a의 절댓값의 크기가 작을수록 그래프는 ______________________________

3.3 6천원으로 볼펜을 몇 개 살 수 있을까요?

민재는 볼펜을 구입하기 위해 6천원을 가지고 집 근처에 있는 문구점에 갔습니다. 6천원으로 천 원짜리 볼펜은 6개, 2천 원짜리 볼펜은 3개 살 수 있습니다.

1. 6천 원으로 1개의 값이 x천 원인 볼펜을 y개를 살 수 있다고 할 때, $xy=6$입니다. 이때 y를 x에 대한 식으로 나타내세요.

2. 계산기를 이용하여 다음 순서에 따라 문제 1에서 구한 식의 그래프를 그리세요.

메뉴선택(TABLE)/ 함수식 입력
[MENU][7](TABLE)

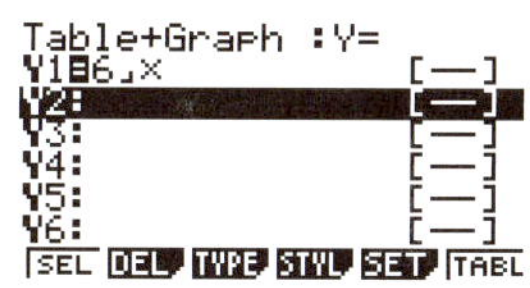

화면 설정
[SHIFT][F3](V−Window)

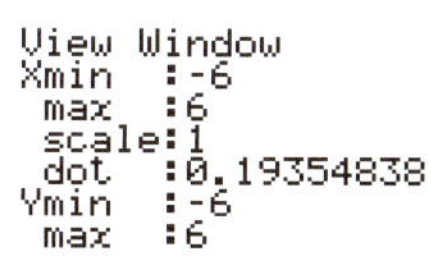

Dual Screen 지정
[SHIFT][MENU](SET UP)
Dual Screen: T+G [EXE]

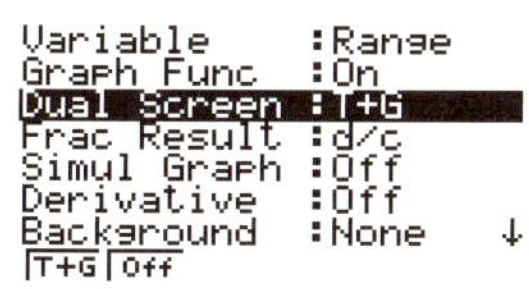

범위 설정
[F5](SET)[EXE]

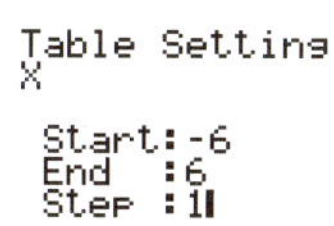

그래프 그리기
[F6](TABL)[F6](G−PLT)

3. x값의 간격을 0.5간격, 0.2간격으로 하였을 때, 그래프 모양을 예측해 보고 그 그래프를 그려 보세요.

(1) 0.5

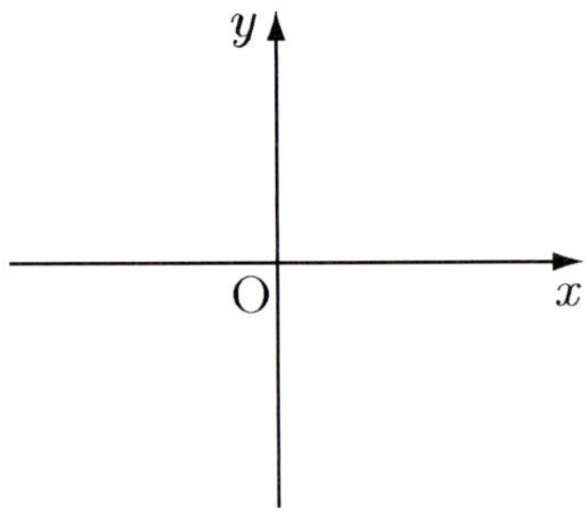

(2) 0.2

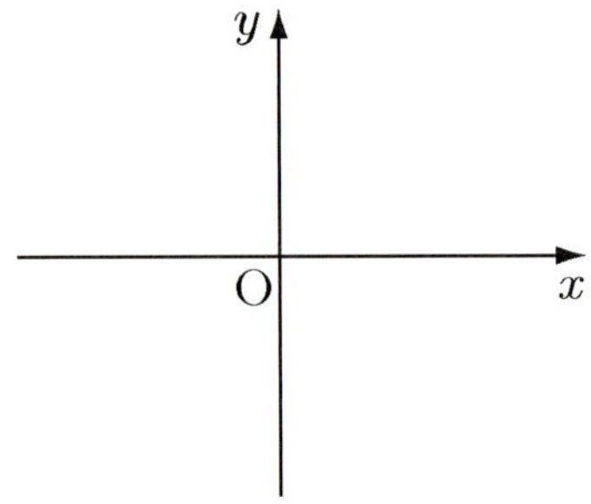

4. $-6 \le x \le 6$일 때, 함수 $y=\dfrac{6}{x}(x \neq 0)$의 그래프를 그려보고, 그래프의 모양을 설명하세요.

3.4 함수 $y=\frac{a}{x}$의 그래프에서 a값의 역할

1. 다음 순서에 따라 함수 $y=\frac{1}{x}$, $y=\frac{6}{x}$, $y=\frac{12}{x}$의 그래프를 같은 좌표평면에 그려 보세요.

메뉴선택(TABLE)/ 함수식 입력
[MENU][5](GRAPH)

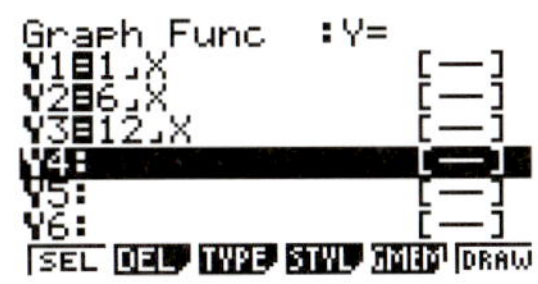

화면 설정
[SHIFT][F3](V−Window)

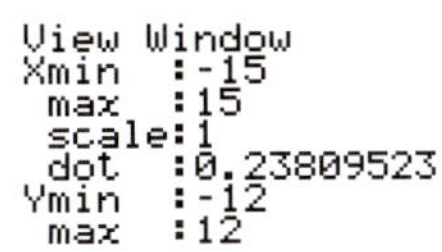

그래프 그리기
[F6](DRAW)

※ 계산기 결과 화면을 아래에 옮겨 보세요.

2. 함수 $y=-\frac{1}{x}$, $y=-\frac{6}{x}$, $y=-\frac{12}{x}$의 그래프를 같은 좌표평면에 그려 보세요.

3. 함수 $y=\frac{a}{x}$의 그래프에 대하여 다음 빈칸을 채워 보세요.

(1) $a(a\neq 0)$값에 관계없이 그래프의 모양은 ____________선이다.

(2) 함수 $y=\frac{a}{x}$의 그래프의 모양과 a값의 부호의 관계

$a>0$일 때 그래프는 ________________________

$a<0$일 때 그래프는 ________________________

(3) 함수 $y=\frac{a}{x}$의 그래프의 모양과 $|a|$값의 크기의 관계

$|a|$값의 크기가 클수록 그래프는 ________________________

$|a|$값의 크기가 작을수록 그래프는 ________________________

3.5 일차함수 그래프에서 기울기와 절편

1. (1) 다음 순서에 따라 함수 $y=2x+4$의 그래프를 그리세요.

메뉴선택(TABLE)/ 함수식 입력
[MENU][7](TABLE)[2][X,θ,T][+][4][EXE]

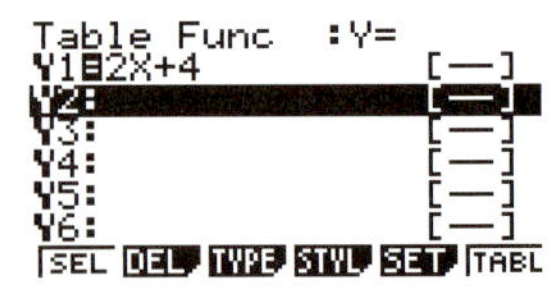

화면 설정
[SHIFT][F3](V−Window)

Dual Screen 지정
[SHIFT][MENU](SET UP)
Dual Screen: [F1](T+G)[EXE]

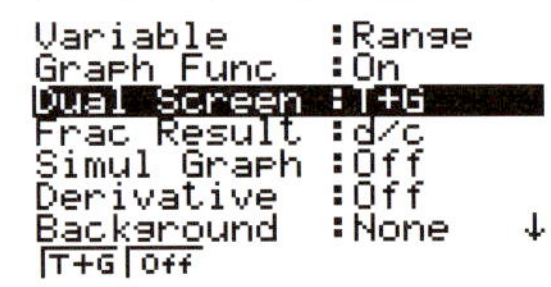

범위 설정
[F5](SET)[EXE]

그래프 그리기
[F6](TABL)[F6](G−PLT)

(2) 화면에 표시된 table(대응표)에서 x값이 -3에서 3까지 1씩 증가할 때 y값의 증가량이 얼마씩인지 써 보세요.

______, ______, ______, ______, ______, ______

y값의 증가량을 $y=2x+4$의 계수와 비교해 보세요.

2. 일차함수 $y=2x+4$의 그래프를 그려 보세요.

메뉴선택(TABLE)/ 함수식 입력
[MENU] GRAPH [2][X,θ,T][+][4][EXE]

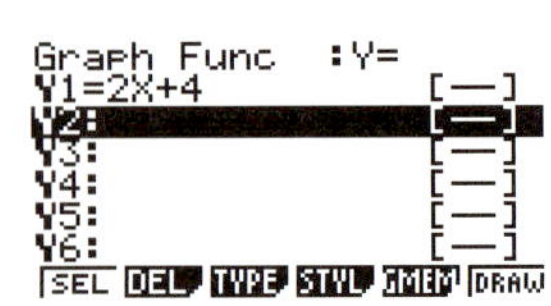

화면 설정
[SHIFT][F3](V−Window) [다음과 같이 설정][EXE]

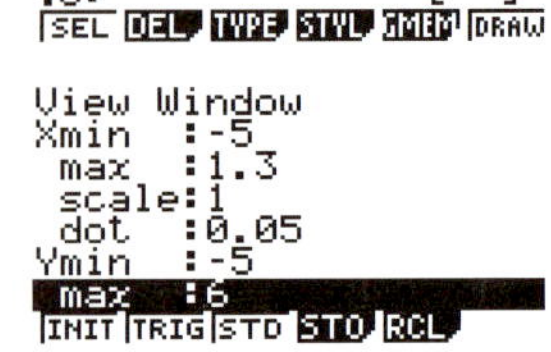

그래프 그리기

[F6](DRAW)

3. 그래프가 x축, y축과 각각 만나는 점을 찾아 보세요. 그래프에서 SHIFT F1(Trace) 방향키 (◀▶▲▼)를 이용하여 그래프 위에서 점을 이동한다.

(1) 그래프가 x축과 만나는 점의 좌표를 읽어 보세요. y의 값은 얼마인가요?

(2) 그래프가 y축과 만나는 점의 좌표를 읽어 보세요. x의 값은 얼마인가요?

(3) 그래프가 x축 또는 y축과 만날 때, 좌표의 특징을 말해 보세요.

4. 일차함수 $y=-4x+8$, $y=3x-3$, $y=x+2$의 그래프를 그리세요. 또, 기울기, x절편, y절편을 각각 찾아 쓰세요.
(V-Window: (INIT)으로 고정한다.)

3.6 일차함수 $y=ax+b$의 그래프에서 a의 역할

1. 일차함수 $y=ax+1$에서 a가 -2, -1, 1, 2, 3일 때, 아래와 같은 순서로 그래프를 그리고, 다음 표를 완성하세요.

메뉴선택(GRAPH)/ 함수식 입력
[MENU][5](GRAPH)

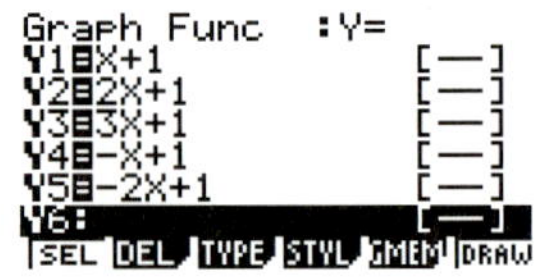

일차함수	기울기	y절편	x절편	지나지 않는 사분면
$y=x+1$				
$y=2x+1$				
$y=3x+1$				
$y=-x+1$				
$y=-2x+1$				

2. 계산기의 DYNA 메뉴를 이용하여 일차함수 $y=ax+1$ $(-5 \le a \le 5)$의 그래프를 그리고, 그 그래프의 특징을 서술해 보세요.

메뉴선택(DYNA) 함수식 입력
[MENU][6](DYNA)
Y1=[ALPHA][X,θ,T][X,θ,T][+][1][EXE]

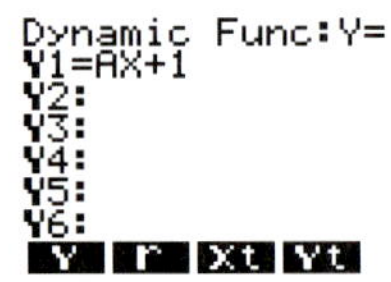

환경 설정
[F4](VAR)[F2](SET)[EXE]

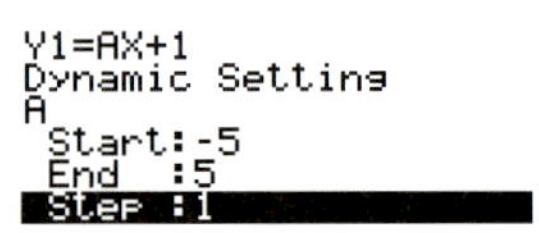

(1) a값이 변함에 따라 그래프에서 달라지는 성질은 무엇인가요?

(2) a값에 관계없이 그래프에서 변함이 없는 성질은 무엇인가요?

3.7 일차함수 $y=ax+b$의 그래프에서 상수 b의 역할

1. 일차함수 $y=x+b$에서 b가 -2, -1, 0, 1, 2일 때, 아래와 같은 순서로 계산기를 이용하여 그래프를 그리고, 다음 표를 완성하세요.

메뉴선택(GRAPH) 함수식 입력
[MENU][5](GRAPH)
[F6](DRAW)

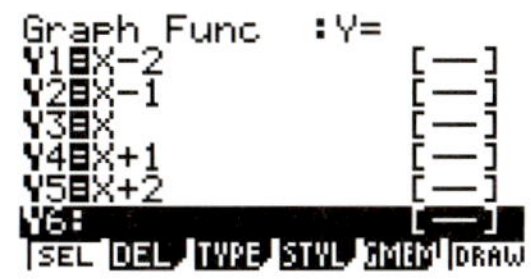

일차함수	기울기	y절편	x절편	지나지 않는 사분면
$y=x-2$				
$y=x-1$				
$y=x$				
$y=x+1$				
$y=x+2$				

2. 계산기의 DYNA 메뉴를 이용하여 일차함수 $y=x+b$ $(-5\le b\le 5)$의 그래프를 그리고, 그 그래프의 특징을 서술해 보세요.

메뉴선택(DYNA) 함수식 입력
[MENU][6](DYNA)[EXE]
Y1=[X,θ,T][+][ALPHA][log][EXE]

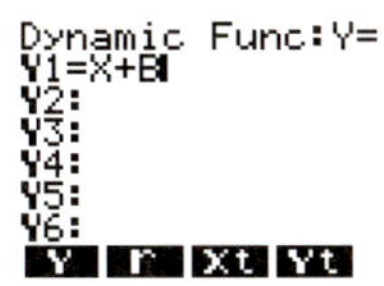

환경 설정
[F4](VAR)[F2](SET)[EXE]

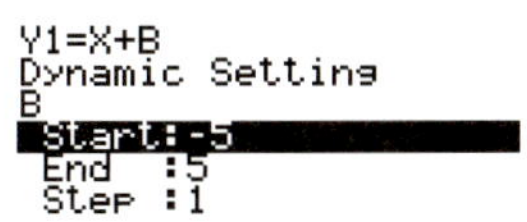

(1) b값이 변함에 따라 그래프에서 달라지는 성질은 무엇인가요?

(2) b값에 관계없이 그래프에서 변함이 없는 성질은 무엇인가요?

제 4 장

함수의 그래프 이용하기

4.1 패턴을 그려 봅시다.

스마트폰을 새로 구입한 정민이는 남들이 쉽게 풀지 못하면서 자신은 잘 기억할 수 있는 패턴을 이용하고 싶었다. 여러 패턴을 그리다 보니 스마트폰의 패턴 구성방법은 9개의 점을 이용한 선분으로 이루어진 모양이란 생각이 들었다. 그렇다면 스마트폰의 패턴을 함수의 그래프로 나타낼 수 있을지가 궁금하였다.

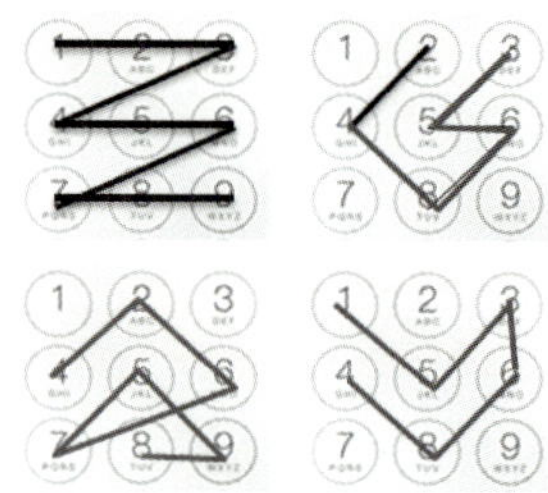

1. 계산기를 이용하여 정의역이 $\{x \mid 2 \leq x \leq 5\}$ 일 때 함수 $y=x-2$의 그래프를 그려 보세요.

메뉴선택(GRAPH)/ 함수식 입력

[MENU] [5] (GRAPH) [EXE]

[X,θ,T] [−] [2] [,] [SHIFT] [+] [2] [,] [5] [SHIFT] [−] [EXE]

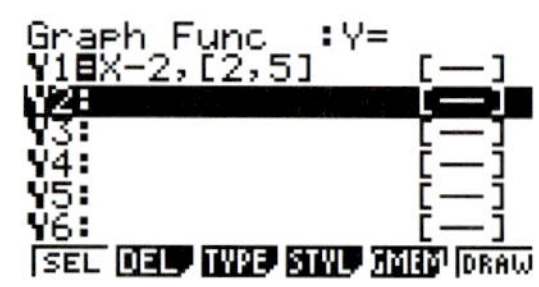

화면 설정

[SHIFT] [F3] (V−Window) [EXE]

그래프 그리기

[F6] (DRAW)

(1) 그래프의 모양은 무엇이 되나요?

(2) 양 끝점의 좌표는 무엇인가요?

2. 1번에서 그린 그래프와 연결될 수 있도록 정의역이$\{x \mid 5 \leq x \leq 7\}$일 때 함수 $y=ax+b$ (a, b는 상수, $a \neq 0$)의 그래프를 그리려고 한다.

(1) 양 끝점의 좌표가 (5, 3), (7, −1)일 때 a, b 값으로 적당한 수는?

(2) 위에서 구한 a, b 값을 이용하여 그래프를 그려 보세요.

3. 1번과 2번에서 그린 그래프를 이어 삼각형이 될 수 있도록 함수 $y=cx+d$(c, d는 상수, $c\neq 0$)의 그래프를 정의역이 $\{x \mid 2 \leq x \leq 7\}$에서 그리려고 한다.

(1) c, d 값으로 적당한 수는 무엇인가요?

(2) 위에서 구한 c, d 값을 이용하여 그래프를 그려 보세요.

4. 함수의 그래프를 이용하여 다음 그림과 같은 패턴을 그려 보세요.

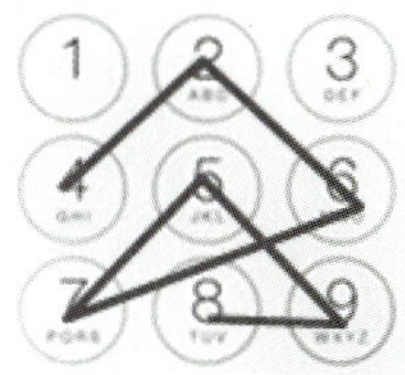

4.2 그래프를 보면 일차방정식의 해가 보여요.

1. 일차방정식 $3x+4=1$의 해 구하기

(1) 일차방정식 $3x+4=1$의 해를 지필 계산으로 구해 보세요.

(2) $y=3x+4$와 $y=1$의 그래프로 해를 구해 보세요.

함수입력

[MENU][5](GRAPH)

[3][X,θ,T][+][4][EXE]

[1][EXE]

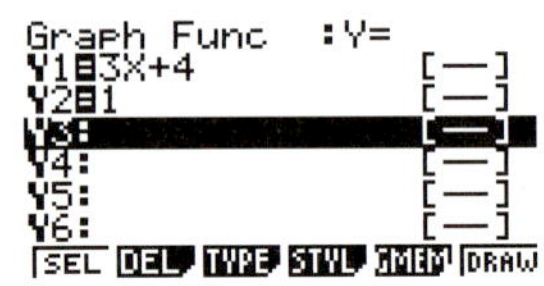

화면 설정하기

[SHIFT][F3](V−Window)

[오른쪽과 같이 설정][EXE]

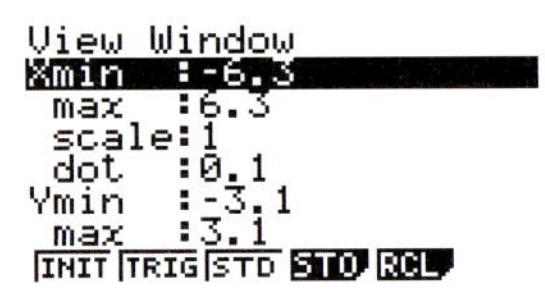

그래프 그리기

[F6](DRAW)

두 그래프의 교점의 좌표 구하기

[SHIFT][F1](Trace) 방향키(◀▶▲▼)

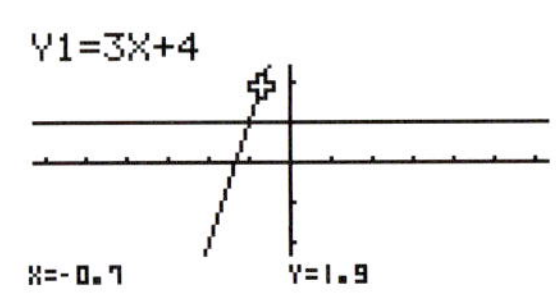

(3) 지필 계산으로 구한 일차방정식의 해와 그래프의 교점의 좌표를 비교해 보세요. 같은 점과 다른 점은 무엇인가요?

2. 일차방정식 $2x-4=0$의 해 구하기

(1) 일차방정식 $2x-4=0$의 해를 지필 계산으로 구해 보세요.

(2) $y=2x-4$의 그래프를 이용하여 해를 구해 보세요.

함수입력

[MENU] [5] (GRAPH)

[2] [X,θ,T] [−] [4] [EXE]

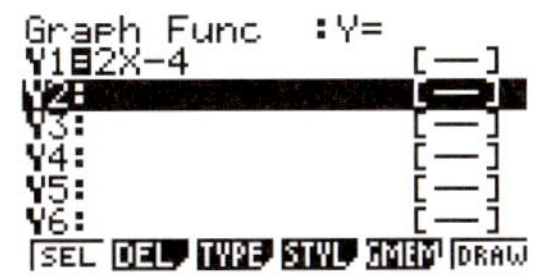

그래프 그리기

[F6] (DRAW)

그래프가 x축과 만나는 점을 찾기

[SHIFT] [F1] (Trace) 방향키(◀▶▲▼)

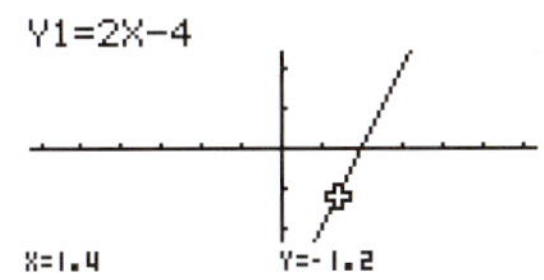

(3) 지필 계산으로 구한 일차방정식의 해와 그래프와 x축과의 교점의 좌표를 비교해 보세요. 같은 점과 다른 점은 무엇인가요?

(4) 1에서의 구한 방정식 $3x+4=1$의 해를 하나의 그래프를 이용하여 구할 수 있는 방법을 말해 보세요.

3. 한걸음 더

3시와 4시 사이에 시침과 분침이 겹치는 시간을 구해 보세요.

4.3 그래프를 보면 연립방정식의 해가 보여요.

계산기를 이용하여 다음 연립방정식 $\begin{cases} 2x+y=10 \\ x-y=2 \end{cases}$의 해를 구해 보세요.

1. 두 일차방정식의 그래프를 그려 보세요.

y를 x에 대하여 y에 관하여 풀기

$$\begin{cases} y = \underline{\qquad\qquad} & \cdots ① \\ y = \underline{\qquad\qquad} & \cdots ② \end{cases}$$

함수입력

[MENU][5](GRAPH)

[−][2][X,θ,T][+][1][0][EXE]

[X,θ,T][−][2][EXE]

Y2 선택 [F4](STYL)[F2](굵은선)[EXIT]

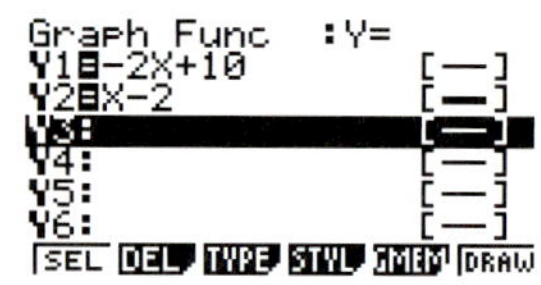

화면 설정

[SHIFT][F3](V−Window)[오른쪽과 같이 설정][EXE]

그래프 그리기

[F6](DRAW)

2. 그래프의 교점은 두 방정식과 어떤 관계에 있나요?

3. 그래프를 이용하여 방정식의 해를 구해 보세요.

[SHIFT][F1](Trace) 방향키(◀▶▲▼)

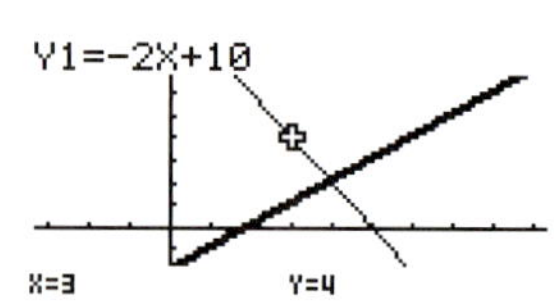

4. 어느 날 영화관에 700명의 관람객이 영화를 관람하여 수입이 4,600,000원이었다. 어른의 입장료는 7,000원이고, 청소년의 입장료는 5,000원이라고 한다. 이 날 영화를 관람한 어른과 청소년은 각각 몇 명인지 구해 보세요.

제 5 장

2차 함수와 그래프

5.1 이차함수 $y=ax^2$의 그래프는 어떤 모양일까요?

1. 이차함수 $y=x^2$, $y=-2x^2$의 그래프를 그려 보세요.

메뉴선택(TABLE)/ 함수식 입력

[MENU][5](GRAPH)[X,θ,T][x^2][EXE]

[−][2][X,θ,T][x^2][EXE]

[F4][F2](굵은선)

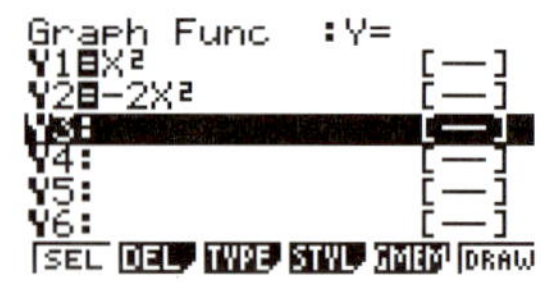

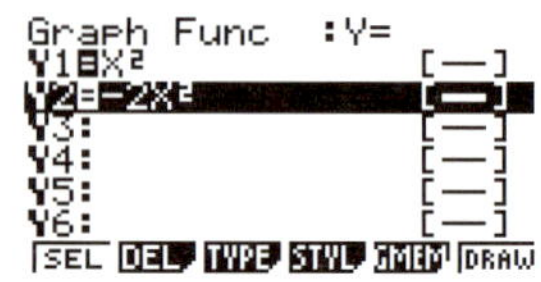

화면 설정

[SHIFT][F3](V−Window)[EXE]

그래프 그리기

[F6](DRAW)

2. 위의 문제 1의 두 그래프 사이의 공통점과 차이점을 쓰세요.

공통점	차이점

3. 상수 a값을 달리하면서, 이차함수 $y=ax^2$의 그래프를 여러 개를 그려보고, 위의 2번 내용을 보충하세요.

5.2 이차함수 $y=ax^2$의 그래프의 성질

1. DYNA 메뉴를 이용하여 이차함수 $y=ax^2(-5 \le a \le 5)$의 그래프를 그리고 그 특징을 서술해 보세요.

메뉴 선택(DYNA)/함수 입력

[MENU][6](DYNA)

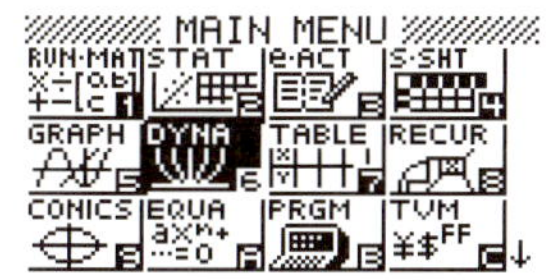

Y1=[ALPHA][X,θ,T][X,θ,T][x^2][EXE]

A값의 변화 범위

[F4](VAR)[F2](SET)[EXE]

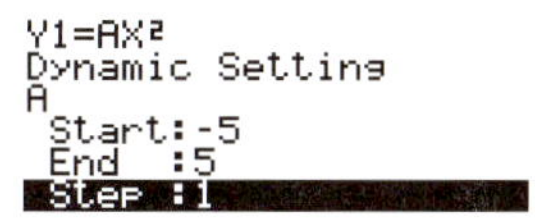

그래프 그리기

[F6](DYNA)

(끄려면 [AC][EXIT])

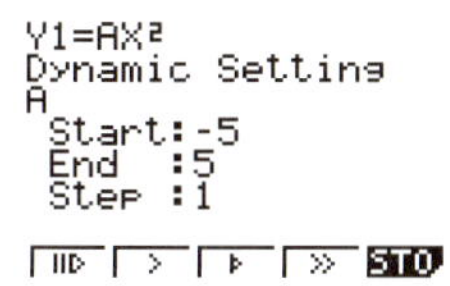

변환 속도 조절하기

[AC][F1][EXE](누를 때마다 A값이 1씩 커짐)

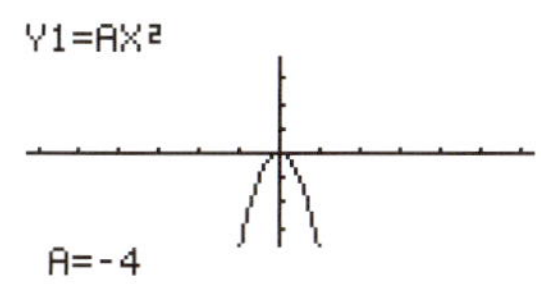

2. 이차함수 $y=ax^2(a \neq 0)$의 그래프가 이차함수 $y=x^2$와 $y=-3x^2$의 그래프 사이에 그려지도록 하는 a의 값의 범위를 구하세요.

5.3 이차함수 $y=x^2+q$의 그래프는 q값에 따라 어떻게 변할까요?

1. 이차함수 $y=x^2$와 $y=x^2+q$의 그래프를 그려 보세요.

(1) 다음 q값에 대하여 $y=x^2+q$의 그래프를 그려 보세요.

q값	1	3	-2	-4
이차함수 식	$y=x^2+1$			

(2) 계산기를 이용하여 그래프를 그려 보세요.

메뉴선택(GRAPH)/ 함수식 입력

[MENU][5](GRAPH)

Y1=[X,θ,T][x^2][EXE]

Y2=[X,θ,T][x^2][+][1][EXE]

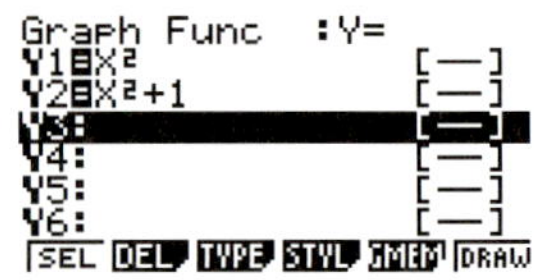

화면 설정

[SHIFT][F3](V−Window)[EXE]

그래프 그리기

[F6](DRAW)

(3) 그래프 사이의 공통점과 차이점을 쓰세요.

공통점	차이점

(4) 계산기의 Dynamic Func(MENU, 6) 메뉴를 이용하여 $y=x^2+q(-5\le q\le 5)$의 그래프 탐색해 보세요.

메뉴선택(DYNA)/함수식 입력

[MENU][6](DYNA)

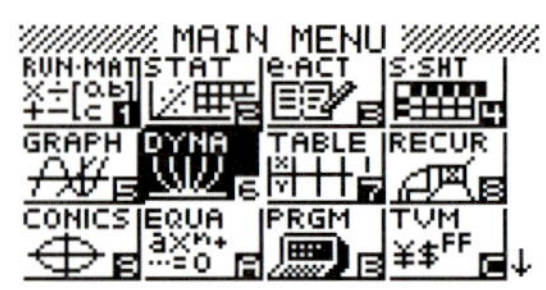

Y1=[X,θ,T][x^2][+][ALPHA][5][EXE]

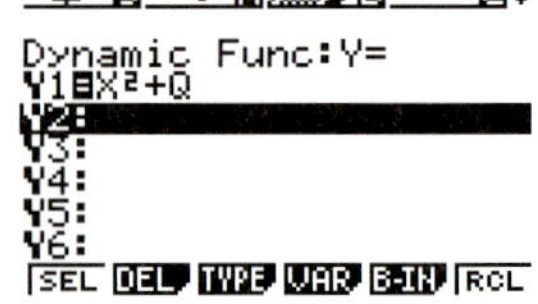

Q값의 변화 범위

[F4](VAR)[F2](SET)[EXE]

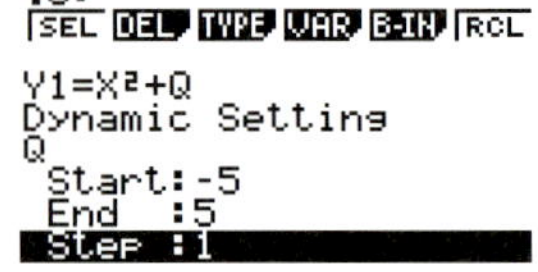

그래프 그리기
[F6](DYNA)
(끄려면 [AC/EXIT])

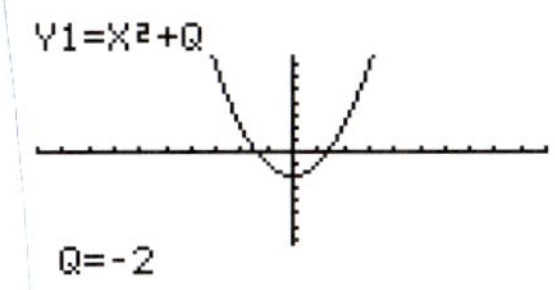

(5) (4)에서 탐구한 내용을 정리하세요.

2. 다음 〈보기〉에서 평행이동으로 그래프를 일치시킬 수 있는 함수들을 같은 그룹으로 모을 때, 최소 몇 개의 그룹이 만들어지는지 쓰세요.

〈보기〉

① $y=-x^2-1$　② $y=x^2-1$　③ $y=-x^2+3$
④ $y=3x^2+3$　⑤ $y=2x^2$　⑥ $y=2x^2-5$
⑦ $y=3x^2$　⑧ $y=2x^2+3$

(1) 그래프를 평행이동 시켰을 때 일치하는 것을 모두 찾으세요.

(2) (1)번에서 찾은 각각의 경우에 두 그래프가 일치하도록 평행이동 시키는 방법을 쓰세요.

5.4 이차함수 $y=(x-p)^2$의 그래프는 p값에 따라 어떻게 변할까요?

1. 이차함수 $y=x^2$와 $y=(x-p)^2$의 그래프를 그려 보세요.

(1) 다음 p값에 대하여 $y=(x-p)^2$의 식을 아래 빈 칸에 쓰고, [GRAPH] 메뉴에서 네 개의 그래프를 같은 화면에 그려 보세요.

p값	1	3	-2	-4
식	$y=(x-1)^2$			

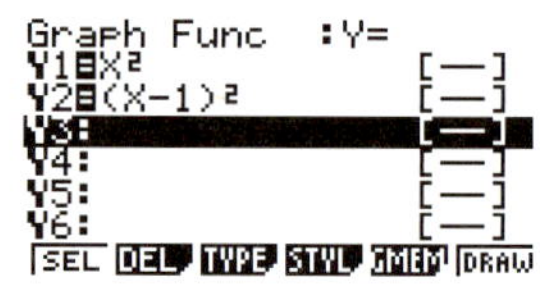

메뉴선택(GRAPH)/ 함수식 입력

[MENU][5](GRAPH)

Y1=[X,θ,T][x^2][EXE]

Y2=[(][X,θ,T][−][1][)][x^2][EXE]

화면 설정

[SHIFT][F3](V−Window)[EXE]

그래프 그리기

[F6](DRAW)

화면에 나타난 그래프

(2) 위 네 개의 $y=(x-p)^2$그래프의 대칭축, 꼭짓점, 함숫값 등을 살펴보고 그래프의 특징을 공통점과 차이점으로 구분하여 쓰세요.

공통점	차이점

(3) [Dynamic Func] 메뉴를 이용하여 $y=(x-p)^2$ $(-5 \le p \le 5)$의 그래프를 탐색해 보세요.

메뉴선택(DYNA)/함수식 입력
[MENU][6](DYNA)

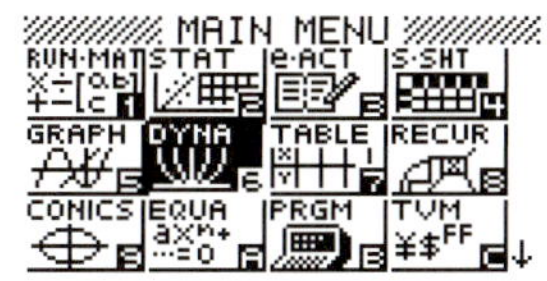

Y1=[(][X,θ,T][−][ALPHA][4][)][x^2][EXE]

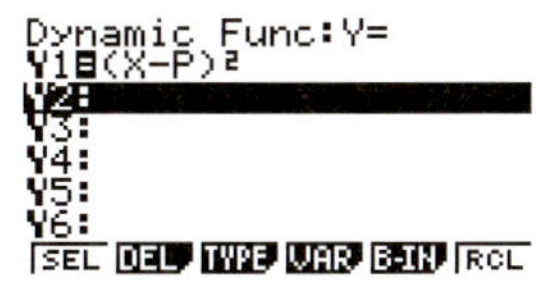

P값의 변화 범위 정하기
[F4](VAR)[F2](SET)[EXE]

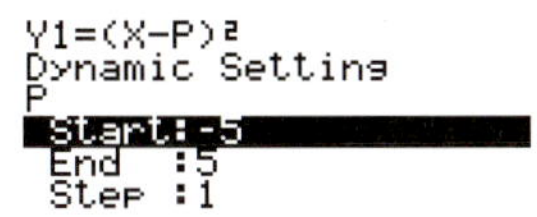

그래프 그리기
[F6](DYNA)
(끄려면 [AC][EXIT])

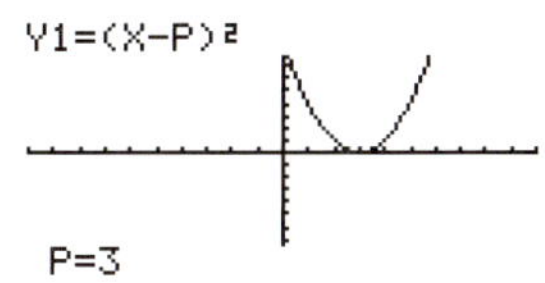

(4) (3)을 근거로 $y=(x-p)^2(-5 \le p \le 5)$의 그래프의 특징을 쓰세요.

2. 다음 〈보기〉에서 평행이동으로 그래프를 일치시킬 수 있는 함수들을 같은 그룹으로 모을 때, 최소 몇 개의 그룹이 만들어 지는지 쓰세요.

〈보기〉

① $y=-x^2$	② $y=-2x^2$	③ $y=3x^2$
④ $y=2x^2$	⑤ $y=(x-2)^2$	⑥ $y=2(x-5)^2$
⑦ $y=-2(x-5)^2$	⑧ $y=2(x+2)^2$	

제 6 장

그래프와 문제해결

6.1 축구공은 얼마나 어떻게 날아갔을까요?

우리나라 축구 대표팀의 골키퍼가 골대 앞에서 공을 찼을 때, 공이 날아간 경로를 식으로 나타내면 다음과 같았다고 합니다.

$$y = -0.025x(x-60)$$

(단, x는 공이 날아간 수평거리, y는 x에 따른 높이, 단위: m)

다음 물음에 답하세요.

1. 축구공의 경로를 그래프로 그리세요.

메뉴선택(GRAPH)/함수식 입력

[MENU] [5] (GRAPH) [EXE]

Y1= [−] [0] [•] [0] [2] [5] [X,θ,T] [(] [X,θ,T] [−] [6] [0] [)] [EXE]

2. 축구공의 경로가 어떤 모양인지 말해 보세요.

3. 축구공이 지면에 떨어졌을 때, 처음 찬 지점에서 수평거리를 구하세요.

4. 공을 찬 지점에서부터 수평거리가 얼마일 때, 공이 가장 높이 뜰까요?

5. 공이 날아갈 때, 최대 높이는 얼마일까요?

6.2 우리 가족의 정상 혈압은 얼마일까요?

혈압은 혈액이 혈관 벽에 미치는 압력을 말한다. 일반인의 정상수축기 혈압은 120 mmHg이고 확장기 혈압은 80 mmHg이지만 식사 후나 운동 상태 등에 따라 변하고 특히 나이에 따라 크게 변합니다. 일반적으로 나이가 x세인 건강한 여성과 남성의 정상수축기 혈압 y mmHg 는 각각 다음과 같다고 합니다.

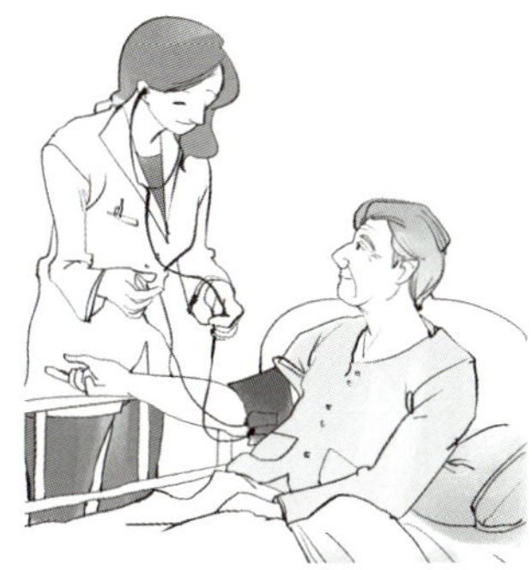

여성 : $y=0.01x^2+0.05x+107$

남성 : $y=0.006x^2-0.02x+120$

1. 건강한 여성과 남성의 정상수축기 혈압에 대한 그래프를 그리세요.

메뉴선택(GRAPH)/ 함수식 입력

- MENU 5 (GRAPH)
- Y1에 여성 식 입력 EXE
- Y2에 남성 식 입력 EXE

2. 30세의 건강한 여성과 남성의 정상수축기 혈압의 차를 구하세요.

3. 여성과 남성의 정상수축기 혈압이 같은 때는 언제인가요?

4. 두 그래프를 보고 여성과 남성의 나이별 혈압을 비교하여 설명하세요.

5. 우리 가족의 정상 수축기 혈압을 구해 보세요.

6.3 그래프를 보면 이차방정식의 해가 보여요.

1. 이차방정식 $(x-30)^2=225$의 해를 지필 계산으로 구해 보세요.

2. 다음 순서에 따라 그래프를 이용하여 해를 구해 보세요.

함수입력

[MENU][5](GRAPH)

[(][X,θ,T][−][3][0][)][x^2][EXE]

[2][2][5][EXE]

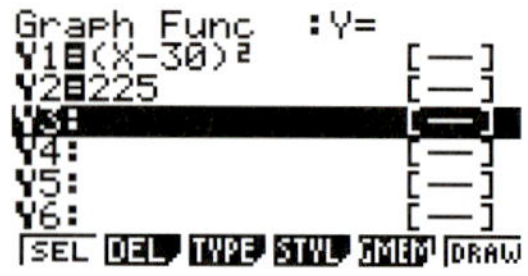

화면 설정하기

[SHIFT][F3](V−Window)[오른쪽과 같이 설정] [EXE]

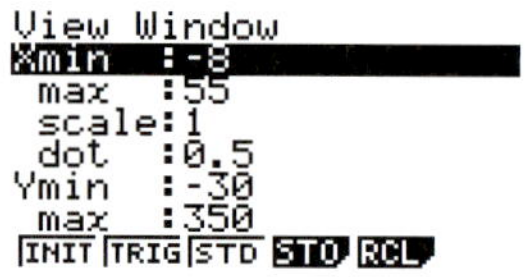

그래프 그리기

[F6](DRAW)

두 그래프의 교점을 찾기

[SHIFT][F1](Trace) 방향키(◀▶▲▼)

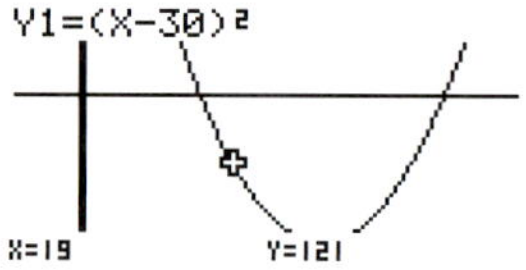

3. 두 그래프의 교점을 찾아 보세요.

4. 지필 계산으로 구한 이차방정식의 해와 그래프의 교점의 좌표를 비교해 보세요. 같은 점과 다른 점은 무엇인가요?

6.4 길이를 얼마로 하지?

1. 길이가 18 m인 철망으로 3면을 울타리로 둘러 그림과 같이 넓이가 28 m^2인 직사각형 모양의 우리를 만들었다. 우리의 가로와 세로의 길이가 각각 얼마인지 구해 보세요.

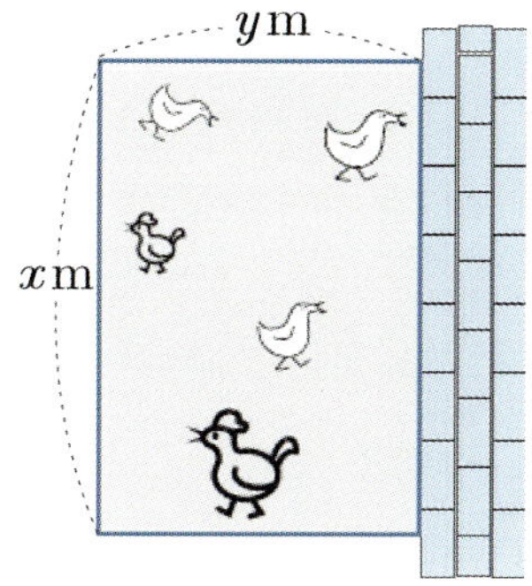

2. 한걸음 더

> 그림과 같이 한 변의 길이가 40 cm인 정사각형의 종이를 잘라 부피가 4500 cm^3인 상자를 만들려고 한다. 잘라낸 정사각형의 한 변의 길이는 얼마로 해야 하는지 구해 보세요.

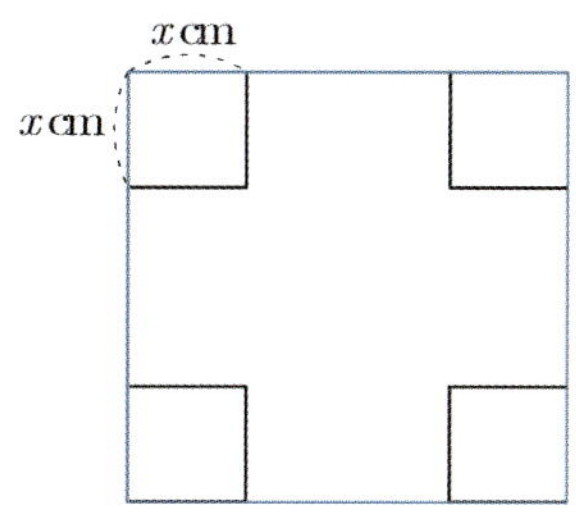

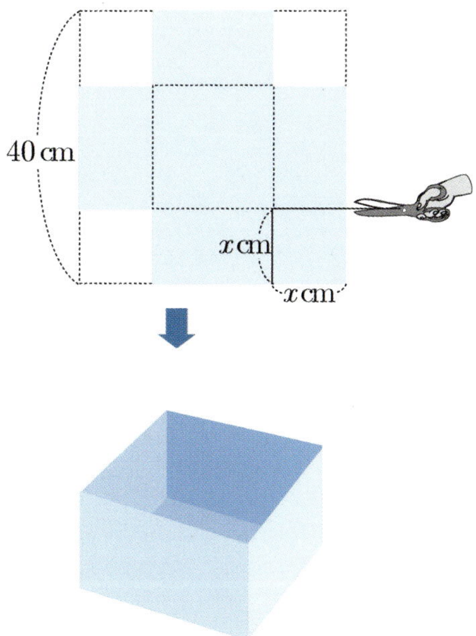

6.5 그래프를 보면 삼차방정식도 풀 수 있어요.

※ 삼차방정식 $x^3-2x^2=x+3$의 해를 그래프를 이용하여 구해 봅시다.

1. 다음 순서에 따라 함수 $y=x^3-2x^2$, $y=x+3$의 그래프를 그려 보세요.

함수 입력

[MENU] [5] (GRAPH)

[X,θ,T] [∧] [3] [−] [2] [X,θ,T] [x^2] [EXE]

[X,θ,T] [+] [3] [EXE]

화면 설정

[SHIFT] [F3] (V−Window) [F3] (STD: Standard)

그래프 그리기

[F6] (DRAW)

교점 찾기

[SHIFT] [F5] (G−SLV) [F5] (ISCT)

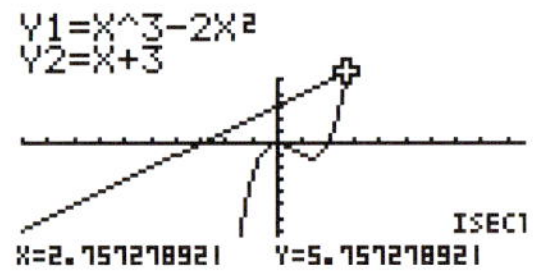

2. 삼차방정식 $x^3-2x^2=x+3$의 해를 구해 보세요.

6.6 상자의 부피를 최대로 만들어라!

한 변의 길이가 20 cm인 정사각형 모양의 판지가 있다. 판지 귀퉁이에서 한 변의 길이가 x cm인 정사각형 네 개를 오른쪽 그림과 같이 잘라낸 후, 나머지를 잘 접어 뚜껑이 없는 상자를 만들려고 한다. 상자의 부피가 최대가 되게 하려면 x를 얼마로 해야 하는지 구하시오.

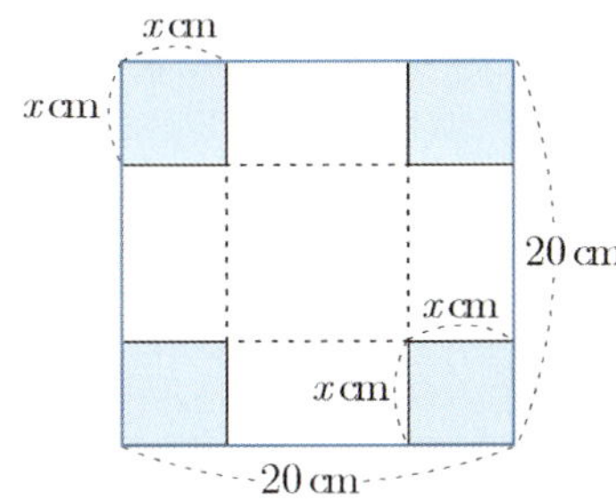

1. x값의 범위를 쓰세요.

2. 상자의 부피 $V(x)$를 x에 대한 식으로 나타내세요.

$V(x)=$____________

3. 계산기의 그래프(Graph) 메뉴를 이용하여 $V(x)$의 그래프 개형을 그리세요.
그래프가 잘 보여 질 수 있도록 V-Window를 적절하게 설정하세요.

$V(x)$의 그래프 그리기	V-Window 설정: Xmin: max: Ymin: max:

4. (G-Solve)-Max 기능을 이용하여 $V(x)$의 최댓값과 그 때의 x값을 구하세요.

제 7 장

삼각비와 문제해결

7.1 높이를 어떻게 알 수 있을까요?

사다리차로 짐을 옮기려고 한다. 그림과 같이 아파트 아래 B지점에서 1.2 m 떨어진 A지점에서 아파트 벽 C지점까지 사다리차를 펼쳐 놓았을 때 사다리와 지면이 이루는 각의 크기가 78°였다.

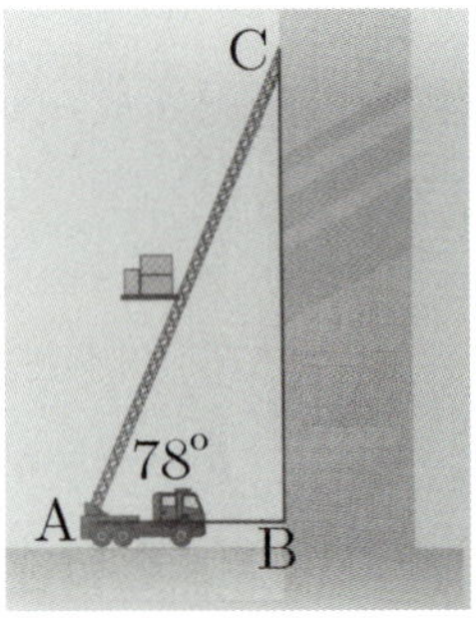

1. 사다리의 길이, A지점에서 C지점까지의 길이를 구하는 식을 세워 보세요.

2. A지점에서 C지점까지의 거리를 구해 보세요.

3. 아파트 아래 B지점에서 C지점까지의 거리를 구해 보세요.

7.2 플래카드의 길이를 얼마로 하면 될까요?

건물 벽 위 끝에서 아래 끝까지 플래카드를 세로로 늘어뜨리려고 한다. 건물에서 100 m 떨어진 지점에서 건물 꼭대기를 올려다 본 각도는 15°이고, 바라보고 있는 사람의 눈높이는 지면에서 1.6 m이다. 플래카드의 길이를 구해 보세요.

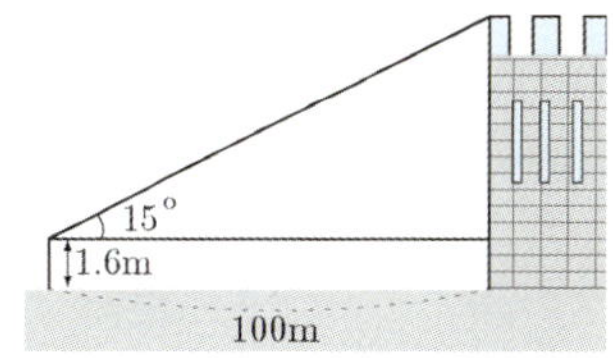

1. 건물의 높이를 구하는 식을 세워 보세요.

2. 플래카드의 길이를 구해 보세요.

7.3 매물도에서 황제도까지의 거리

남해안에는 수많은 섬들이 있다. 그 중 덕우도는 완도에서 남동쪽으로 약 25 km 해상에 있다. 조선 효종 때 반남 박씨가 처음으로 들어와 살기 시작하였다고 한다. 섬의 모양이 멀리서 보면 살찐 소가 앉아 있는 형상이라 하여 덕우도라 하였다. 덕우도에서 3.2 km 거리에 면적 2.4 km^2인 매물도가 있고, 덕우도에서 매물도와 $90°$를 이루는 방향에 황제도가 있다. 황제도는 18세대가 거주하고 있는(2001년) 작은 섬이다. 이름은 옛날 황제(黃帝)가 쉬어 갔다는 전설에서 유래한다.

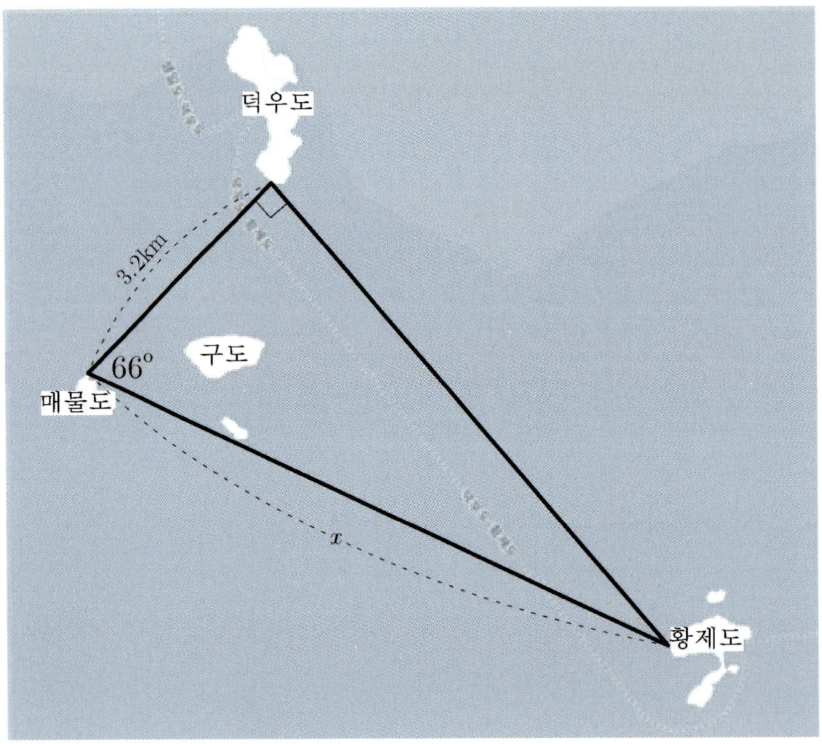

1. 매물도에서 황제도까지의 거리를 x로 두고 식을 세워 보세요.

2. 매물도에서 황제도까지의 거리를 구해 보세요.

7.4 누가 더 가까이 있을까요?

명석이와 재수가 강가에서 오락 프로그램을 촬영하고 있다. A지점에 명석이 서있고, 100 m 떨어진 B지점에 재수가 서 있다. 그림과 같이 두 사람이 배를 각각 바라본 각도가 $60°$와 $75°$이다.

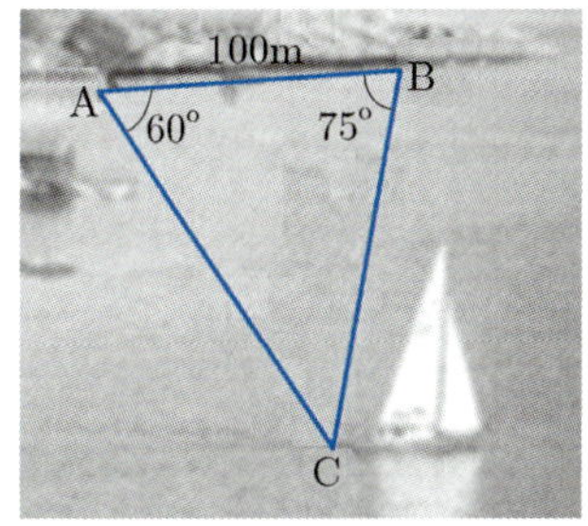

1. A지점, B지점 각각에서 배까지의 거리를 구하기 위한 식을 써 보세요.

2. 다음 거리를 구해 보세요.

(1) A지점에서 배까지의 거리 ______________________

(2) B지점에서 배까지의 거리 ______________________

3. 두 사람 중 누가 얼마나 더 배와 가까이 있는지 구해 보세요.

7.5 고속도로 정체 구간의 거리

그림과 같이 헬리콥터가 교통상황을 보도하기 직선 고속도로 위에 있는데, 터널입구에서 사고가 발생하여 정체되어 있다. 헬리콥터에서 정체가 시작되는 지점(A)을 내려다 본 각도가 $48°$, 터널 입구(B)를 내려다 본 각도가 $22°$이다.

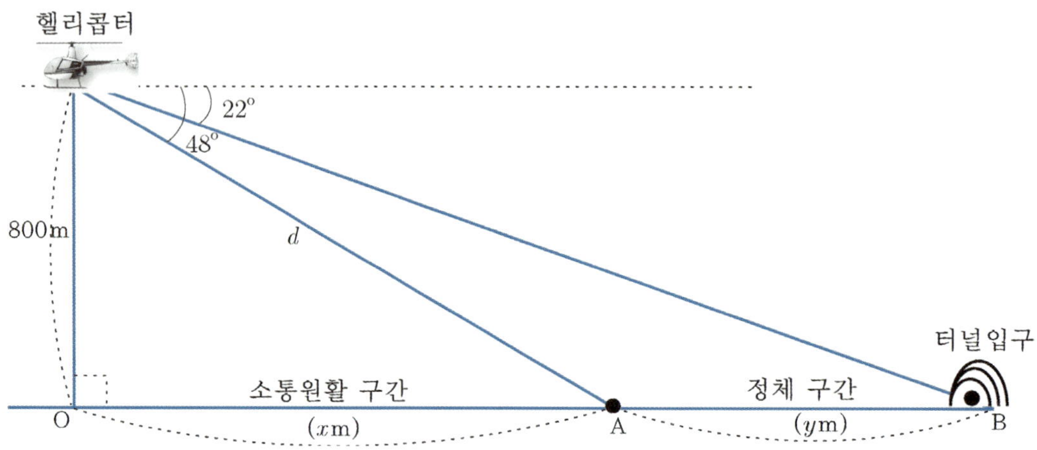

1. 헬리콥터에서 A지점까지의 거리(d)를 구해 보세요.

2. 헬리콥터에서 B지점까지의 수평거리($x+y$)를 구해 보세요.

3. 정체 구간의 거리 y를 구해 보세요.

제 8 장

자료 정리와 의사결정

8.1 참치 40마리를 팔았어요.

다음은 수협에서 하루 판매한 참치 40마리의 길이를 조사한 표입니다.

(단위: cm)

153	155	148	142	152	140	154	151
147	152	144	143	147	153	141	146
144	156	150	152	138	151	160	150
161	149	145	158	149	151	144	156
153	154	152	155	156	158	154	152

1. 참치 길이의 분포를 알기 위해 어떤 그래프가 적절한가요?

2. 그래프를 그리기 위해 위의 자료를 계산기 메뉴의 통계 모드(STAT)에 있는 List1에 입력하고, 오름차순(Ascending oder)으로 정리해 보세요. 가장 작은 값과 가장 큰 값은 무엇인가요?

[F6](▷)[F1](TOOL)[F1](SRT.A)

3. 위의 자료에 대한 히스토그램을 그리기 위해 가로축에 표시하는 계급의 크기는 얼마로 하는 것이 적당할까요?

4. 그래픽 계산기를 이용하여 히스토그램을 그려 보세요. 이때, 계급의 크기(Width)를 다양하게 바꾸어 그려 보세요.

① 계급의 크기가 _____일 때	② 계급의 크기가 _____일 때

5. 4에서 그린 히스토그램을 보고, 참치의 길이가 어떻게 분포되어 있는지 특징을 각각 설명해 보세요.

6. 시작값(Start)와 계급의 크기(Width)를 얼마로 하였을 때 자료의 전체 분포를 더 잘 설명할 수 있나요? 왜 그렇게 생각하나요?

7. 그래픽 계산기를 이용하여 참치 40마리의 평균 길이를 구해 보세요.

8.2 그래프로 우리 반 학생들의 키를 보다.

다음은 서울시 K중학교 1학년 학생 50명의 키를 조사한 표입니다.

123	160	145	153	165	159	148	141	169	133
162	168	149	151	134	147	136	145	145	159
142	152	151	134	143	170	158	138	130	156
164	146	165	170	149	151	125	170	181	140
150	157	171	155	156	149	138	153	135	143

〈출처: 센서스앳스쿨〉

1. 위 자료를 히스토그램으로 나타내 보세요.

F1(GRPH)F6(SET)F1(GPH1)
Graph Type: F6(▷)F1(Hist)
XList: F1(List)1 EXE

2. 도수분포다각형을 그려 보세요.

F6(SET)F2(GPH2)
Graph Type: F6(▷)F5(Brkn)
XList: F1(List)1 EXE

3. 도수가 가장 큰 계급의 계급값은 얼마인가요?

4. 키가 141보다 작은 학생은 모두 몇 명인가요?

5. 도수가 같은 계급이 있나요? 있으면 어느 계급인지 쓰세요.

6. 도수분포다각형을 보고 자료 분포의 특징을 말해 보세요.

8.3 어떤 햄버거를 살까요?

다음은 시중에서 판매되고 있는 햄버거의 열량을 조사하여 나타낸 표이다. 물음에 답하여 봅시다.

음식	열량	음식	열량	음식	열량
한우불고기	641	새우	421	와퍼주니어	399
한우레이디	349	오징어	347	베이컨더블치즈	552
유러피언프리스코	558	치킨	364	스파이시BBQ	356
텐더그릴치킨	374	신리브샌드	452	빅맥	511
핫크리스피	503	치즈	358	베이컨토마토	544
불갈비	462	햄버거	250	쿼터파운드치즈	519
야채라이스	443	데리	343	더블쿼터파운드	760
불고기	390	와퍼	619	상하이스파이시	441
불새	477	치즈와퍼	761	그릴치킨	355
빅비프	621	갈릭스테이크	482	맥치킨	372

[자료 출처] http://www.lotteria.com/menu/Menu_New.asp
http://www.burgerking.co.kr/02_our_menu/0200.asp?WT.ac=MainMenu2
http://www.mcdonalds.co.kr/our-menu/menu/

1. 계산기를 이용하여 히스토그램을 그리세요.

2. 열량이 400 kcal이상 500 kcal 미만인 햄버거는 몇 가지인가요?

3. 열량이 가장 높은 햄버거는 어느 것인가요?

4. 평균, 중앙값, 최빈값을 각각 구하세요.

5. 베이컨토마토는 조사한 햄버거 중에서 열량이 높은 편이라고 말할 수 있나요?

8.4 우리나라 도시의 인구는 얼마나 될까요?

다음은 우리나라 50대 도시의 인구를 나타낸 표이다.

도시	인구	도시	인구	도시	인구	도시	인구	도시	인구
강릉시	217,571	군산시	275,659	수원시	1,088,489	여수시	292,750	창원시	1,091,881
거제시	232,787	군포시	287,294	순천시	272,201	오산시	193,892	천안시	571,377
경산시	243,684	김포시	256,994	시흥시	401,149	용인시	896,044	청주시	661,946
경주시	265,488	김해시	507,062	아산시	274,523	원주시	320,536	춘천시	272,805
고양시	961,239	남양주시	578,485	안동시	168,157	의왕시	149,607	충주시	208,433
광명시	355,226	목포시	244,871	안산시	715,586	의정부시	430,400	파주시	378,790
광양시	150,725	부천시	872,452	안성시	180,743	이천시	204,566	평택시	426,886
광주시	265,222	서귀포시	153,366	안양시	615,642	익산시	309,804	포천시	157,967
구리시	194,881	서산시	161,489	양산시	266,403	전주시	645,894	포항시	517,088
구미시	413,446	성남시	979,323	양주시	200,360	진주시	335,502	화성시	516,765

〈자료: 통계청 http://www.kostat.go.kr (2012.06.10)〉

1. 우리나라 50대 도시의 인구에 대한 위의 자료를 아래와 같이 계급의 크기를 달리하여 히스토그램으로 나타내고 이를 이용하여 도수분포표를 만드세요.

① 계급의 크기 500,000

인구 수(명)	도시 수
이상 미만 100000 ~ 600000	
600000 ~ 1100000	
합 계	

② 계급의 크기 200,000

인구 수(명)	도시 수
이상 미만 100000 ~ 300000	
300000 ~ 500000	
500000 ~ 700000	
700000 ~ 900000	
900000 ~ 1100000	
합 계	

③ 계급의 크기 100,000

인구 수(명)	도시 수
이상 미만 100000 ~ 200000	
200000 ~ 300000	
300000 ~ 400000	
400000 ~ 500000	
500000 ~ 600000	
600000 ~ 700000	
700000 ~ 800000	
800000 ~ 900000	
900000 ~ 1000000	
1000000 ~ 1100000	
합 계	

2. 1의 도수분포표에서 아래의 식을 이용하여 평균을 구하세요.

(평균)= [{(계급값)×(도수)}의 총합]÷(총 도수)

계급의 크기	500,000	200,000	100,000
평균			

3. 계산기를 활용하여 평균을 구해보고 (2)에서 구한 평균과의 오차를 구해 보세요.

(평균) = (변량의 합) ÷ (총 도수)

계급의 크기	500,000	200,000	100,000
평균			
오차			

4. 도수분포표에서 평균을 구할 때 계급의 크기와 평균 사이의 관계를 말하고 그 이유를 설명해 보세요.

제 9 장

자료 들여다보기

9.1 프로야구 관중 700만 시대가 열릴까요?

다음은 우리나라 프로야구 30년간 관중 현황을 조사한 표이다.

연도	관중 수	연도	관중 수	연도	관중 수	연도	관중 수	연도	관중 수
1982	1,438,768	1988	1,932,145	1994	4,194,428	2000	2,507,549	2006	3,040,254
1983	2,256,121	1989	2,883,669	1995	5,406,374	2001	2,991,064	2007	4,104,429
1984	1,664,720	1990	3,189,488	1996	4,498,082	2002	2,394,570	2008	5,256,332
1985	1,688,365	1991	3,825,409	1997	3,902,966	2003	2,722,801	2009	5,925,285
1986	2,141,112	1992	3,912,092	1998	2,639,119	2004	2,331,978	2010	5,928,626
1987	2,019,675	1993	4,437,149	1999	3,220,624	2005	3,387,843	2011	6,810,028

〈자료출처: 한국야구위원회 http://www.koreabaseball.com/History/Spectator.aspx〉

1. 우리나라 프로야구 30년간 관중 수에 대한 히스토그램을 그리고, 이를 이용하여 도수분포표를 만드세요.

관중 수(명)	도수(회)
이상 미만 1000000 ~ 2000000	
2000000 ~ 3000000	
3000000 ~ 4000000	
4000000 ~ 5000000	
5000000 ~ 6000000	
6000000 ~ 7000000	
합 계	

2. 위의 도수분포표를 보고 다음 식을 이용하여 평균을 구하세요.

(평균) = [{(계급값)×(도수)}의 총합] ÷ (총 도수)

3. 계산기의 'CAL' 기능을 활용하여 평균을 구해보고, (2)의 결과와 비교해 보세요.

9.2 세빈이네 반 키는 얼마나 될까요?

우리 반에서 키가 가장 큰 세빈이가 신체검사를 하는 날 결석을 하였습니다. 다음은 세빈이를 제외한 반 학생 29명의 키를 조사한 표입니다.

150	152	153	154	154
156	156	156	157	157
158	158	158	159	159
160	160	160	160	160
162	164	166	167	168
170	174	175	177	세빈

1. 평균을 구해 보세요.

2. 여기에 세빈이의 키를 포함시켜 전체 30명의 키에 대한 평균을 구해 보세요.(※ 세빈이의 키는 여러분이 결정합니다.)

- 경원: $\dfrac{(29\text{명의 평균})+(\text{세빈이의 키})}{2}$라고 하면 되지.
- 민정: 그렇게 하면 안되는데...

위 대화에 대한 여러분의 생각을 써 보세요.

3. 세빈이의 키는 183 cm이다. 전체 평균을 구하고 2번에 대한 여러분의 답을 확인하세요.

9.3 은경이의 수학점수

다음은 은경이의 중학교 1년간 수학성적을 나타낸 표이다.

구분	1학기			2학기		
	진단평가	중간고사	기말고사	진단평가	중간고사	기말고사
점수	72	77	70	74	72	73

1. 은경이의 1학기와 2학기 수학 점수의 평균을 각각 구하세요.

2. 은경이의 1학기와 2학기 수학점수의 분산을 각각 구하세요.

3. 은경이의 1학기와 2학기 수학 점수 중 더 고른 분포를 보이는 것은 어느 것인가요? 또 학기별 수학점수의 분포와 분산 사이에는 어떤 관계가 있나요?

9.4 표준편차로 무엇을 알 수 있을까요?

다음은 경기도 M중학교 1학년 1반 학생들의 중간고사 수학 점수를 조사한 표입니다.

52	45	88	49	96	68	62	67
57	34	76	70	75	48	65	90
98	38	78	58	72	86	75	95
100	42	84	82	68	88	72	77
98	79	58	83	72	64	73	80

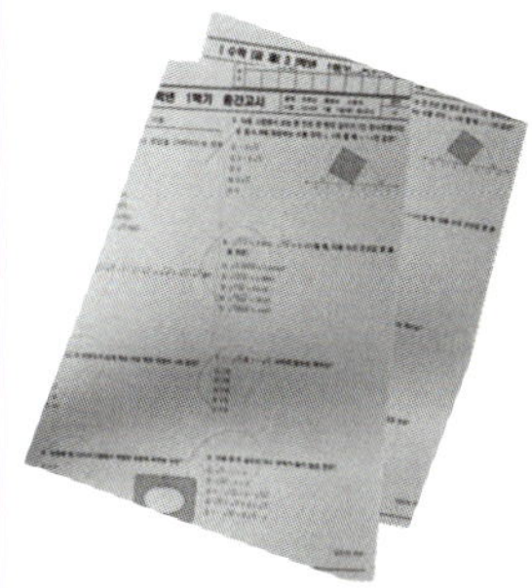

1. 1학년 1반 학생들의 평균과 표준편차를 구해 보세요.
[F2](CALC) [F1](1VAR)

2. 1에서 구한 평균보다 작은 값 또는 큰 값을 하나 추가하여 자료 41개에 대한 평균과 표준편차를 구해 보세요. (추가 자료로 40, 60, 80, 95 각각을 입력해 보세요.)

3. 위의 네 가지 경우에서 평균과 표준편차를 각각 구하고, 처음의 평균, 표준편차와 비교하여 그 차이를 말해 보세요. 어떤 특징이 있나요?

<table>
<tr><th colspan="2"></th><th>평균</th><th>표준편차</th><th colspan="2">차이</th></tr>
<tr><td rowspan="4">평균보다
작은 값</td><td rowspan="2">40을 추가한 경우</td><td rowspan="2"></td><td rowspan="2"></td><td>평균</td><td></td></tr>
<tr><td>표준편차</td><td></td></tr>
<tr><td rowspan="2">60을 추가한 경우</td><td rowspan="2"></td><td rowspan="2"></td><td>평균</td><td></td></tr>
<tr><td>표준편차</td><td></td></tr>
<tr><td rowspan="4">평균보다
큰 값</td><td rowspan="2">80을 추가한 경우</td><td rowspan="2"></td><td rowspan="2"></td><td>평균</td><td></td></tr>
<tr><td>표준편차</td><td></td></tr>
<tr><td rowspan="2">95를 추가한 경우</td><td rowspan="2"></td><td rowspan="2"></td><td>평균</td><td></td></tr>
<tr><td>표준편차</td><td></td></tr>
</table>

4. 평균에 가까운 값을 추가한다면 평균과 표준편차는 어떠할지 예상해보고, 이를 확인해 보세요.

5. 표준편차가 크다는 것은 무엇을 의미하는지 말해 보세요.

9.5 어느 대리점을 인수해야 좋을까요?

A씨는 휴대폰 대리점 인천점과 수원점 중에서 한 곳을 인수하려고 합니다. 다음은 인천점과 수원점의 1년간 휴대폰 판매량을 조사한 표입니다.

대리점 \ 월	1	2	3	4	5	6	7	8	9	10	11	12
인천점	33	36	32	28	33	31	29	34	27	32	35	36
수원점	15	47	20	25	23	30	48	50	15	13	16	10

1. 인천점과 수원점의 평균 판매량을 구해 보세요.

2. 어느 대리점의 평균 판매량이 더 많은가요? 평균 판매량이 많은 대리점을 택하는 것이 더 유리할까요?

3. 대리점 판매량의 중앙값을 각각 구해 보세요.

4. 어느 대리점을 인수하는 것이 더 유리할까요? 결정해 보세요.

9.6 어느 사이즈의 실내화가 많이 팔릴까요?

학교 앞 문구점에서 학생들의 실내화를 판매합니다. 학기 초에 어떤 사이즈를 더 많이 준비해야 할지 결정하기 위해 임의로 세 학급 학생의 신발 사이즈를 조사하였습니다. 다음은 강원도 H중학교 각 학년 1반 학생 64명의 발 크기를 조사한 표입니다.

230	225	235	230	225	230	225	235
225	230	250	255	230	235	230	250
230	245	235	245	235	240	245	230
260	240	220	235	240	220	240	220
240	230	235	240	260	230	240	230
245	235	240	230	250	230	230	225
235	245	235	245	235	235	245	235
260	240	220	235	230	225	235	260

1. 신발 사이즈에 대한 평균, 중앙값, 최빈값을 각각 구해 보세요.

[F2](CALC)[F1](1VAR)

2. 위 자료에서는 어느 것을 대푯값으로 정하는 것이 적절할까요? 그 이유는 무엇인가요?

3. 운동화 가게에서는 어떤 사이즈를 많이 준비해 두어야 할까요?

제 10 장

자료에서 식 구하기

10.1 라푼젤의 머리카락은 얼마나 자랐을까요?

옛날에 한 부부가 살고 있었다. 아이가 없던 부부는 오랜 기도 끝에 드디어 아이를 갖게 되었다. 어느 날 입덧이 심한 아내는 마녀의 집에 있는 탐스러운 상추(라푼젤)를 보고 몹시 먹고 싶어 했다. 그래서 남편은 아내를 위해 마녀의 집에 가서 상추를 뽑다가 그만 들키고 말았다. 마녀는 남편의 사정 이야기를 듣고 나서는 상추를 주며 아이를 낳으면 자기에게 보내겠다는 약속을 받아내었고, 아이가 태어나자 마녀는 '라푼젤'이라는 이름을 지어주고는 데려가 버렸다.

라푼젤은 백설같이 흰 얼굴과 예쁜 눈을 가진 아름다운 소녀로 자라났다. 그런데 마녀는 라푼젤이 열두 살이 되자 문도 계단도 없고 꼭대기에 조그마한 창문만 있는 높은 탑에 가두어 버렸다. 외로운 라푼젤은 늘 창가로 나와 아름다운 목소리로 노래를 불렀다.

한편 숲 속에는 마녀의 저주로 두꺼비가 된 왕자가 있었다. 꽃피는 3월 말 어느 날 두꺼비 왕자는 숲 속을 팔짝거리며 산책을 나왔다가 아름다운 노랫소리에 끌려 탑 아래까지 왔다. 그러나 눈에 보이는 것은 오로지 높은 탑의 벽돌뿐이었다. 두꺼비 왕자는 탑으로부터 팔짝 팔짝 뒤로 뛰었다. 드디어 한 지점에서 두꺼비 왕자의 시선과 탑의 꼭대기에 있는 창문이 마주쳤다. 그런데 긴 머리의 아름다운 소녀가 창가로 얼굴을 내밀고 노래를 하고 있는 것이 아닌가. 두꺼비 왕자는 라푼젤의 어여쁜 눈을 보고 첫눈에 반해버렸다.

두꺼비 왕자는 아름다운 소녀를 구출할 계획을 세웠다. 한 달에 35cm씩 머리카락이 자란다는 라푼젤의 말에 따라 두꺼비 왕자는 탑의 높이만큼 머리카락이 자랐을 때 머리카락을 타고 탑으로 올라가겠다고 하였다. 라푼젤은 석 달 후, 넉 달 후 머리카락을 늘여뜨려 보았고 마침내 이듬해 1월말이 되자 머리카락이 드디어 땅에 닿았다. 머리카락을 타고 올라간 두꺼비 왕자를 본 라푼젤은 고마움에 뜨거운 눈물을 흘렸다. 라푼젤의 눈물이 떨어지자 두꺼비는 씩씩하고 멋있는 왕자로 변해 두 사람은 행복하게 잘 살았다.

다음은 3월부터 7월까지 매월 말 라푼젤의 머리카락의 길이를 측정해서 정리한 표이다. 다음 물음에 답하세요.

측정(월)	3월	4월	5월	6월	7월
길이(cm)	150	185	220	255	290

1. 3월부터 x달 후의 머리카락의 길이를 $y$cm라고 할 때, x와 y사이의 그래프를 그리고, 계산기를 활용하여 관계식을 구하세요. [STAT] 메뉴를 활용하세요.

2. x와 y사이의 관계식을 구할 때의 가정은 무엇인가요?

3. 라푼젤이 계속 머리를 길렀을 때, 이듬해 1월 말 머리카락의 길이를 예상해 보세요.

10.2 힘차게 쏘아 올린 물로켓

5월 과학의 달을 맞아 학교에서는 물 로켓 발사 대회가 열렸다. 지면으로부터 발사된 물 로켓의 x초 후의 높이를 y(m)라 할 때, x와 y의 값을 살펴보았더니 다음과 같았다.

x초	1	2	3	4	5	6
y(m)	34.9	60.4	75.2	79.7	74.3	60.1

1. 계산기를 이용하여 물 로켓의 위치에 대한 시간과 높이와의 관계를 좌표평면 위의 점으로 나타내세요.

메뉴선택(STAT)/자료입력
MENU 2 (STAT)
list1 x값 입력
list2 y값 입력

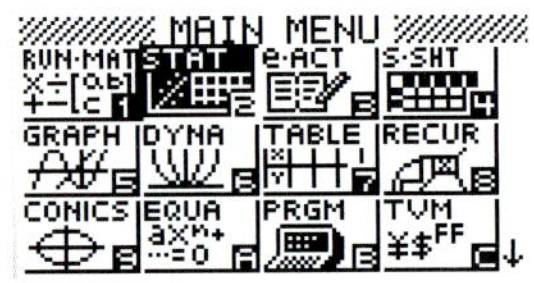

그래프 그리기
F1 (GRPH)

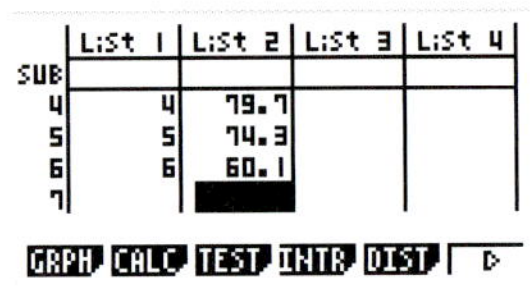

2. 문제 1에서 나타난 점들을 가깝게 지나는 포물선을 찾아보고, 그 포물선(이차함수)의 식을 찾아 보세요.

3. 6.8초 후의 물 로켓의 높이를 구해 보세요.

10.3 닭장을 만들어요.

민재는 오른쪽 그림과 같이 벽면에 길이가 30 m인 철망을 이용하여 바닥이 직사각형 모양인 닭장을 만들려고 한다. 닭장의 넓이가 최대가 되게 하려면 가로의 길이와 세로의 길이는 각각 몇 m로 하면 될까요?

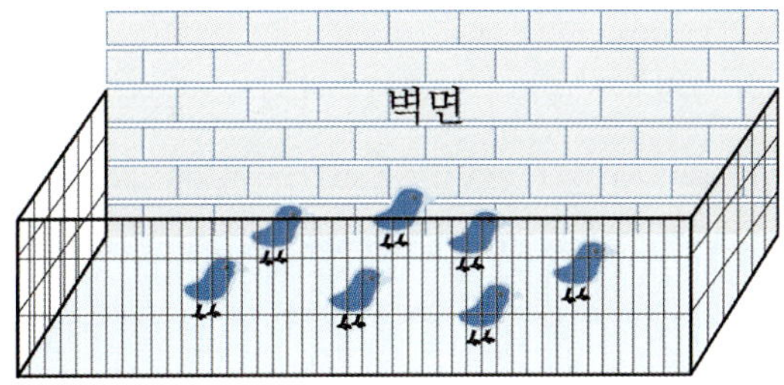

1. 닭장의 가로의 길이가 다음과 같을 때, 다음 표를 완성하세요.

가로(m)	1	2	3	4	5	6	7	8	9	10	11	12	13	14
세로(m)														
넓이(m^2)														

2. 위의 표에서 가로의 길이와 넓이에 대한 점 모양 그래프를 그리세요.

메뉴선택(STAT)/자료입력
MENU 2 (STAT)
List1 x값 입력
List2 y값 입력

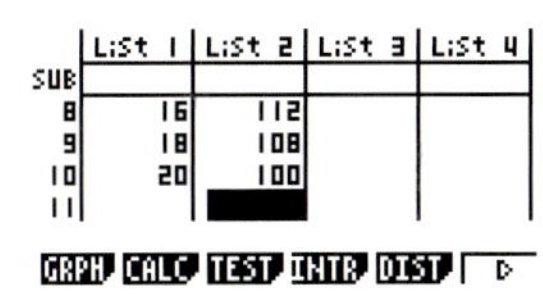

3. 닭장의 가로의 길이를 $x(\text{m})$, 넓이를 $y(\text{m}^2)$라고 할 때, y를 x관한 식을 구하세요.

4. 문제 3에서 구한 함수의 그래프를 그려보고 닭장의 넓이를 가장 크게 만들려면 가로의 길이를 얼마로 해야 하는지 구하세요.

10.4 낙하산을 펼쳐라!

다음은 특수부대원이 비행기에서 뛰어 내려 7초 후에 낙하산을 펴기 전까지의 일정한 간격으로 찍은 사진을 보고 표에 기록한 후 시간이 흐름에 따라 같은 시간 동안 떨어지는 거리가 점점 증가함을 알 수 있었다. 특수부대원이 떨어지는 시간과 떨어진 거리 사이를 측정해서 정리한 결과가 다음 표와 같다고 한다. 물음에 답하세요.

시간(초)	1	2	3	4
떨어진 거리(m)	4.9	19.6	44.1	78.4

1. 시간을 x초, 거리를 y m라고 할 때, x와 y사이의 관계식을 구하고 그 그래프를 그리세요.

메뉴선택(STAT)/데이터 입력
LIST1에 시간(X)을 입력
LIST2에 떨어진 거리(Y)를 입력

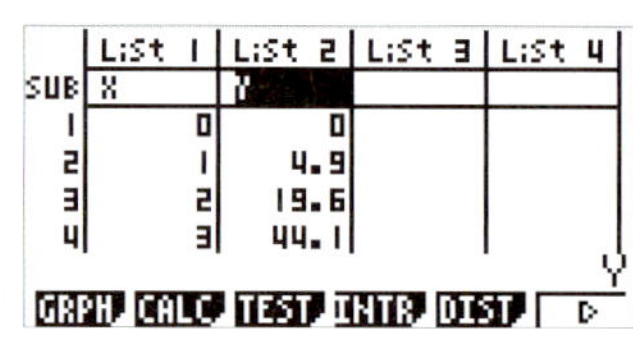

그래프 그리기
F1(GRPH), F1(graph1)

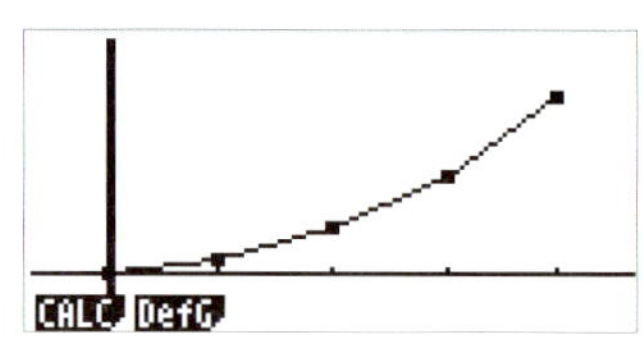

2. 5초 뒤 특수부대원이 떨어진 거리는 몇 m가 되는지 구해 보세요.

10.5 숲속의 나무에겐 누가 물을 주나요?

강수량은 나무의 생장에 필요한 수분의 제1공급원이고, 동시에 과수의 과실 품질에 직접적으로 크게 영향을 주는 요소이다. 우리나라의 강수량은 최저 1,104 mm, 최고 1,850 mm에 해당되나 자연현상으로 강수가 매주 일정량씩 정기적으로 내리지 않고, 일시적으로 많은 양이 내리고 있고 또 반대로 가뭄이 지속되고 있는 것이 현실이다.

다음은 강수량과 그에 따른 나무의 생장률을 나타내고 있다.

강수량 (cm)	0	3	5	12	17	22	34	35	50
성장률 (m)	1	4	6	9.5	10.8	10.9	6	5.3	1

1. 강수량에 따른 나무의 성장률은 어떻게 달라지는지 말해 보세요.

2. 주어진 표를 이용하여 강수량에 따른 성장률의 변화를 나타내는 그래프를 그려 보세요.

메뉴선택(STAT)/데이터 입력
LIST1에 강수량(X) 을 입력
LIST2에 성장률(Y) 를 입력

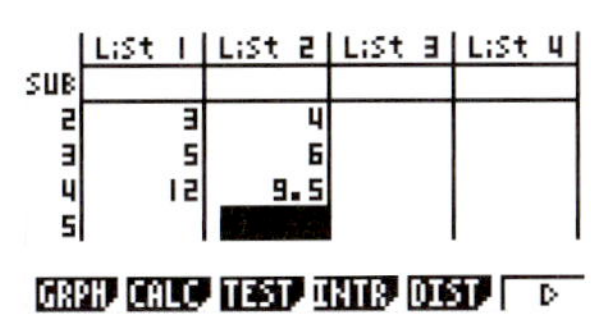

그래프 그리기
F1(GRPH), F1(graph1)

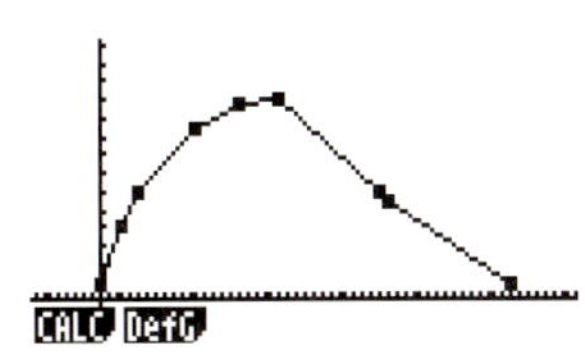

3. 위의 그래프의 모양에 가까운 이차함수의 그래프와 식을 구해 보세요. 그리고 두 개의 그래프의 모양을 비교하여 보세요.

4. 2번의 그래프와 계산기를 이용하여 구한 이차함수의 그래프의 식과 그래프를 이용하여 강수량이 10 cm 일때 성장률을 예측하여 보세요.

제 11 장

자료에서 읽는 두 변수 사이의 관련성

11.1 발이 크면 키도 크다.

11.2 키와 몸무게 사이에는 어떤 관계가 있을까요?

11.1 발이 크면 키도 크다?

다음은 서울시 H중학교 2학년 학생 60명의 키(cm)와 발 크기(cm)를 성별로 정리한 자료입니다.

번호	성	키(cm)	발(cm)	번호	성	키(cm)	발(cm)	번호	성	키(cm)	발(cm)
1	F	160	25	21	F	133	20	41	M	184	25
2	F	160	23	22	F	131	20	42	M	125	18
3	F	152	23.5	23	F	134	17	43	M	170	27.5
4	F	146	24	24	F	170	25	44	M	131	23
5	F	157	24	25	F	125	15	45	M	149	23
6	F	143	23	26	F	135	21	46	M	149	22
7	F	153	25	27	F	138	19	47	M	126	20
8	F	150	20	28	F	171	25	48	M	150	24
9	F	140	20	29	F	181	24	49	M	170	26
10	F	168	25.5	30	F	139	19.5	50	M	125	20
11	F	156	21	31	F	164	24	51	M	165	25
12	F	130	19.5	32	F	138	23	52	M	158	25
13	F	142	22	33	F	151	23.5	53	M	134	20.5
14	F	159	24	34	M	111	15	54	M	145	22
15	F	145	21.5	35	M	136	21	55	M	147	25
16	F	162	25	36	M	147	20	56	M	134	19
17	F	169	24.5	37	M	133	20	57	M	127	19.5
18	F	141	21	38	M	148	23	58	M	180	24
19	F	123	20	39	M	125	20	59	M	159	26
20	F	122	19	40	M	183	28	60	M	165	29

F: 여학생, M: 남학생

1. x축을 키, y축을 발의 크기로 하여 여학생과 남학생의 분포를 그리세요.

[F6](▷)[F1](GRPH)[F6](SET)[F1](GPH1)
Graph Type에서 [F6](▷)[F1](Scatter)
XList에서 [F1](List)[1]
YList에서 [F1](List)[2][EXE]

2. 이 자료에서 남학생과 여학생은 어떤 차이점이 보이나요?

3. 키가 큰데 비해 발이 작거나 또는 키가 작은데 비해 발이 큰 학생이 있나요?

4. 그래프에서 여학생의 키와 발의 크기의 분포를 직선으로 나타내어 봅시다. 또 남학생의 키와 발의 크기의 분포를 직선으로 나타내어 보세요. 두 직선의 모양이 어떠한지 비교해 보세요.

11.2 키와 몸무게 사이에는 어떤 관계가 있을까요?

다음은 서울시 D중학교 3학년 학생 60명의 키와 몸무게를 조사한 표입니다.

번호	키(cm)	몸무게(kg)	번호	키(cm)	몸무게(kg)	번호	키(cm)	몸무게(kg)
1	145	33	21	153	49	41	158	49
2	145	43	22	153	40	42	158	53
3	146	36	23	153	46	43	158	47
4	146	37	24	153	43	44	158	54
5	147	40	25	153	42	45	158	48
6	148	41	26	154	48	46	159	49
7	148	35	27	154	48	47	159	57
8	149	42	28	154	47	48	159	53
9	149	38	29	155	40	49	160	45
10	149	44	30	155	48	50	160	54
11	150	41	31	155	43	51	161	57
12	150	43	32	155	46	52	161	53
13	150	45	33	155	42	53	161	52
14	151	42	34	155	41	54	161	57
15	151	43	35	155	43	55	162	48
16	152	44	36	156	44	56	163	54
17	152	46	37	156	47	57	164	53
18	152	42	38	157	43	58	167	60
19	152	41	39	158	44	59	169	57
20	152	48	40	158	50	60	174	58

1. 학생들의 키와 몸무게에 대한 산점도(Scatter 그램)를 그리세요.

2. 학생들의 키와 몸무게 사이에는 어떤 상관관계가 있나요?

3. 1에서 그린 산점도를 대신할 수 있는 하나의 직선(Liner Regression)을 그리세요.

4. 학생들의 키와 몸무게를 각각 x, y라고 하면, 두 변수 x와 y 사이에는 어떤 함수 관계가 있는지 함수식으로 나타내 보세요.

5. 자신의 키에 대한 표준체중을 구해보고, 자신을 몸무게와 비교해 보세요.

산점도:

상관관계:

제 12 장

실제 자료의 수집과 분석

12.1 인터넷 중독을 예방합시다!

12.2 물의 온도는 어떻게 변할까요?

12.1 인터넷 중독을 예방합시다!

우리 반 학생들을 대상으로의 인터넷 중독 예방 캠페인을 하려고 한다. 학생들의 일주일 동안 인터넷 사용 시간을 조사하고, 그 자료를 이용하여 어떻게 캠페인을 진행할 것인지 계획을 세워 보세요.

1. 학생들의 1주일 동안 인터넷 사용시간을 조사하기 위한 설문지를 만들어 보세요.

설 문 지

2. 계산기를 이용하여 학생들의 1주일 동안 인터넷 사용시간을 조사한 설문지 자료를 히스토그램으로 나타내고 도수분포표를 만들어 보세요.

3. 학생들의 1주일 동안 인터넷 사용시간에 대한 평균, 중앙값, 최빈값을 구해 보세요.

4. 문제 2와 문제 3의 결과들을 보고 인터넷 중독 예방교육 계획을 만들어 보세요.

12.2 물의 온도는 어떻게 변할까요?

전기온수기를 이용하여 물을 끓일 때, 시간(x)와 물의 온도 y사이의 관계를 구하기 위해 자료를 수집하려고 한다.

[준비물] CASIO DATA ANALYZER EA-200, 온도측정기(Temperature Probe), 계산기(CASIO fx9860), Cable, 전기 온수기, 물 1L

오른쪽 그림과 같이 CASIO DATA ANALYZER EA-200과 CASIO fx9860을 3-pin Cable로 연결하고 CH1에 온도측정기(Temperature Probe)를 연결한다. 전기온수기에 물 1L를 넣고 Temperature Probe의 온도 센서가 전기온수기 열전도판에 닿지 않도록 물에 담근다. 그리고 다음의 순서로 데이터를 샘플링 한다.

1. 240초 동안 물의 온도 변화를 0.2초 간격으로 샘플링한다.

[Step 1] 계산기 메인 메뉴에서 E-CON2를 선택한다.
[Step 2] F1(SET)F1(WIZ)F1(CASIO)
Temperature ℃ 240
1:sec F1 1:Start
Setup EXE EXE

2. 샘플링이 끝나면, 얻은 자료를 List에 저장한다.

[Step 3] OPTN F2(LMEM)F1(ALL)EXE MENU 2 (STAT)

3. 전기온수기를 이용하여 물을 끓일 때 시간을 x, 물의 온도를 y라 할 때, 점모양 그래프를 그리고 회귀곡선을 그린다.

4. 두 변수 x와 y 사이에는 어떤 함수 관계가 있는지 함수식으로 나타내 보세요.

해설

교사용 지도서

수와 수 감각
제곱하면 2가 되는 수 (무리수)
함수의 그래프
함수의 그래프 이용하기
2차 함수와 그래프
그래프와 문제해결
삼각비와 문제해결
자료 정리와 의사결정
자료 들여다보기 (대푯값과 분포)
자료에서 식 구하기
자료에서 읽는 두 변수 사이의 관련성
실제 자료의 수집과 분석

1.1 속도제한 표지판 MPH

1. 학년 및 단원: 중학교 2학년(일차함수)
2. 학습 목표
   ① 정비례 관계에 있는 두 변수 사이의 관계를 파악하여 실생활 문제를 해결할 수 있다.
3. 계산기의 활용
   ① 단위 변환을 위한 사칙 연산에 사용한다.
4. 기대 효과
   ① 실생활의 수학 문제해결에 계산기를 적절히 사용할 수 있다.
   ② 실생활 또는 다른 교과에서 수학의 필요성을 인식한다.

<table>
<tr><th>계산기 조작 방법</th><th>계산기 화면</th><th>설명</th></tr>
<tr><td colspan="3">1. 이 표지판에 의하면, 시속 25 mile(mph)은 시속 40 km와 같다는 뜻이다. 이 표지판을 근거로 1 mile를 km로 나타내면 얼마인지 쓰세요.
25마일이 40 km이므로 1마일은 40÷25=1.6, 1.6 km이다.</td></tr>
<tr><td>메뉴선택/계산하기
• MENU 1 (RUN·MATH)
• 4 0 ÷ 2 5 EXE</td><td>40÷25
1.6
▸MAT</td><td>1mile을 km로 나타낼 수 있다.</td></tr>
<tr><td colspan="3">2. 제한 속력을 mile로 표시한 다음 표지판의 제한속력을 km로 표시하세요.
1.6×50= 80 km/h 1.6×20=32 km/h 1.6×70=112 km/h , 1.6×40=64 km/h</td></tr>
<tr><td>계산하기
• 1 · 6 × 5 0 EXE
• 1 · 6 × 2 0 EXE
• 1 · 6 × 7 0 EXE
• 1 · 6 × 4 0 EXE</td><td>80
1.6×20 32
1.6×70 112
1.6×40 64
▸MAT</td><td>1 mile이 1.6 km이므로 mile로 표시된 속력에 1.6을 곱하여 km로 바꿀 수 있음을 안다.</td></tr>
<tr><td colspan="3">3. 제한 속력(시속)을 km로 표시한 다음 표지판의 제한속력을 mile(MPH)로 표시하세요.
30÷1.6= 18.75 MPH, 110÷1.6=68.75 MPH, 50÷1.6=31.25 MPH</td></tr>
<tr><td>계산하기
• 3 0 ÷ 1 · 6 EXE
• 1 1 0 ÷ 1 · 6 EXE
• 5 0 ÷ 1 · 6 EXE</td><td>64
30÷1.6 18.75
110÷1.6 68.75
50÷1.6 31.25
▸MAT</td><td>1 mile이 1.6 km이므로 km로 표시된 속력을 1.6으로 나누어 mile로 바꿀 수 있음을 안다.</td></tr>
</table>

4. 뉴욕공항에서 보스톤 공항 까지 항공기가 운항하는 시간은 1시간 20분이 걸리며, 두 공항 사이는 거리가 189 mile이라 한다. (1) 두 도시 사이를 운행하는 항공기의 평균속력은 시속 몇 마일인가요? 시간은 $\frac{4}{3}$이므로 속력 = 189 ÷ $\frac{4}{3}$ = 141.75 MPH (2) 항공기의 평균속력을 km로 나타내면 얼마인가요? 141.75 × 1.6 = 226.8 km/h		
계산하기 • 1 8 9 ÷ (4 ÷ 3) EXE • SHIFT (−)(Ans) × 1 · 6 EXE	189÷(4÷3) 141.75 Ans×1.6 226.8 ▶MAT	1시간 20분은 $\frac{4}{3}$임을 알고, 평균속력을 mile로 구하고 다시 km로 바꿀 수 있다.

1.2 안녕하세요. 환전하러 왔는데요!

1. 학년 및 단원: 중학교 2학년(일차함수)
2. 학습목표
   ① 두 변수 사이의 비례관계를 파악하여 화폐단위를 환산할 수 있다.
3. 계산기의 활용
   ① [RUN] 메뉴에서 사칙연산에 활용한다.
4. 기대 효과
   ① 실생활의 화폐 단위 환산문제를 계산기를 사용하여 해결한다.

계산기 조작 방법	계산기 화면	설명
1. 5월 10일에 1달러를 사기 위해 필요한 원화는 얼마인가요? 또 5월 10일에 50달러를 사기 위해 필요한 원화는 얼마인가요? 1141.5원, $1141.50 \times 50 = 57{,}075$원		
메뉴 선택 • MENU 1 (RUN) 1 1 4 1 · 5 0 × 5 0 EXE	1141.50×50 57075 ▶MAT	1달러를 구입하는 데 필요한 원화를 표에서 찾고, 비례관계를 이용하여 답을 구한다.
2. 6월 13일에 x달러를 더 사려고 한다. 6월 13일까지 달러를 사는데 총 필요한 원화를 y원이라고 할 때 함수의 식을 구하고, 그 그래프를 그리세요. $y = 57075 + 1166x$		

<table>
<tr><td>그래프 입력
• Y1=[5][7][0][7][5][+][1][1][6][6][X,θ,T]</td><td>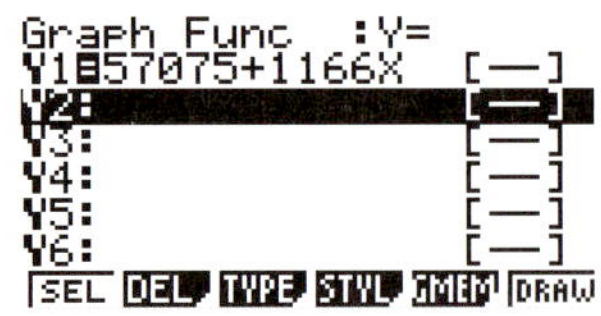
</td><td>일차함수 식 $y=ax+b$를 입력함으로써 그래프를 얻을 수 있다.</td></tr>
<tr><td>그래프 그리기 을 누른 후 그래프의 모양을 관찰한다.
• [F6](DRAW)</td><td>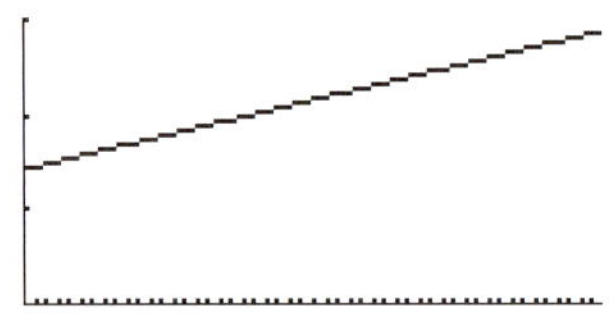</td><td>x값의 증가량에 대한 y값의 증가량의 비율은 항상 일정함을 확인한다. 그래프의 모양(직선)을 직관적으로 이해한다.</td></tr>
<tr><td colspan="3">3. 예진이는 5월과 6월에 달러를 구입하는데 총 121,205원을 지불하였다고 한다. 예진이는 6월 13일에 추가로 몇 달러를 구입하였나요?
$121205=57075+1166\times55$</td></tr>
<tr><td>메뉴 선택
• [MENU][1](RUN)
• [5][7][0][7][5][+][1][1][6][6][×][5][5][EXE]</td><td>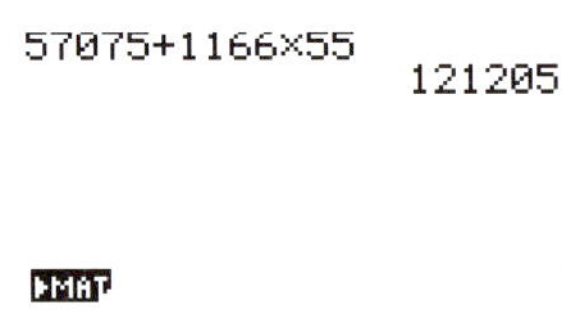
</td><td>6월에 구입한 달러가 얼마인지 구해보고 계산기의 산술 기능을 이용하여 이를 확인한다.</td></tr>
<tr><td colspan="3">4. 만약 예진이가 5월 10일에 50달러를 구입한 후 6월 10일에 추가로 35달러를 구입하였다면 원화로 총 얼마를 사용하였나요? 97885원</td></tr>
<tr><td>그래프에서 x값에 따른 y값 계산하기
• [SHIFT][F5](G−Slv),[F1](Y.CAL)[EXE][3][5][EXE]</td><td>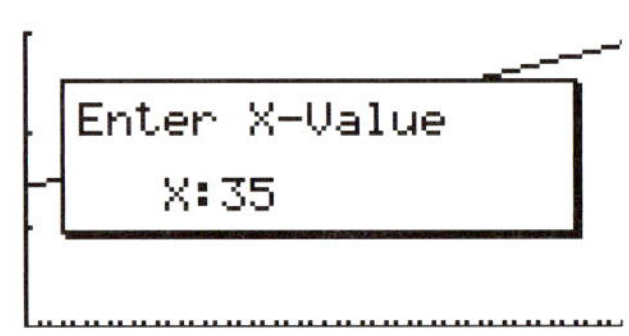
</td><td>x값이 정해짐에 따라 y값이 하나 정해진다.
x,y 값을 각각 대입하면 그래프 위에 있는 점임을 확인한다.</td></tr>
</table>

1.3 수 배열과 Answer 키

1. 학년 및 단원: 중학교 3학년
2. 학습 목표
   ① 수 배열에서 패턴을 발견하고 규칙을 언어와 식으로 표현한다.
   ② 배열된 수의 기호 표현인 A_n의 의미를 이해하고, 이를 활용한다.
3. 계산기의 활용
   ① 계산기에서 직전의 계산 결과를 불러오는 Answer(Ans) 키를 활용한다.
   ② Answer(Ans) 키를 활용하여 일정한 규칙에 따른 수열을 생성하거나 생성된 수의 배열에서 패턴을 발견한다.

4. 기대 효과

① 패턴에 주목하여 수 사이의 규칙을 발견하고, 규칙을 형식화 할 수 있다.

계산기 조작 방법	계산기 화면	설명
1. 각 화살표를 따라 가는 좌석 배역에서 좌석 번호 사이의 규칙을 말로 써 보세요. a화살표: 61에서 시작하여 1씩 증가한다.(72에서 끝남.) b화살표: 1에서 시작하여 12씩 증가한다.(217에서 끝남.) c화살표: 2에서 시작하여 13씩 증가한다.(162에서 끝남.) d화살표: 12에서 시작하여 12씩 증가한다.(216에서 끝남.) e화살표: 48에서 시작하여 11씩 증가한다.(169에서 끝남.)		
2. $a_5 = 65$, $b_3 = 25$, $c_2 = 15$, $d_4 = 48$		※ 수열의 형식적 표현 방식을 약속하고 익히는 활동이다.
3. b (시작) $b_1 = 1$, (식) $b_{n+1} = b_n + 12$ $(1 \le n \le 12)$ c (시작) $c_1 = 2$, (식) $c_{n+1} = c_n + 13$ $(1 \le n \le 11)$ d (시작) $d_1 = 12$, (식) $d_{n+1} = d_n + 12$ $(1 \le n \le 18)$ e (시작) $e_1 = 48$, (식) $e_{n+1} = e_n + 11$ $(1 \le n \le 12)$		※ 괄호 안에 표시한 x 범위는 처음과 끝을 고려한 엄밀한 표현이다. (중학교 수준에서 무시해도 무방함.)
4. (1)+12, (2)+13, (3) +11, (4) +12		순서대로 위 b, c, e, d 좌석배열
5. (Ans) 키 이용하여 값 구하기		
(1) 55	100 Ans-5 100 95 90 85 80 75 70 65 60 55 100에서 5씩 빼기를 9번 반복한 수.	처음 수가 첫째 줄에 있으므로, 10째 줄은 9번 반복한 것이다.
(2) 0.015625	1 Ans÷2 1 0.5 0.25 0.125 0.0625 1을 2로 6번 반복해 나눈 수.	
(3) 0.04239115828	0.9 Ans×0.9 0.9 0.81 0.729 0.6561 0.59049 …	

0.9에 0.9를 29번 곱한 수. 0.07976644308 0.07178979877 0.06461081889 0.058149737 0.05233347633 0.04710128697 0.04239115828	0.9^{30} 으로 표현해도 무방함.
6.	
(1) 2, 4, 8, 16, 32, … 2 Ans÷0.5 2 4 8 16 32 특징: 값이 점점 커진다.	발견한 바를 자유롭게 발표하도록 한다. 변동 폭이 점차 커짐에 주목한다.
(2) 5, 6, 7.2, 8.64, 10.368, … 5 Ans×1.2 5 6 7.2 8.64 10.368 특징: 값이 점점 커진다.	변동 폭이 점차 커짐에 주목한다.
(3)5, 2.8, 1.935714186, … 5 (Ans+3÷Ans)÷2 5 2.8 1.935714286 1.742764892 1.732083741 특징: 값이 점점 작아진다.	값은 점점 감소하지만 EXE 반복하면 어떤 범위를 넘지 않는다는 사실에만 주목하게 한다. ※ 2.4 계속되는 분수와 관련이 있다.

1.4 거듭제곱 : 어느 수가 클까요?

1. 학년 및 단원: 중학교 2학년(수와 식)
2. 학습목표
   ① 자연수의 거듭제곱을 계산하고, 거듭제곱과 크기에 대한 수 감각을 키운다.
3. 계산기 활용
   ① 자연수의 거듭제곱을 계산한다.
4. 기대 효과
   ① 계산기의 사용으로 거듭제곱의 정확하고 신속한 계산과 수의 규칙성을 찾는 추론 활동에 집중할 수 있다.
   ② 자연수 거듭제곱에서 1의 자리 수의 패턴을 인식하고, 수 감각에 기초한 추론으로 수론 문제를 체계적으로 접근하여 해결할 수 있다.

조작 방법	계산기 화면	설명
1. A는 10보다 작은 자연수이고, A^7= □□□□□□2입니다. 2, 0, 9, 7, 1, 5 　　($A=8$, $8^7=2097152$)		
• [MENU][1] (RUN−MAT)	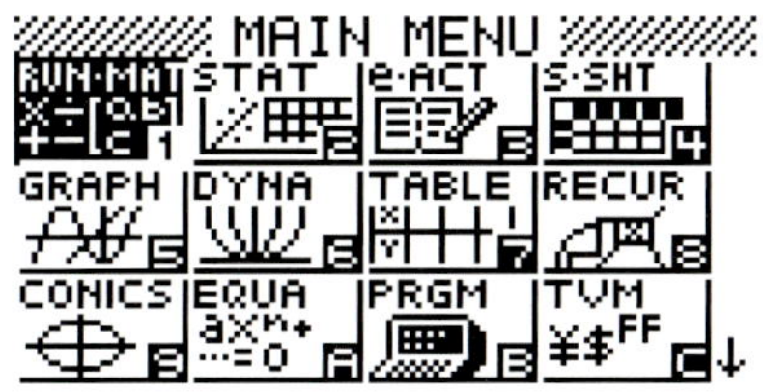	
• [2][∧][7][EXE] • [3][∧][7][EXE] …	2^7 　 128 3^7 　 2187 … 7^7 　 823543 8^7 　 2097152 ▶MAT	계산기로 자연수의 거듭제곱을 자유롭게 구할 수 있으나, 1의 자리수에 주목하여 짝수만 확인해도 무방하다.
2. 다음 □ 안에 적당한 한 자리 수를 넣으세요. $□^4=81$, 　 $□^3=157464$ $3^4=81$, $54^3=157464$		
• [2][∧][4][EXE] • [3][∧][4][EXE] • [1][4][∧][3][EXE] …	2^4 　 16 3^4 　 81 14^3 　 2744 28^3 　 21952 36^3 　 46656 ▶MAT	학생들이 자유롭게 자연수의 거듭제곱을 계산할 수 있게 하되, 일의 자리 수가 짝수임에 주목하고 수의 크기를 어림하여 적절한 답을 추측하여 확인할 수 있게 한다.
3. A가 다음과 같을 때, A의 거듭제곱 A, A^2, A^3, A^4, …의 1의 자리 수를 나열해 보세요. A =1일 때 　1, 1, 1, 1, 1, 1, 1, 1, 1, … A =3일 때 　3, 9, 7, 1, 3, 9, 7, 1, 3, … A =5일 때 　5, 5, 5, 5, 5, 5, 5, 5, 5, … A =7일 때 　7, 9, 3, 1, 7, 9, 3, 1, 7, … A =9일 때 　9, 1, 9, 1, 9, 1, 9, 1, 9, …		
• [1][∧][2][EXE] • [1][∧][3][EXE] …	1^2 　 1 1^3 　 1 1^4 　 1 ▶MAT	1의 거듭제곱은 항상 1이다.
• [3][∧][2][EXE] • [3][∧][3][EXE] …	3^2 　 9 3^3 　 27 3^4 　 81 ▶MAT	3을 거듭한 수는 항상 홀수가 됨을 확인한다. 또 3의 거듭제곱하면 일의 자리 수가 3, 9, 7, 1 로 순환된다.

<table>
<tr><td>• 5 ∧ 2 EXE
• 5 ∧ 3 EXE
…</td><td>5^2 25
5^3 125
5^4 625
▸MAT</td><td>5, 7, 9의 거듭제곱수의 1의 자리에 주목하고 패턴을 찾는다.</td></tr>
<tr><td colspan="3">위에서 발견한 사실이 있으면 써보세요.
(예) 1) 홀수의 거듭제곱은 항상 홀수가 된다.
2) 거듭제곱한 수의 1의 자리 수는 일정한 패턴으로 되풀이(순환) 된다.
3) 1과 5의 거듭제곱한 수의 일의 자리 수는 항상 각각 1과 5이다.
4) 홀수를 거듭제곱할 때, 1의 자리수가 그 수가 되면, 그 때부터 1의 자리 수는 순환한다.
5) 1, 3, 7, 9를 $4n$(4의 배수) 제곱한 수의 일의 자리 수는 항상 1이다. …</td></tr>
<tr><td colspan="3">4. A가 다음과 같을 때, A, A^2, A^3, A^4, …의 1의 자리 수를 나열해 보세요.
A =2일 때 2, 4, 8, 6, 2, 4, 8, 6, 2, … A =4일 때 4, 6, 4, 6, 4, 6, 4, 6, 4, …
A =6일 때 6, 6, 6, 6, 6, 6, 6, 6, 6,… A =8일 때 8, 4, 2, 6, 8, 4, 2, 6, 8, …</td></tr>
<tr><td>• 2 ∧ 2 EXE…
• 4 ∧ 2 EXE…
• 6 ∧ 2 EXE…
…</td><td>2^2 4
2^3 8
4^2 16
4^3 64</td><td>• 2, 4, 6, 8의 거듭제곱수의 1의 자리 수에 주목하고, 각각의 경우에 패턴을 찾는다.</td></tr>
<tr><td colspan="3">위에서 발견한 사실이 있으면 써 보세요.
1) 짝수를 거듭제곱한 수는 항상 짝수가 된다.
2) 짝수를 거듭제곱할 때, 1의 자리수가 그 수가 되면, 그 때부터 1의 자리 수는 순환한다.
3) 6을 거듭제곱한 수의 일의 자리 수는 항상 6이다.
4) 2, 4, 6, 8의 거듭제곱에서 일의 자리 수가 6이 되면 다음 수부터는 순환한다.
5) 2, 4, 6, 8를 4n(4의 배수)번 거듭제곱한 수의 1의 자리 수는 항상 6이다. …</td></tr>
<tr><td colspan="3">5. 다음 두 수의 크기를 비교하여, 두 수 사이에 부등호를 넣으세요.
$12^3 < 7^4$, $4^2 > 2^3$, $7^3 < 3^7$</td></tr>
<tr><td>• 1 2 ∧ 3 EXE
• 7 ∧ 4 EXE</td><td>12^3 1728
7^4 2401</td><td>대소 관계를 먼저 추측하게 한 후 계산기로 확인하게 한다.</td></tr>
</table>

유의점

1) 수의 패턴을 발견하고 수 감각 키우는 데 활동의 초점이 있다.
2) 계산기로 답을 확인하기에 앞서, 수의 성질과 특성에 주목하여 체계적으로 해를 찾아 갈 수 있도록 학생들을 격려한다. 또 거듭제곱수의 크기 비교는 대소 관계를 먼저 추측을 한 후, 계산기를 사용하여 이를 확인하도록 한다.

1.5 달력에서 찾은 패턴

1. 학년 및 단원: 중학교 3학년(수와 식)
2. 학습목표
   ① 일상적 맥락에서 계산을 통해 세 수 사이의 관계를 발견하고, 그러한 관계가 성립하는 이유를 수학적으로 탐색한다.
3. 계산기 활용
   ① 자연수의 사칙연산 및 거듭제곱을 계산한다.
4. 기대 효과
   ① 문제 해결과정에서 복잡한 계산이 나타날 경우 계산기를 사용함으로써 정확한 값을 신속하게 구할 수 있을 뿐 아니라 규칙성을 찾는 추론활동에 보다 집중할 수 있다.
   ② 구체적인 사례에서 수학적인 관계를 귀납적으로 발견하고, 그 이유를 탐색하게 한다.

<table>
<tr><th>조작 방법</th><th>계산기 화면</th><th>설명</th></tr>
<tr><td colspan="3">1. 세 수 사이의 관계를 언어로 표현하고, 이를 식으로 나타내 보세요.
(1, 2, 3) "1과3의 곱에 1을 더하면 2의 제곱과 같다." $2^2=1\times3+1$,
"2의 제곱에서 1과 3을 곱을 빼면 1이다." $2^2-1=1\times3$,
"1과 3의 합은 2를 2배와 같다." $1+3=2\times2$
(5, 6, 7) "5과7의 곱에 1을 더하면 6의 제곱과 같다." $6^2=5\times7+1$,
"6의 제곱에서 5와 7을 곱을 빼면 1이다." $6^2-1=5\times7$,
"5과 7의 합은 6의 2배와 같다." $5+7=2\times6$</td></tr>
<tr><td>계산하기</td><td>$2^2=4$, $1\times3=3\rightarrow$
$2^2-1=1\times3$
$1+3=2\times2$, …
$6^2=5\times7+1$,
$2\times6=5+7$, …</td><td>지필 계산으로 관계를 탐색해보고, 이를 언어와 식으로 표현하게 한다. 여기에서는 "2를 2배"를 "2를 제곱"으로 할 수도 있다. (그러나 일반적으로, '2를 2배'한다는 것이 옳다.)</td></tr>
<tr><td colspan="3">2. 연속한 세 수에 대하여 이와 같은 관계가 항상 성립하는 지 확인하세요.
(14, 15, 16)
(28, 29, 30)</td></tr>
<tr><td>계산하기
• 1 5 ∧ 2 EXE
• 1 4 × 1 6 + 1 EXE
• 1 5 ∧ 2 − 1 EXE
…</td><td>15^2 225
14×16+1 225
15^2-1 224
14×16 224
2×15 30
14+16 30</td><td>"앞, 뒤 수의 곱에 1을 더하면 가운데 수의 제곱과 같다."
"앞, 뒤 수를 더하면 가운데 수를 2배와 같다" 는 관계를 확인한다.
(28, 29, 30)의 경우도 같은 방법으로 확인한다.</td></tr>
</table>

3. 연속한 다른 세 수를 선택하여 같은 관계가 성립하는지 확인 하세요. 항상 성립한다.
이 같은 관계가 항상 성립하는 이유를 써 보세요.

이유1: 연속한 세 수를 $x-1$, x, $x+1$ 이라 하면, $(x-1)\times(x+1)=x^2-1$이므로
앞, 뒤 두 수의 곱은 항상 가운데 수의 제곱보다 1이 작다.

이유2: 연속한 세 수를 $x-1$, x, $x+1$ 이라 하면, $2x=(x-1)+(x+1)$이므로
앞, 뒤 두 수의 합은 항상 가운데 수의 2배이다.

4. 계산기를 이용하여, 다른 세 수 사이에 성립하는 패턴이 있는 지 조사해 보세요.
(예 1) (10, 17, 24), (2, 9, 16) ,...
세 수가 같은 간격으로 떨어져 있을 때, 성립하는 패턴:
(패턴 1)(앞)×(뒤)=(가운데 수)^2-(간격)^{2}의 관계가 있다.
(패턴 2) 앞, 뒤 두 수의 곱은 항상 가운데 수의 제곱보다 1이 작다. ...

계산하기		
• 1 7 ∧ 2 EXE • 1 0 × 2 4 EXE ...	17^2 289 10×24 240 289-240 49 9^2 81 2×16 32 81-32 49	(1) 17^2과 10×24의 차, 9^2과 2×16의 차가 모두 49인 것에 주목한다. 49는 인접한 두 수 사이의 간격 7의 제곱이다.

그 패턴이 항상 성립하나요? 항상 성립한다.
또 이유는 무엇인가요? 세 수를 각각 $x-7$, x, $x+7$이라 하면

$$x^2=(x-7)(x+7)+7^2,\quad 2x=(x-7)+(x+7)$$

5. 계산기를 이용하여 네 수 사이에 다른 패턴을 찾아보세요.

예 1) ① 두 수 묶음 합: $5+13=6+12$, $22+30=23+29$ (같다) ⋯
② 두 수 묶음 곱: $5\times13=6\times12-7$, $22\times30=23\times29-7$(7만큼 차)

5	6
12	13

22	23
29	30

예 2) ① 두 수 묶음 합: $5+8=6+7$, $21+24=22+23$ (같다) ⋯
② 두 수 묶음 곱: $5\times8=6\times7-2$, $21\times24=22\times23-2$(2만큼 차)

5	6	7	8

21	22	23	24

예 3) (5, 12, 19, 26), (2, 9, 16, 23)
① 두 수 묶음 합: $5+26=12+26$, $2+23=9+16$ (같다) ⋯
② 두 수 묶음 곱: $5\times26=12\times19-98$, $2\times23=9\times16-98$ (98만큼 차)

그 패턴이 항상 성립하나요? 예.
그 이유는 무엇인가요?
예1) 네 수를 $\begin{pmatrix} x & x+1 \\ x+7 & x+8 \end{pmatrix}$로 표현할 수 있다.

①$x+(x+8)=(x+1)+(x+7)$,

②$x(x+8)=(x+1)(x+7)-7$ 이다.(여기서 7는 1×7).

예2) 네 수를 $(x,\ x+1,\ x+2,\ x+3)$로 표현할 수 있으므로,

① $x+(x+3)=(x+1)+(x+2)$,

②$x(x+3)=(x+1)(x+2)-2$이다.(여기서 2는 1×2).

예3) 네 수를 $(x,\ x+7,\ x+14,\ x+21)$로 표현할 수 있으므로,

① $x+(x+21)=(x+7)+(x+14)$,

②$x(x+21)=(x+7)(x+14)-98$이다.(여기서 98은 7×14).

유의점

1) 달력에 나타난 수 묶음을 문자로 표현하고 대수식의 변형을 통한 증명은 중학교 수학에서 가능한 수준이다. 그러나 이 활동에서 초점은 패턴의 발견과 확인에 있으며, 다양한 패턴을 발견하도록 격려한다. 대수식을 통한 증명은 크게 강조하지 않는다.

2) 수 묶음의 곱의 차이가 어디에서 비롯된 것인가를 설명하는 활동(예를 들어 98은 7×14)은 수준이 높은 학생들에게 유용한 탐구활동이 될 수 있다.

2.1 $\sqrt{2}$는 어떤 수일까요?

1. 학년 및 단원: 중학교 3학년 (제곱근과 실수)
2. 학습목표
   ① 제곱근의 뜻을 이해한다.
3. 계산기의 활용
   ① [RUN] 메뉴에서 제곱근의 근삿값을 구한다.
4. 기대 효과
   ① 제곱근의 뜻을 알고 계산기로 얻은 값이 근삿값임을 안다.

계산기 조작 방법	계산기 화면	설명
1. $\sqrt{2}$ 와 $\sqrt{3}$ 의 값을 구해 보세요. $\sqrt{2}=1.414213562$, $\sqrt{3}=1.732050808$		
메뉴선택/ 설정하기 • MENU 1 (RUN·MAT) • SHIFT MENU (SET UP) Input F2 (Linear) EXE	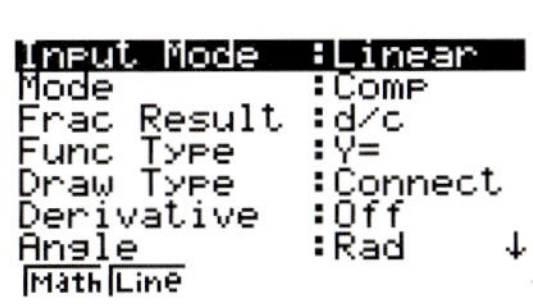	※ 입력(Input)을 Linear로(근삿값으로 취급) 설정한다.

계산하기 • SHIFT x^2($\sqrt{\ }$) 2 EXE • SHIFT x^2($\sqrt{\ }$) 3 EXE	√2 1.414213562 √3 1.732050808	※ $\sqrt{2}$ 와 $\sqrt{3}$ 의 값을 구한다.
2. $\sqrt{2}\times\sqrt{2}$ 와 $\sqrt{3}\times\sqrt{3}$ 의 값을 구해 보세요. 2와 3 위 결과를 보고 $\sqrt{2}$ 와 $\sqrt{3}$ 이 어떤 수인지 자신의 생각을 써 보세요. 제곱하면 2가 되는 수, 제곱하면 3이 되는 수		
계산하기 • SHIFT x^2($\sqrt{\ }$) 2 ✕ SHIFT x^2($\sqrt{\ }$) 2 EXE	√2×√2 2 √3×√3 3	계산기로 $\sqrt{2}\times\sqrt{2}$ 의 값을 구한다.
3. $\sqrt{31}\times\sqrt{31}$ 의 값을 추측해 보세요. 31 계산기로 $\sqrt{31}\times\sqrt{31}$ 을 값을 구하여, 자신의 추측이 옳은지 확인하세요. $\sqrt{31}$ 은 어떤 수입니까? 제곱하면 31이 되는 수		
4. 기호로 나타낸 다음 수의 값을 추측하고, 계산기로 확인해 보세요. 1) $\sqrt{121}=11$ 2) $\sqrt{25}=5$ 3) $\sqrt{36}=6$ 4) $\sqrt{225}=15$		
5. (한 걸음 더) 계산기로 구한 $\sqrt{2}$ 의 값을 제곱해 보세요. 1.999999999 위의 결과가 $\sqrt{2}\times\sqrt{2}$, 즉$(\sqrt{2})^2$와 값이 다른 이유를 설명해 보세요. 1.414213562 는 $\sqrt{2}$ 의 근삿값이기 때문에 그 값을 제곱하면 $(\sqrt{2})^2$=2와 다르다.		
계산하기 • SHIFT x^2($\sqrt{\ }$) 2 EXE	√2 1.414213562 1.414213562×1.414213562 1.999999999	1.414213562가 $\sqrt{2}$ 의 근삿값임을 안다.

유의점

1) (Ans)는 바로 직전의 계산 결과를 의미한다. 계산기로 나온 $\sqrt{2}$ 의 값을 (Ans)키를 사용하여 제곱하면, 값이 정확히 2가 된다. 즉 (Ans)×(Ans)= 2이다.

```
√2
          1.414213562
Ans×Ans
                    2
1.414213562²
          1.999999999
```

2.2 $A\sqrt{2}$ 의 값은 얼마일까요?

1. 학년 및 단원: 중학교 3학년 (제곱근과 실수)
2. 학습목표
   ① 근호를 포함한 식의 덧셈과 곱셈을 이해한다.

3. 계산기의 활용

① [RUN] 메뉴에서 근호를 포함한 식의 근삿값을 구한다.

4. 기대 효과

① 근호를 포함한 식의 계산 방식을 이해한다.

계산기 조작 방법	계산기 화면	설명
1. 계산기를 이용하여 $\sqrt{2}+\sqrt{2}+\sqrt{2}$ 의 값을 구해 보세요.		
메뉴선택/ 설정하기 • [MENU][1](RUN·MAT) • [SHIFT][MENU](SET UP) Input/Output[F2](Linear)[EXE]	Input Mode :Linear Mode :Comp Frac Result :d/c Func Type :Y= Draw Type :Connect Derivative :Off Angle :Rad Math Line	Linear로 설정한다.
계산하기 • [SHIFT][x^2]($\sqrt{\ }$)[2][+][SHIFT][x^2]($\sqrt{\ }$) [2][+][SHIFT][x^2]($\sqrt{\ }$)[2][EXE]	√2+√2+√2 4.242640687	$\sqrt{2}$ 근호가 있는 식의 덧셈
2. 계산기를 이용하여 $3\times\sqrt{2}$ 와 $3\sqrt{2}$ 의 값을 구하고, 두 값을 비교해 보세요. $3\times\sqrt{2}=4.242640687$, $3\sqrt{2}=4.242640687$, $3\times\sqrt{2}$ 와 $3\sqrt{2}$ 모두 $\sqrt{2}$ 의 3배이다.		
계산하기 • [3][×][SHIFT][x^2]($\sqrt{\ }$)[2][EXE]	3×√2 4.242640687	
계산하기 • [3][SHIFT][x^2]($\sqrt{\ }$)[2][EXE]	3√2 4.242640687	두 값을 비교하여 $3\sqrt{2}=3\times\sqrt{2}$ 임을 안다.
3. $2\sqrt{2}+3\sqrt{2}=A\sqrt{2}$ 일 때, A 의 값을 추측하고, 이를 계산기로 확인해 보세요. A=5, (확인) $2\sqrt{2}+3\sqrt{2}=5\sqrt{2}$ (=7.071067812) $5\sqrt{2}+10\sqrt{2}$ 의 값을 간단히 나타내보세요. $15\sqrt{2}$		
계산하기 • [2][SHIFT][x^2]($\sqrt{\ }$)[2][+] [3][SHIFT][x^2]($\sqrt{\ }$)[2][EXE]	2√2+3√2 7.071067812 5√2 7.071067812	값을 비교한다.
4. $\sqrt{2}\times\sqrt{3}$ 의 값을 구해보세요. $\sqrt{2}\times\sqrt{3}=2.449489743$		
계산하기 • [SHIFT][x^2]($\sqrt{\ }$)[2][×] [SHIFT][x^2]($\sqrt{\ }$)[3][EXE]	√2×√3 2.449489743	$\sqrt{2}\times\sqrt{3}=\sqrt{6}$ 임을 안다.

<table>
<tr><td colspan="3">계산기를 이용하여 $\sqrt{6}$ 의 근삿값을 구하고, 위의 값과 비교해 보세요. 두 값이 서로 같다. $\sqrt{6}=2.449489743$</td></tr>
<tr><td>계산하기
• SHIFT x^2 ($\sqrt{\ }$) 6 EXE</td><td>√6
2.449489743</td><td></td></tr>
<tr><td colspan="3">5. 근호를 포함한 다음 식 $\sqrt{A}\times\sqrt{B}$ 의 결과를 추측하고, 이를 계산기로 확인해 보세요.
$\sqrt{2}\times\sqrt{5}=\sqrt{10}$
$\sqrt{5}\times\sqrt{10}=\sqrt{50}$
1) $3\sqrt{2}\times\sqrt{5}=\sqrt{10}$
2) $\sqrt{3}\times\sqrt{27}=\sqrt{81}=9$
3) $6\sqrt{5}\times 2\sqrt{2}=12\sqrt{10}$</td></tr>
</table>

2.3 $\sqrt{2}$의 근삿값 구하기

1. 학년 및 단원: 중학교 3학년 (제곱근과 실수)
2. 학습목표
   ① 계산기를 이용하여 $\sqrt{2}$ 의 근삿값을 좀 더 정밀하게 단계적으로 구할 수 있다.
3. 계산기의 활용
   ① 제곱근의 근삿값을 구한다.
4. 기대 효과
   ① 계산기로 얻은 $\sqrt{2}$ 의 값이 근삿값임을 안다.

<table>
<tr><th>계산기 조작 방법</th><th>계산기 화면</th><th>설명</th></tr>
<tr><td colspan="3">1. 식탁보의 넓이는 식탁의 넓이의 $\frac{1}{2}$이므로 $2\,m^2$이므로, 가운데 헝겊의 한 변의 길이는 $\sqrt{2}$ m가 됩니다.</td></tr>
<tr><td colspan="3">2. $\sqrt{2}$ 는 "제곱하면 2가 되는 수"입니다. $\sqrt{2}$ 의 값을 구해 봅시다.
표에서 $\sqrt{2}$ 의 값은 1.4와 1.5 사이에 있음을 알 수 있습니다. 즉 1.4…입니다.
(1) 다음과 같은 방법으로 $\sqrt{2}$ 의 소수 둘째 자리 값을 구해 봅시다.
<table><tr><td>x</td><td>1.41</td><td>1.42</td><td>1.43</td><td>1.44</td><td>1.45</td></tr><tr><td>x^2</td><td>1.9881</td><td>2.0164</td><td>2.0449</td><td>2.0736</td><td>2.1025</td></tr></table>위 표에서 $\sqrt{2}$ 의 값은 <u>1.41</u> 와 <u>1.42</u> 사이에 있음을 알 수 있습니다.
그러므로 $\sqrt{2}$ 의 소수 둘째 자리는 <u>1</u> 입니다.</td></tr>
</table>

(2) 위의 방법으로 여러분이 x의 값을 쓰고 $\sqrt{2}$의 소수 셋째 자리 값을 찾아 보세요.

x	1.411	1.412	1.413	1.414	1.415
x^2	1.990921	1.993744	1.996569	1.999396	2.002225

그러므로 $\sqrt{2}$의 근삿값을 구해 소수 셋째자리까지 쓰면 1.414 입니다.

계산하기	계산기 화면	설명
• MENU 1 (RUN·MAT) • 1 · 4 1 1 x^2 EXE	2.0449 1.411² 1.990921 1.412² 1.993744 1.413² 1.996569 MAT	$\sqrt{2}$의 소수 셋째 자리 값을 구할 수 있다.

2.4 계속되는 분수

1. 학년 및 단원: 중학교 3학년 (제곱근과 실수)
2. 학습목표
   ① 계산기를 이용하여 $\sqrt{2}$의 근삿값을 구할 수 있다.
3. 계산기의 활용
   ① [RUN] 메뉴에서 분수 계산을 한다.
4. 기대 효과
   ① 연분수로 제곱근의 근삿값을 구한다.

계산기 조작 방법	계산기 화면	설명
1. $\sqrt{2}$의 근삿값을 만들어 봅시다.		
(1) 양수(A)를 하나 택하시오.		예) 11
(2) (RUN)화면에서 $(A+2\div A)\div 2$를 입력하세요.		예) 5.590909091
(3) $(Ans+2\div Ans)\div 2$		예) 2.974316334
(4) EXE		예) 1.460120017
(5) EXE를 반복한 후 계산기에 나타난 수를 쓰시오.		예)1.414213562, 1.414213562
계산하기 • MENU 1 (RUN·MAT) (1 1 + 2 ÷ 1 1) ÷ 2 EXE • (SHIFT (−) + 2 ÷ SHIFT (−)) ÷ 2 EXE EXE EXE	(11+2÷11)÷2 5.590909091 (Ans+2÷Ans)÷2 2.974316334 1.823369884 1.460120017 1.414935216 MAT 2.974316334 1.823369884 1.460120017 1.414935216 1.414213746 1.414213562 1.414213562 MAT	

2. 위 활동에서 얻은 값이 $\sqrt{2}$ 의 근삿값이 되는 이유를 생각해 보세요.

$\frac{1}{2}\left(A_n + \frac{2}{A_n}\right) = A_{n+1}$ 에서 n 이 적당히 크면, $\frac{1}{2}\left(A + \frac{2}{A}\right) = A$ 이므로 $A + \frac{2}{A} = 2A$, $A^2 = 2$.

$\therefore A = \sqrt{2}$

3. (한 걸음 더) $\sqrt{45}$ 의 근삿값을 유사한 방법으로 구할 수 있는지 그 방법을 생각해 보세요.

(2) $(A + 45 \div A) \div 2$ (3) $(A\text{ns} + 45 \div A\text{ns}) \div 2$	(11+45÷11)÷2 7.545454545 (Ans+45÷Ans)÷2 6.754654984 6.708363652 6.708203934 6.708203932 ▶MAT	$\sqrt{2}$ 의 경우를 참고하여, $\frac{1}{2}\left(A_n + \frac{45}{A_n}\right) = A_{n+1}$ 를 이용하면 된다.

2.5 자동차의 스키드마크

1. 학년 및 단원: 중학교 3학년 (제곱근과 실수)
2. 학습목표
   ① 근호를 포함한 식의 계산을 할 수 있다.
3. 계산기의 활용
   ① 근호를 포함한 식의 사칙 연산을 한다.
4. 기대 효과
   ① 근호를 포함한 식의 사칙연산을 하고, 그 결과에 근거하여 실생활에서 상황을 판단할 수 있다.

계산기 조작 방법	계산기 화면	설명
1. 제한 속력이 시속 100 km 인 아스팔트 고속 국도에서 교통사고가 발생하였다. 사고로 미끄러진 차량이 만든 스키드마크의 길이가 60 m 일 때, 제동 직전 이 차량의 속력은 시속 몇 km 이었는지 소수 첫째 자리까지 구해 보세요.(사고 당일 아스팔트 도로의 마찰 계수 k=0.8이라고 한다.) $\sqrt{2 \times 0.8 \times 9.8 \times 60} = \sqrt{940.8} = 30.672(\text{m/s})$, 시속$= 110.42(\text{k/h})$		
계산하기 • MENU 1 (RUN·MAT) • SHIFT x^2 ($\sqrt{\ }$) (2 × 0 · 8 × 9 · 8 × 6 0) EXE	√(2×0.8×9.8×60) 30.67246322 Ans×60×60÷1000 110.4208676 ▶MAT	관계식에서 V는 초속이며 단위는 m/sec이다. 속력 V를 계산하여 시속으로 환산하고 단위를 km로 한다.
2. 계산 결과를 토대로 이 자동차가 규정 속도를 지켰는지 토의해 보세요. 자동차의 추정 속도는 110.42 m 이다. 그러므로 제한 속도가 시속 100 km 인 고속 국도에서 규정 속도를 지키지 않았던 것으로 판단된다.		

2.6 63빌딩 전망대에서 가시거리는?

1. 학년 및 단원: 중학교 3학년 (제곱근과 실수)
2. 학습목표
   ① 근호를 포함한 식의 값을 계산을 할 수 있다.
3. 계산기의 활용
   ① 근호를 포함한 식의 사칙 연산을 한다.
4. 기대 효과
   ① 계산기를 이용하여 근호를 포함한 식의 값을 실생활의 문제에 적용할 수 있다.

계산기 조작 방법	계산기 화면	설명
1. 계산기를 이용하여 63빌딩 전망대에서 가시거리 d의 근삿값을 구해 보세요. 56.9 km		
계산하기 • MENU F1 (RUN·MAT) • 3 6 0 0 SHIFT x^2 ($\sqrt{\ }$) 2 5 0 EXE	3600√250 56920.99788 ▶MAT	계산 결과를 실생활에 적용하여 해석한다.
2. 맑은 날 N서울타워(높이 236.7 m, 해발고도 243.0 m))에서 어디까지 보일지 지도에 표시해 보세요. N서울타워를 중심으로 하고 반지름이 약 78 km인 원을 그린다.		
계산하기 • SHIFT x^2 ($\sqrt{\ }$) 3 6 0 0 SHIFT x^2 ($\sqrt{\ }$) 4 7 9 · 7 EXE	3600√479.7 78847.39691 ▶MAT	높이 $h = 236.7 + 243.0 = 479.7\text{m}$ 이므로 $d = 3600\sqrt{479.7}$ 계산 결과를 실생활에 적용하여 해석한다.

3.1 논에서 생산되는 쌀의 양은 얼마나 될까요?

1. 학년 및 단원: 중학교 1학년(함수)
2. 학습목표
   ① 계산기를 이용하여 함수 $y=ax$의 그래프를 그리고, 그래프의 뜻을 이해한다.
3. 계산기 활용
   ① [Table]메뉴에서, x가 이산적일 때 $y=ax$의 대응표를 만들고 그래프를 그린다.
   ② [Graph]메뉴에서, x가 연속적일 때 $y=ax$의 대응표를 만들고 그래프를 그린다.
4. 기대 효과
   ① 이산적인 x값에 대하여, 함수 $y=ax$의 그래프를 그리는 과정을 이해할 수 있다.
   ② 모든 수 x에 대한 함수 $y=ax$의 그래프가 연결됨을 자연스럽게 이해한다.

조작 방법	계산기 화면	설명
1. 답: 4가마, 6가마, 함수 $y=ax$에서 $x=1$일 때 $y=2$이므로 $a=2$이다.		
2. 계산기를 이용하여 $y=2x$의 그래프를 그리세요.		
메뉴선택/ 함수식 입력 • MENU 7 (TABLE) Y1= 2 X,θ,T EXE		함수 $y=2x$를 입력한다.
화면 설정 • SHIFT F3 (V-Window) EXE		대응표의 모든 점이 화면에 모두 나타날 수 있도록 적절하게 화면을 설정한다.
Dual Screen 지정 • SHIFT MENU (SETUP) Dual Screen: T+G EXE		
범위 설정 • F5 (SET) EXE	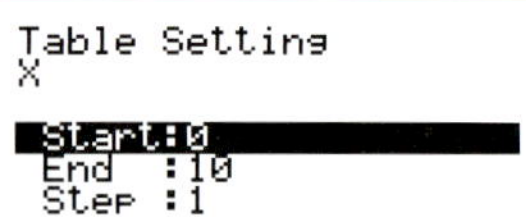	x의 범위는 0이상 10이하로 정하고, 간격을 1로 설정한다.
그래프 그리기 • F6 (TABL) F6 (G-PLT)	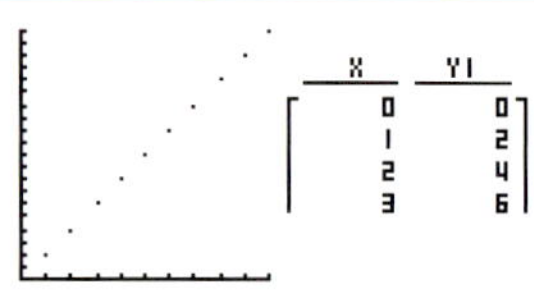	
3. 그래프에서 Trace 기능을 이용하여 $y=2x$ 그래프 위의 점의 좌표를 확인하기		
• SHIFT F1 (Trace)	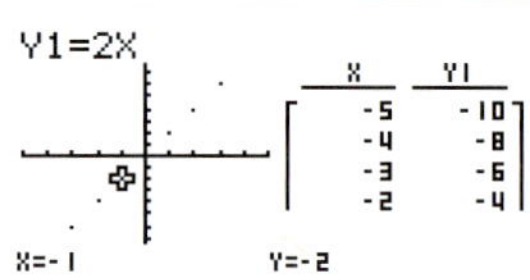	대응표에 나타난 순서쌍(x, y)가 그래프 위의 점의 좌표와 같음을 안다.
4. x의 간격(step)이 0.5와 0.2일 때, $y=2x$의 그래프를 그리기		
범위 설정 • F5 (SET) EXE	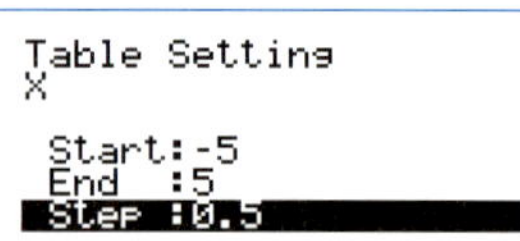	x의 범위는 그대로 하고, 점의 x값의 간격의 크기를 0.5로 설정한다.
그래프 그리기 • F6 (TABL) F6 (G-PLT)	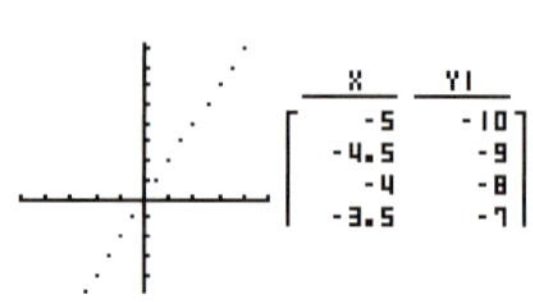	대응표를 순서쌍으로 나타내보고, 그래프의 점의 좌표를 비교한다. 그래프의 점들이 점점 촘촘해지는 것을 확인한다.

범위 설정 • [F5](SET)[EXE]	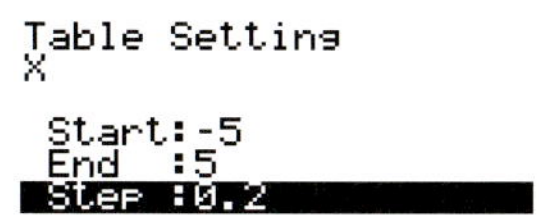	x값의 간격의 크기를 0.2로 설정한다.
그래프 그리기 • [F6](TABL)[F6](G−PLT)	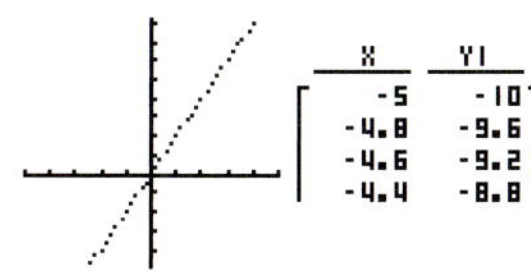	대응표를 순서쌍으로 나타내보고, 그래프의 점의 좌표를 비교한다. 그래프의 점들이 점점 촘촘해지면서 직선 모양으로 변해가는 것을 이해한다.
5. $-5 \le x \le 5$ 일 때, 함수 $y=2x$의 그래프를 그려보고, 그래프의 모양을 설명하기		
메뉴선택/ 함수식 입력 • [MENU][5](GRAPH) Y1=[2][X,θ,T][EXE]		
화면 설정 • [SHIFT][F3](V−Window)	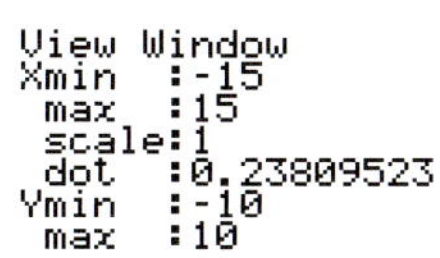	
그래프 그리기 • [F6](DRAW)	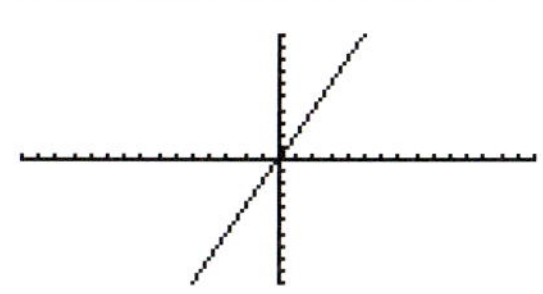	연결된 그래프

3.2 함수 $y=ax$의 그래프에서 a의 역할

1. 학년 및 단원: 중학교 1학년(함수)
2. 학습목표
   ① 함수 $y=ax$의 그래프에서 a값의 역할을 이해한다.
3. 계산기 활용
   ① a값의 변화에 따른 함수 $y=ax$의 그래프를 그린다.
4. 기대 효과
   ① 함수 $y=ax$의 그래프에서 a값의 부호에 따른 그래프의 특징을 설명할 수 있다.
   ② 함수 $y=ax$의 그래프에서 $|a|$값의 크기에 따른 그래프의 특징을 설명할 수 있다.

<table>
<tr><th>조작 방법</th><th>계산기 화면</th><th>설명</th></tr>
<tr><td colspan="3">1. 계산기를 이용하여 다음 순서에 따라 함수 $y=\frac{1}{2}x$, $y=x$, $y=2x$의 그래프를 같은 좌표평면에 그려 보세요.</td></tr>
<tr><td>메뉴선택/ 함수식 입력
• [MENU][5](GRAPH)
Y1=[1][a b/c][2][X,θ,T][EXE]
Y2=[X,θ,T][EXE]
Y3=[2][X,θ,T][EXE]</td><td>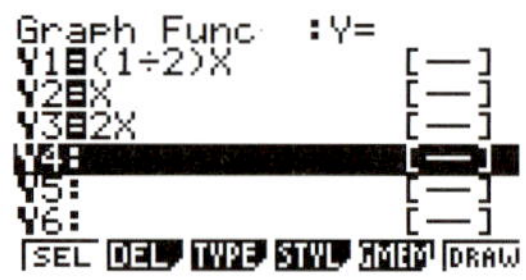</td><td>함수 $y=\frac{1}{2}x$, $y=x$, $y=2x$를 각각 입력한다.</td></tr>
<tr><td>그래프 선모양 설정
• Y2선택
[F4](STYL)[F3](점선)[EXE]
• Y3선택
[F4](STYL)[F2](실선)[EXE]</td><td>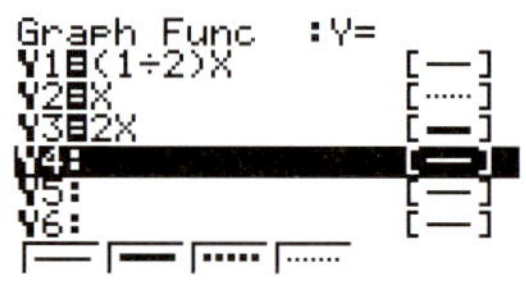</td><td>함수에 따른 그래프가 잘 구분될 수 있도록 다양한 선을 선택한다.</td></tr>
<tr><td>화면 설정
• [SHIFT][F3](V−Window)</td><td></td><td>모든 그래프가 화면에 잘 나타날 수 있도록 적절하게 화면을 설정한다.</td></tr>
<tr><td>그래프 그리기
• [F6](DRAW)</td><td>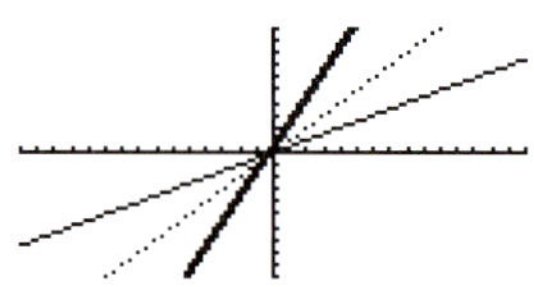</td><td>a값이 달라짐에 따라 변하는 그래프의 성질과 변하지 않는 성질을 탐구한다.</td></tr>
<tr><td>그래프 탐구하기
• [SHIFT][F1](Trace)
• ◀▶▲▼를 이용하여 점을 이동</td><td>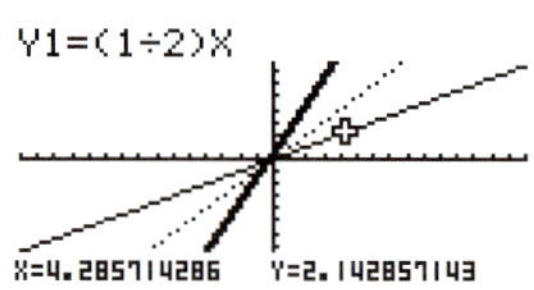</td><td>a값의 부호와 절댓값의 크기에 따라 그래프의 모양이 변하고, 기울기의 부호와 절댓값의 크기에 따른 성질을 탐구한다.</td></tr>
<tr><td colspan="3">2. 함수 $y=-\frac{1}{2}x$, $y=-x$, $y=-2x$의 그래프를 같은 좌표평면에 그려 보세요.</td></tr>
<tr><td>메뉴선택/ 함수식 입력
• [MENU][5](GRAPH)
Y1=[−][1][SHIFT][a b/c][2][X,θ,T][EXE]
Y2=[−][X,θ,T][EXE]
Y3=[−][2][X,θ,T][EXE]</td><td>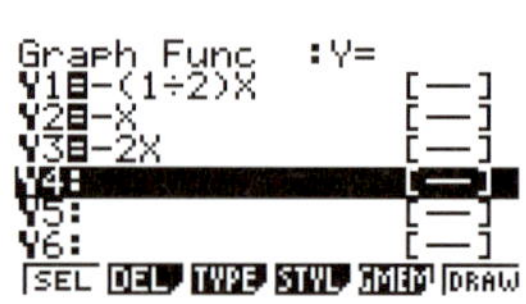</td><td>함수 $y=-\frac{1}{2}x$, $y=-x$,
$y=-2x$ 를 각각 입력한다.</td></tr>
</table>

그래프 선모양 설정 • Y2선택 F4(STYL)F3(점선)EXE • Y3선택 F4(STYL)F2(실선)EXE	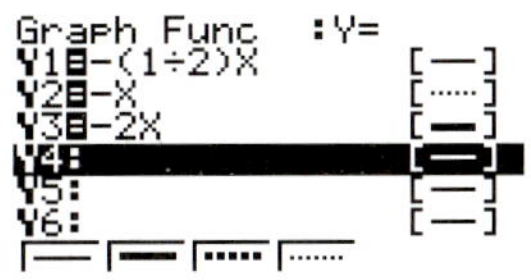	함수에 따른 그래프가 잘 구분될 수 있도록 다양한 선을 선택하고, 필요에 따라서는 선 모양을 바꾸어 보면서 그래프를 탐구한다.
화면 설정 • SHIFT F3(V-Window)		모든 그래프가 화면에 잘 나타날 수 있도록 적절하게 화면을 설정한다.
그래프 그리기 • F6(DRAW)	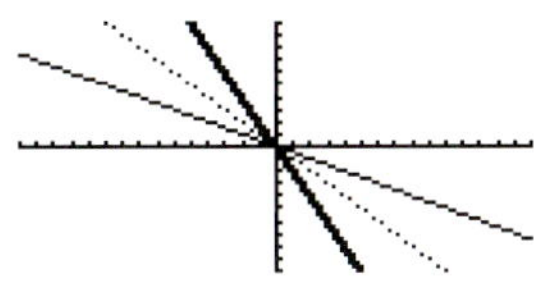	a값이 달라짐에 따라 변하는 그래프의 성질과 변하지 않는 성질을 탐구한다.
그래프 탐구하기 • SHIFT F1(Trace) • ◀▶▲▼를 이용하여 점을 이동	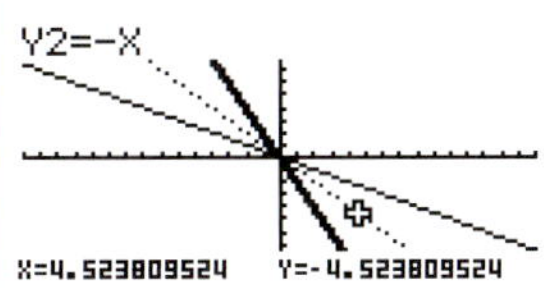	a값의 부호와 절댓값의 크기에 따라 그래프의 모양이 변하고, 기울기의 부호와 절댓값의 크기에 따른 성질을 탐구한다.

3. 함수 $y=ax$의 그래프에 대하여 다음 빈칸을 채워 보세요.

(1) $a(a\neq 0)$값에 관계없이 그래프의 모양은 원점을 지나는 직선이다.

(2) 함수 $y=ax$의 그래프의 모양과 a값의 부호의 관계

① $a>0$일 때, 그래프는 제 1사분면과 제 3사분면을 지나는 직선이며, x값이 증가할 때 y이 증가한다.

② $a<0$일 때, 그래프는 제 2사분면과 제 4사분면을 지나는 직선이고, x값이 증가할 때 y이 감소한다.

(3) 함수 $y=ax$의 그래프의 모양과 $|a|$값의 크기의 관계

$|a|$값의 크기가 클수록 그래프는 y축에 가까워지고, $|a|$값이 작을수록 그래프가 x축에 가까워진다.

3.3 6천원으로 볼펜을 몇 개 살 수 있을까요?

1. 학년 및 단원: 중학교 1학년(함수)
2. 학습목표

① 함수 $y=\frac{a}{x}$의 그래프를 그리고, 함수의 그래프의 뜻을 이해한다.

3. 계산기 활용

① 정의역을 변화에 따른 함수 $y=\frac{a}{x}$의 그래프를 그린다.

4. 기대 효과

① 함수 $y=\frac{a}{x}$의 그래프에서 정의역을 변화시켜가며 그래프를 그려보고, 그래프의 뜻을 학생들이 이해할 수 있게 한다.

② 정의역의 수 간격을 점차로 좁혀가면서, 정의역이 수 전체일 때, 함수 $y=\frac{a}{x}$의 그래프의 모양이 곡선이 됨을 자연스럽게 이해한다.

조작 방법	계산기 화면	설명
1. y를 x에 관한 식으로 나타내세요. $x\times y=6$ 이므로 $y=\frac{6}{x}$(단, y는 자연수)		
2. 계산기를 이용하여 다음 순서에 따라 문제 1에서 구한 식의 그래프를 그리세요.		
메뉴선택/ 함수식 입력 • MENU 7 (TABLE) Y1= 6 SHIFT a b/c X,θ,T EXE		함수 $y=\frac{6}{x}$ 입력한다.
화면 설정 • SHIFT F3 (V-Window)	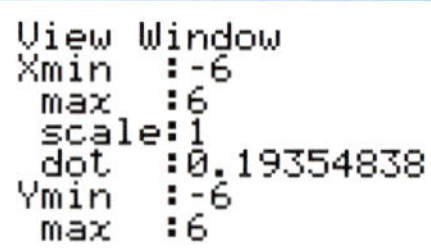	대응표의 모든 점이 화면에 모두 나타날 수 있도록 적절하게 화면을 설정한다.
Dual Screen 지정 • SHIFT MENU (SET UP) Dual Screen : T+G EXE	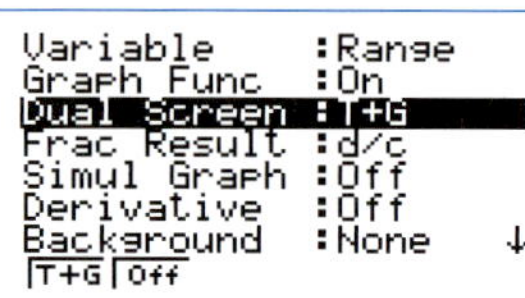	
범위 설정 • F5 (SET) EXE	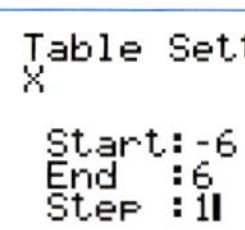	x의 범의를 -6이상 6이하로 정하고, 간격을 1로 한다.
그래프 그리기 • F6 (TABL) F6 (G-PLT)	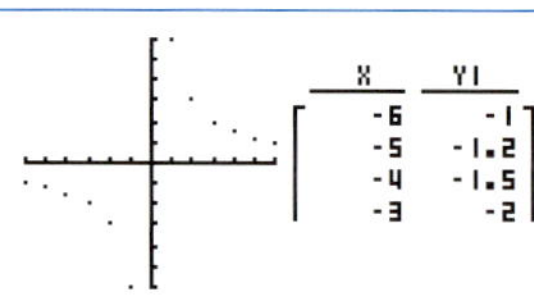	대응표에 나타난 (x, y)가 그래프위의 점의 좌표와 같음을 안다.
3. x값의 간격을 0.5간격, 0.2간격으로 하였을 때, 그래프 모양을 예측해 보고 그 그래프를 그려 보세요.		
범위 설정 • F5 (SET) EXE	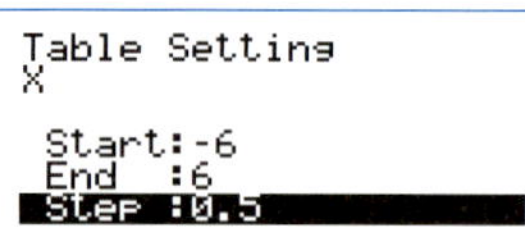	x의 범위를 그대로 하고, 간격을 0.5로 설정한다.
그래프 그리기 • F6 (TABL) F6 (G-PLT)	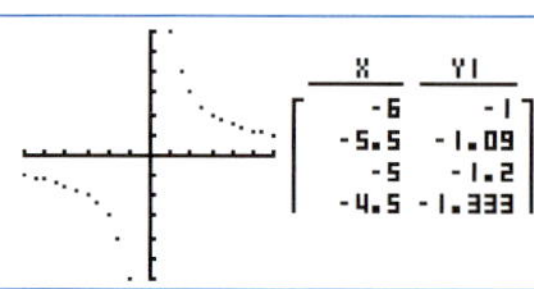	대응표와 그래프의 점의 좌표를 비교하고, 새로 찍힌 점이 기존의 점 사이에 있음을 확인한다.

범위 설정 • F5(SET)EXE	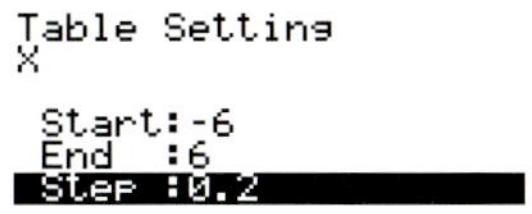	x의 범위는 그대로 두고, 간격을 0.2로 설정한다.
그래프 그리기 • F6(TABL)F6(G-PLT)	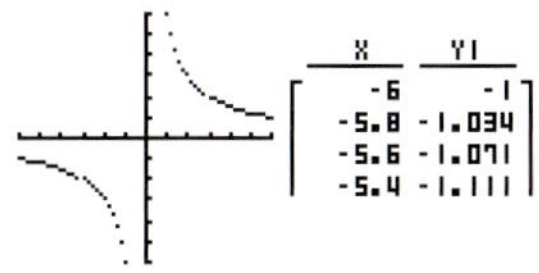	대응표와 그래프의 점의 좌표를 비교하고, 간격이 좁아질수록 그래프가 곡선의 모양이 됨을 확인한다.
4. $-6 \leq x \leq 6$ 일 때, 함수 $y=\dfrac{6}{x}(x \neq 0)$의 그래프를 그려보고, 그래프의 모양을 설명하세요.		
메뉴선택/ 함수식 입력 • MENU 5(GRAPH) Y1=EXE 6 SHIFT a b/c X,θ,T		함수 $y=\dfrac{6}{x}$ 를 입력한다.
화면 설정 • SHIFT F3(V-Window)EXE		대응표의 모든 점이 화면에 모두 나타날 수 있도록 적절하게 화면을 설정한다.
그래프 그리기 • F6(DRAW)	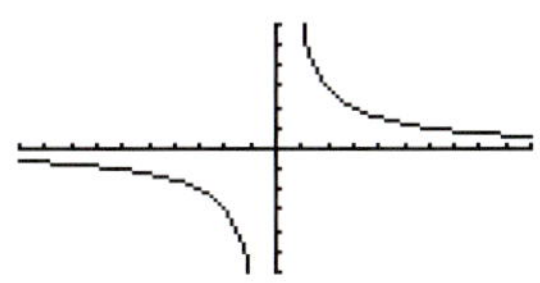	

3.4 함수 $y=\dfrac{a}{x}$의 그래프에서 a값의 역할

1. 학년 및 단원: 중학교 1학년(함수)
2. 학습목표

   ① 함수 $y=\dfrac{a}{x}$의 그래프를 그리고, 함수의 그래프에서 a값의 역할을 이해한다.
3. 계산기 활용

   ① a값의 변화에 따른 함수 $y=\dfrac{a}{x}$의 그래프를 그린다.
4. 기대 효과

   ① $y=\dfrac{a}{x}$의 그래프를 a값의 부호와 절대값의 크기에 따라 특징을 탐색한다.

조작 방법	계산기 화면	설명
1. 계산기를 이용하여 다음 순서에 따라 함수 $y=\dfrac{1}{x}$, $y=\dfrac{6}{x}$, $y=\dfrac{12}{x}$ 의 그래프를 같은 좌표평면에 그려 보세요.		
메뉴선택/ 함수식 입력 • [MENU][5](GRAPH) Y1=[1][SHIFT][a b/c][X,θ,T][EXE] Y2=[6][SHIFT][a b/c][X,θ,T][EXE] Y3=[1][2][SHIFT][a b/c][X,θ,T][EXE]	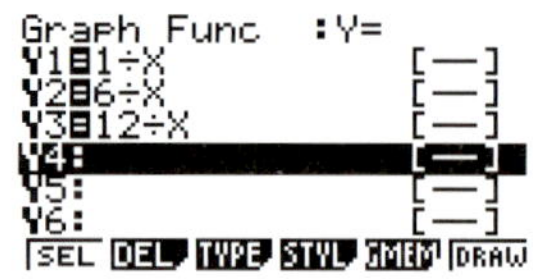	함수 $y=\dfrac{1}{x}$, $y=\dfrac{6}{x}$, $y=\dfrac{12}{x}$ 를 각각 입력한다.
그래프 선모양 설정 • Y2선택 [F4](STYL)[F3](점선)[EXE] • Y3선택 [F4](STYL)[F2](실선)[EXE]		함수에 따른 그래프가 잘 구분될 수 있도록 다양한 선을 선택한다.
화면 설정 • [SHIFT][F3](V-Window)[EXE]	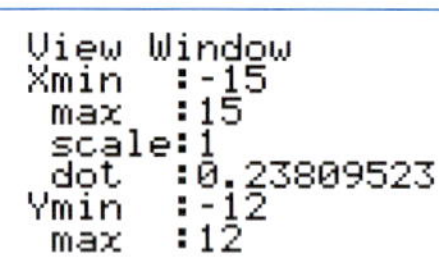	모든 그래프가 화면에 잘 나타날 수 있도록 적절하게 화면을 설정한다.
그래프 그리기 • [F6](DRAW)	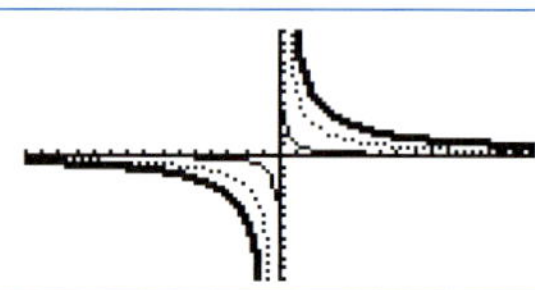	a값이 달라짐에 따라 변하는 그래프의 성질과 변하지 않는 성질을 탐구한다.
그래프 탐구하기 • [SHIFT][F1](Trace) • [◀][▶][▲][▼]를 이용하여 점을 이동	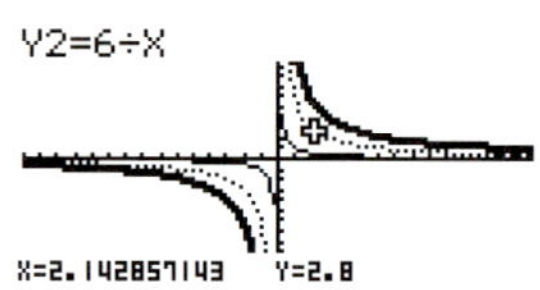	a값의 부호와 절댓값의 크기에 따라 그래프의 모양이 변하고, 기울기의 부호와 절댓값의 크기에 따른 성질을 탐구한다.
화면 확대하기 • [SHIFT][F2](Zoom)	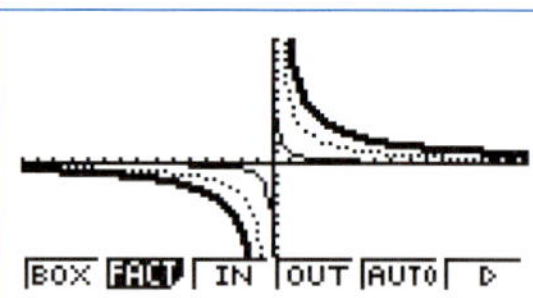	(특정 점 근처에서 그래프의 모양을 비교하는 등) 필요에 따라 화면을 확대한다
• [F3](IN) ✣모양 커서를 확대할 위치로 이동[EXE]	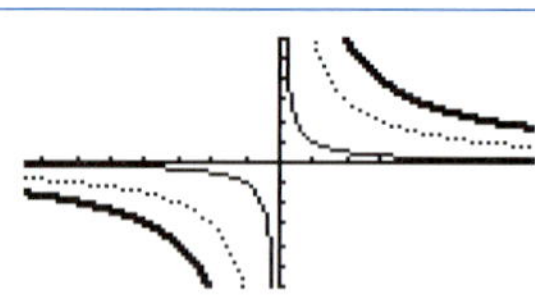	a값이 달라짐에 따라 변하는 그래프의 성질과 변하지 않는 성질을 탐구한다.
그래프 탐구하기 • [SHIFT][F1](Trace) • [◀][▶][▲][▼]를 이용하여 점을 이동	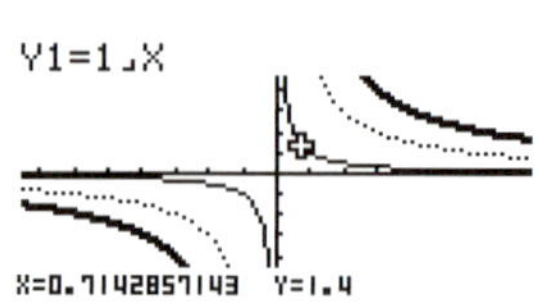	a값의 부호와 절댓값의 크기에 따른 그래프의 성질을 탐구한다.

2. 계산기를 이용하여 함수 $y=-\dfrac{1}{x}$, $y=-\dfrac{6}{x}$, $y=-\dfrac{12}{x}$의 그래프를 같은 좌표평면에 그려 보세요.

메뉴선택/ 함수식 입력 • [MENU][5](GRAPH) Y1=[−][1][SHIFT][a b/c][X,θ,T][EXE] Y2=[−][6][SHIFT][a b/c][X,θ,T][EXE] Y3=[−][1][2][SHIFT][a b/c][X,θ,T][EXE]		함수 $y=-\dfrac{1}{x}$, $y=-\dfrac{6}{x}$, $y=-\dfrac{12}{x}$를 각각 입력한다.
그래프 선모양 설정 • Y2선택 [F4](STYL)[F3](점선)[EXE] • Y3선택 [F4](STYL)[F2](실선)[EXE]		여러 그래프가 잘 구분될 수 있도록 선의 모양을 다양하게 설정하여 그래프를 탐구한다.
화면 설정 • [SHIFT][F3](V−Window)		위의 1)에서 그래프를 그린 경험을 바탕으로 학생들이 V−Window를 적절하게 조정하여, 모든 그래프가 화면에 잘 나타날 수 있도록 적절하게 화면을 설정한다.
그래프 그리기 • [F6](DRAW)	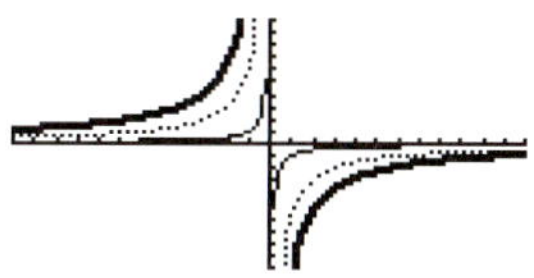	a값이 달라짐에 따라 변하는 그래프의 성질과 변하지 않는 성질을 탐구한다.
그래프 탐구하기 • [SHIFT][F1](Trace) • ◀▶▲▼를 이용하여 점을 이동	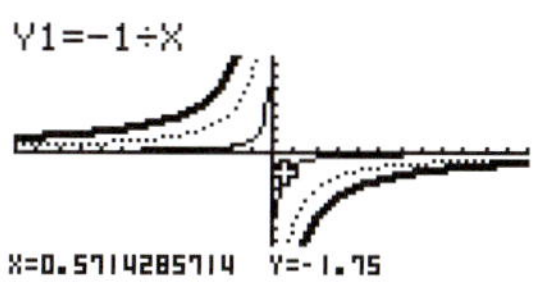	a값의 부호와 절댓값의 크기에 따라 그래프의 모양이 변하고, 기울기의 부호와 절댓값의 크기에 따른 성질을 탐구한다.

3. 함수 $y=\dfrac{a}{x}$의 그래프에 대하여 다음 빈칸을 채워 보세요.

(1) $a(a\neq 0)$값에 관계없이 그래프의 모양은 한 쌍의 곡선(점 대칭)이다.

(2) 그래프의 위치와 a의 부호의 관계

$a>0$일 때 그래프는 제1사분면과 제3사분면을 지난다.

$a<0$일 때 그래프는 제2사분면과 제4사분면을 지난다.

(3) $|a|$의 크기와 그래프와 좌표축과의 거리 관계

$|a|$의 크기가 클수록 그래프는 좌표축에서 멀어진다.

$|a|$의 크기가 작을수록 그래프는 좌표축에 가까워진다.

3.5 일차함수 그래프에서 기울기와 절편

1. 학년 및 단원: 중학교 2학년 (일차함수와 그래프)
2. 학습목표
   ① 기울기, x절편, y절편의 뜻을 알고, 이를 구할 수 있다.
3. 계산기의 활용
   ① [Table] 메뉴에서 일차함수의 대응표를 만들고 그래프를 그린다.
   ② 그래프에서 x축, y축과 각각 만나는 점의 좌표를 찾는다.
4. 기대 효과
   ① 그래프의 기울기의 뜻을 알고, 그래프가 $x(y)$축과 만날 때, $y(x)$좌표가 0임을 안다.

계산기 조작 방법	계산기 화면	설명
1-(1) 다음 순서에 따라 함수 $y=2x+4$ 의 그래프를 그려 보세요.		
메뉴선택/ 함수식 입력 • [MENU][7](TABLE)[2][X,θ,T][+][4][EXE]		
화면 설정 • [SHIFT][F3](V-Window)[EXE]		대응표의 모든 점이 화면에 나타날 수 있도록 화면을 설정한다.
Dual Screen 지정 • [SHIFT][MENU](SET UP) Dual Screen: [F1](T+G)[EXE]		그래프와 대응표(table)를 한 화면에 볼 수 있게 설정한다.
범위 설정 • [F5](SET)[EXE]	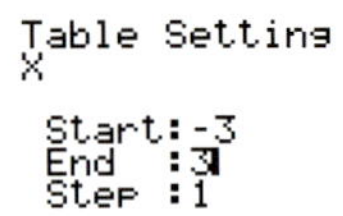	x의 범위를 −3이상 3이하고 정하고, 간격을 1로 한다.
그래프 그리기 • [F6](TABL)[F6](G-PLT)	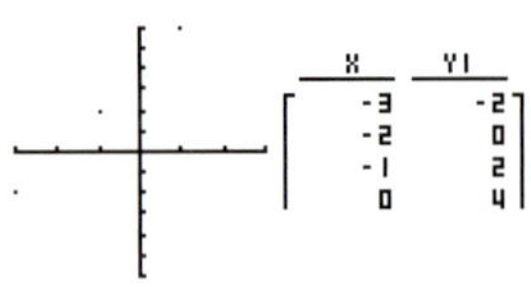	그래프의 점의 좌표와 대응표에서 x값, y값을 비교한다.
(2) 화면에 표시된 table(대응표)에서 x값이 −3에서 3까지 1씩 증가할 때 y값의 증가량이 얼마씩인지 써보세요. 2 , 2 , 2 , 2 , 2 , 2 y값의 증가량을 $y=2x+4$의 계수와 비교해 보세요. x값이 1씩 증가할 때 y 값의 증가량은 항상 2이며 이는 일차항 x의 계수와 같다.		

<table>
<tr><td colspan="3">2. 일차함수 $y=2x+4$의 그래프를 그려 보세요.</td></tr>
<tr><td>메뉴선택/ 함수식 입력
• MENU 5 (GRAPH) 2 X,θ,T + 4 EXE</td><td>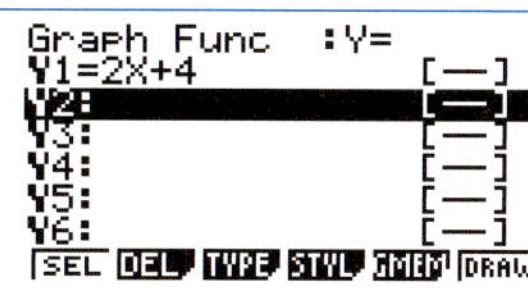
</td><td></td></tr>
<tr><td>화면 설정
• SHIFT F3 (V-Window) EXE
[그림과 같이 설정]</td><td>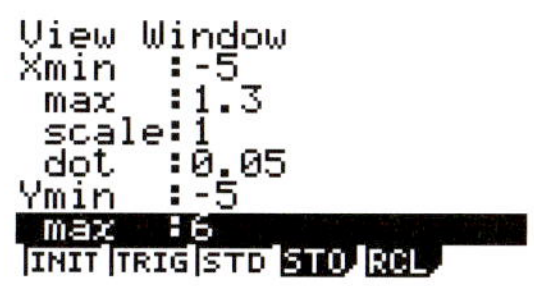
</td><td>좌표평면에 그래프를 그릴 때, x축과 y축 눈금의 크기가 적절해야 함을 인식한다.</td></tr>
<tr><td>그래프 그리기
• F6 (DRAW)</td><td>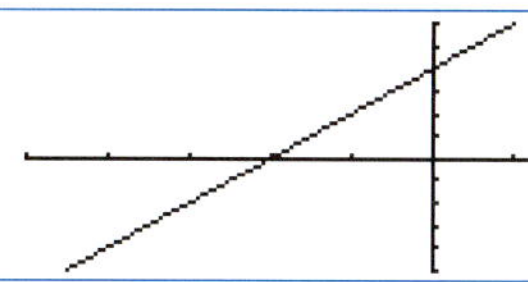</td><td></td></tr>
<tr><td colspan="3">3. 그래프가 x축, y축과 각각 만나는 점을 찾아 보세요.</td></tr>
<tr><td>점의 좌표 읽기
• SHIFT F1 (Trace)
• 방향키를 이용하여 점을 이동</td><td>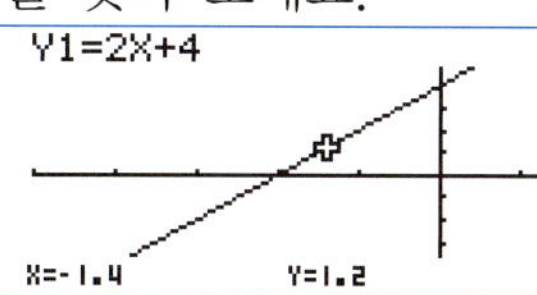
</td><td>그래프 위의 점의 좌표를 읽는다.</td></tr>
<tr><td colspan="3">(1) 그래프가 x축과 만나는 점의 좌표 구하기. y의 값 구하기
(−2, 0), y의 값은 0</td></tr>
<tr><td>x축과 만나는 점의 좌표
• 방향키를 이용하여 점을 이동</td><td>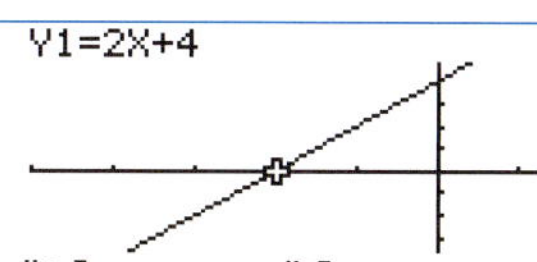
</td><td>화면 하단에 교점의 좌표 (−2, 0)를 읽는다.</td></tr>
<tr><td colspan="3">(2) 그래프가 y축과 만나는 점의 좌표 구하기. x의 값 구하기
(0, 4), x의 값은 0</td></tr>
<tr><td>y축과 만나는 점의 좌표
• 방향키를 이용하여 점을 이동</td><td>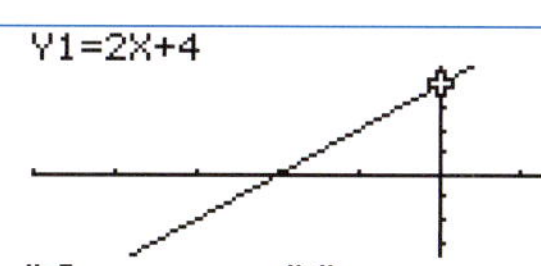
</td><td>그래프가 y축과 만나는 점의 좌표는 (0, 4)이고, x의 값이 0임을 안다.</td></tr>
<tr><td colspan="3">(3) 그래프가 x축 또는 y축과 만날 때, 좌표의 특징
x축과 만날 때 y의 값은 0이고 y축과 만날 때 x의 값은 0이다.</td></tr>
<tr><td colspan="3">4. 일차함수 $y=-4x+8$, $y=3x-3$, $y=x+2$ 의 그래프를 그리세요. 또, 기울기, x절편, y절편을 각각 찾아 쓰세요.(V-Window: 초기설정(INIT)로 설정)</td></tr>
<tr><td>$y=-4x+8$ 의 그래프
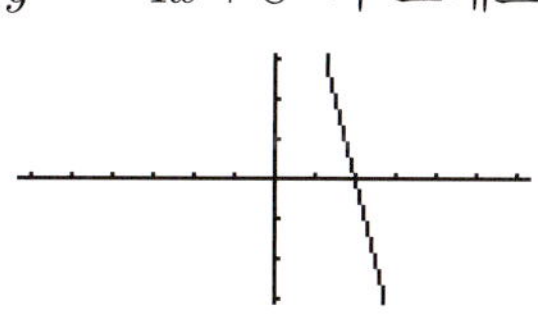
기울기: −4
x절편: 2
y절편: 8</td><td>$y=3x-3$ 의 그래프
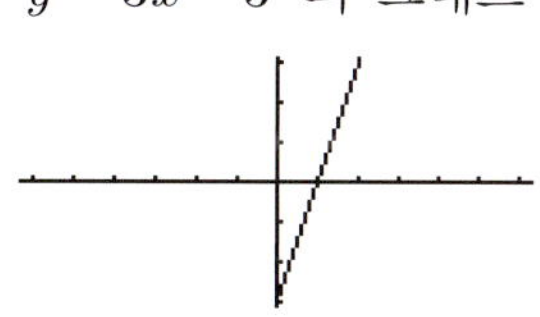
기울기: 3
x절편: 1
y절편: −3</td><td>$y=x+2$ 의 그래프
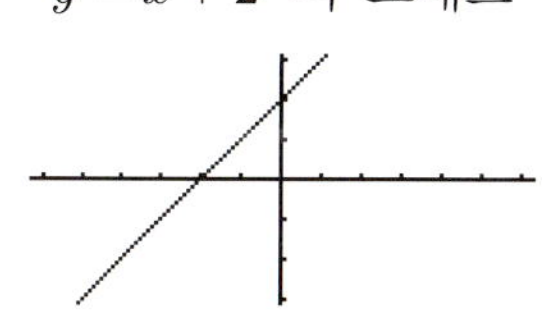
기울기: 1
x절편: −2
y절편: 2</td></tr>
</table>

3.6 일차함수 $y=ax+b$의 그래프에서 a의 역할

1. 학년 및 단원: 중학교 2학년(일차함수)
2. 학습목표
   ① 계산기를 이용하여 일차함수 $y=ax+b$ 의 그래프를 그리고, 기울기의 변화에 따른 그래프의 성질을 설명할 수 있다.
3. 계산기 활용
   ① a값의 변화에 따른 일차함수 $y=ax+b$ 의 그래프를 역동적으로 나타낸다.
4. 기대 효과
   ① 일차함수 $y=ax+b$ 의 그래프에서 a값이 달라짐에 따라 그래프의 모양이 어떻게 달라지는지 관찰하여 특징을 발견한다.

조작 방법	계산기 화면	설명
1. 일차함수 $y=ax+1$에서 a가 -2, -1, 1, 2, 3일 때, 아래와 같은 순서로 계산기를 이용하여 그래프를 그리고, 다음 표를 완성하세요.		
메뉴선택/ 함수식 입력 • [MENU][5](GRAPH) Y1=[X,θ,T][+][1][EXE] Y2=[2][X,θ,T][+][1][EXE] Y3=[3][X,θ,T][+][1][EXE] Y4=[−][X,θ,T][+][1][EXE] Y5=[−][2][X,θ,T][+][1][EXE]	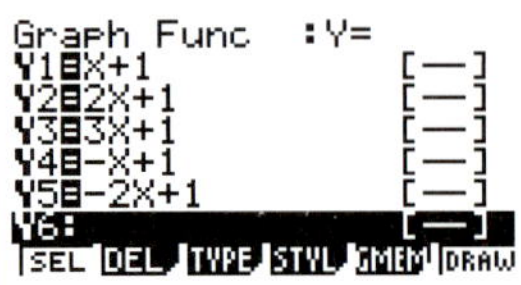	일차함수 $y=ax+1$에서 a값을 $a=1,\ 2,\ 3,-1,\ -2$ 인 함수를 각각 입력한다.
그래프 선모양 설정 • Y2선택 [F4](STYL)[F3](점선)[EXE] • Y3선택 [F4](STYL)[F2](실선)[EXE]	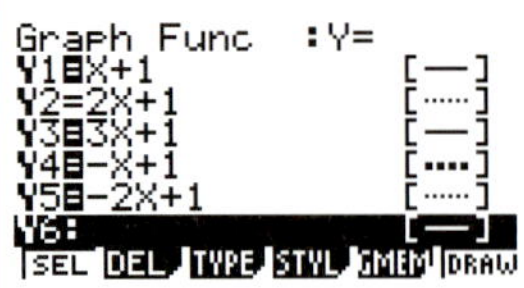	함수에 따른 그래프가 잘 구분될 수 있도록 다양한 선을 선택한다.
화면 설정 • [SHIFT][F3](V−Window)	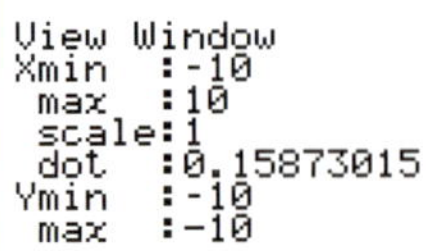	모든 그래프가 화면에 잘 나타날 수 있도록 적절하게 화면을 설정한다.
그래프 그리기 • [F6](DRAW)	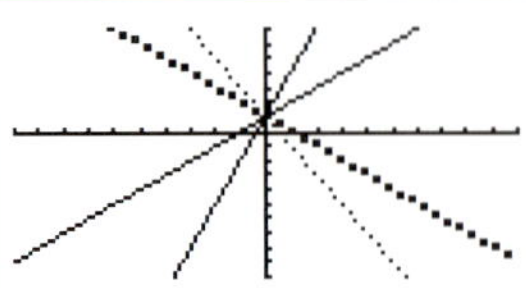	a값이 달라짐에 따라 변하는 그래프의 성질과 변하지 않는 성질을 탐구한다.

그래프 탐구하기

- [SHIFT][F1](Trace)
- [◀][▶][▲][▼]를 이용하여 점을 이동

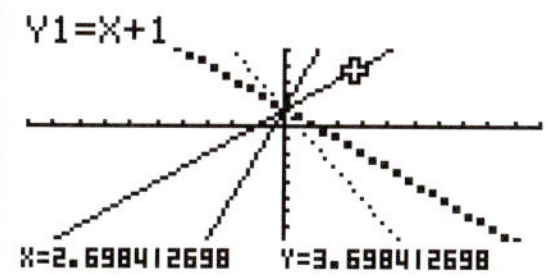

a값의 부호와 절댓값의 크기에 따라 그래프의 모양이 변하고, 기울기의 부호와 절댓값의 크기에 따른 성질을 탐구한다.

일차함수	기울기	y절편	x절편	지나지 않는 사분면
$y=x+1$	1	1	-1	제 4사분면
$y=2x+1$	2	1	$-\frac{1}{2}$	제 4사분면
$y=3x+1$	3	1	$-\frac{1}{3}$	제 4사분면
$y=-x+1$	-1	1	1	제 3사분면
$y=-2x+1$	-2	1	$\frac{1}{2}$	제 3사분면

2. 계산기의 DYNA 기능을 이용하여 일차함수 $y=ax+1$ $(-5 \le a \le 5)$의 그래프를 그리고, 그 그래프의 특징을 서술해 보세요.

(1) a값이 변함에 따라 그래프에서 달라지는 성질은 무엇인가요?

그래프의 모양이 달라짐, 지나는 사분면, x절편

(2) a값에 관계없이 그래프에서 변함이 없는 성질은 무엇인가요?

y축과의 교점의 좌표(y절편)

메뉴선택/ 함수식 입력

- [MENU][6](DYNA)[EXE]
- Y1=[ALPHA][X,θ,T][X,θ,T][+][1][EXE]

함수식 $Ax+1$에서 A값의 범위를 설정한다.

A값의 변화 범위 정하기

- [F4](VAR)[F2](SET)

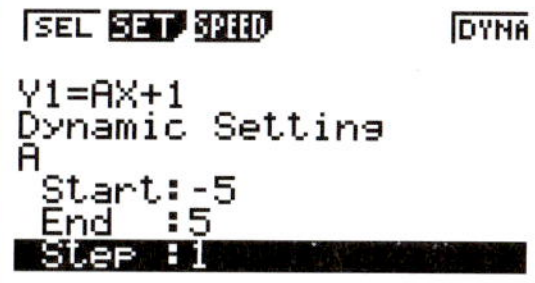

역동적인 그래프

- [F6](DYNA)

(동작을 멈추려면 [AC][EXIT])

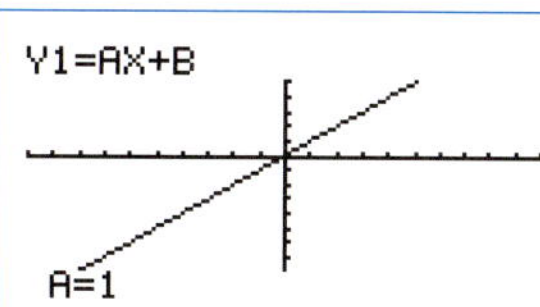

A값에 따라 그래프의 모양이 어떻게 변하는지 발견한다.

3.7 일차함수 $y=ax+b$의 그래프에서 상수 b의 역할

1. 학년 및 단원: 중학교 2학년(일차함수)
2. 학습목표
   ① 계산기를 이용하여 일차함수 $y=ax+b$ 의 그래프를 그리고, y절편의 변화에 따른 그래프의 성질을 설명할 수 있다.
3. 계산기 활용:
   ① b값의 변화에 따른 일차함수 $y=ax+b$ 의 그래프를 역동적으로 나타낸다.
4. 기대 효과
   ① 일차함수 $y=ax+b$ 의 그래프에서 b값이 달라짐에 따라 그래프의 위치가 어떻게 달라지는지 학생 스스로 찾아낼 수 있게 한다.

조작 방법	계산기 화면	설명
1. 일차함수 $y=x+b$ 에서 b가 −2, −1, 0, 1, 2일 때, 아래와 같은 순서로 계산기를 이용하여 그래프를 그리고, 다음 표를 완성하세요.		
메뉴선택/ 함수식 입력 • [MENU](GRAPH) Y1=[X,θ,T][−][2][EXE] Y2=[X,θ,T][−][1][EXE] Y3=[X,θ,T][EXE] Y4=[X,θ,T][+][1][EXE] Y5=[X,θ,T][+][2][EXE]	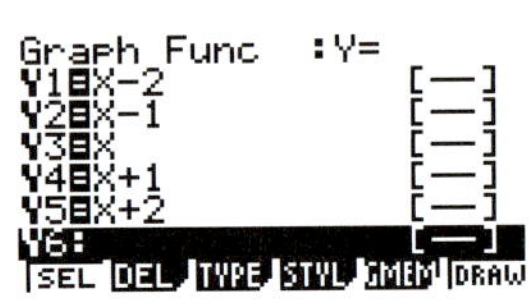	일차함수 $y=x+b$에서 b값이 $b=-2,\ -1,\ 0,\ 1,\ 2$인 함수를 각각 입력한다.
그래프 선모양 설정 • Y2선택 [F4](STYL)[F3](점선)[EXE] • Y3선택 [F4](STYL)[F2](실선)[EXE]	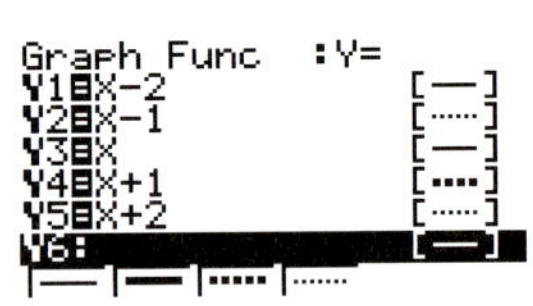	함수에 따른 그래프가 잘 구분될 수 있도록 다양한 선을 선택하고, 필요에 따라서는 선 모양을 바꾸어 보면서 그래프를 탐구한다.
화면 설정 • [SHIFT][F3](V−Window)[EXE] [다음과 같이 설정]	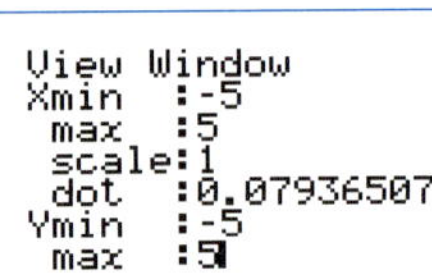	모든 그래프가 화면에 잘 나타날 수 있도록 적절하게 화면을 설정한다.
그래프 그리기 • [F6](DRAW)	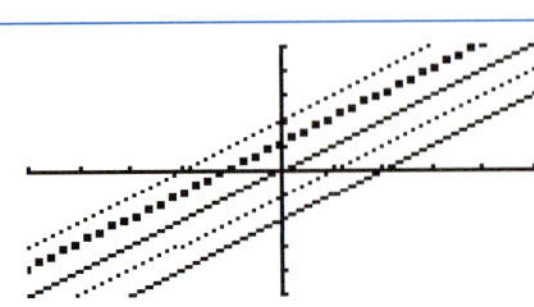	b값이 달라짐에 따라 변하는 그래프의 성질과 변하지 않는 성질을 탐구한다.

그래프 탐구하기
- SHIFT F1 (Trace)
- ◯를 이용하여 점을 이동

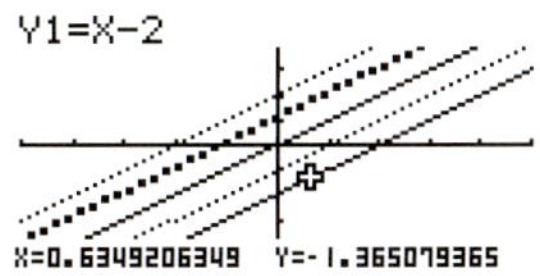

일차함수 $y=x+b$의 그래프에서 b값이 달라짐에 따라 그래프가 평행한 모양으로 그려짐을 발견한다.

일차함수	기울기	y절편	x절편	지나지 않는 사분면
$y=x-2$	1	-2	2	제 2사분면
$y=x-1$	1	-1	1	제 2사분면
$y=x$	1	0	0	제 2, 4사분면
$y=x+1$	1	1	-1	제 4사분면
$y=x+2$	1	2	-2	제 4사분면

2. 계산기의 DYNA 기능을 이용하여 일차함수 $y=x+b$ $(-5 \le b \le 5)$의 그래프를 그리고, 그 그래프의 특징을 서술해 보세요.
   (1) b값이 변함에 따라 그래프에서 달라지는 성질은 무엇인가?
   그래프의 위치(x절편과 y절편이 달라짐), 지나는 사분면
   (2) b값에 관계없이 그래프에서 변함이 없는 성질은 무엇인가?
   그래프의 모양이 변함없음(서로 평행)

메뉴선택/ 함수식 입력
- MENU 6 (DYNA) EXE
  Y1= X,θ,T + ALPHA log EXE

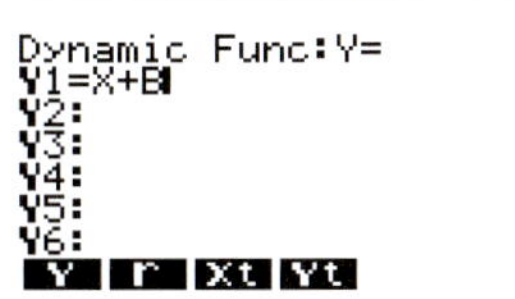

B값의 변화 범위 정하기
- F4 (VAR) F2 (SET) EXE

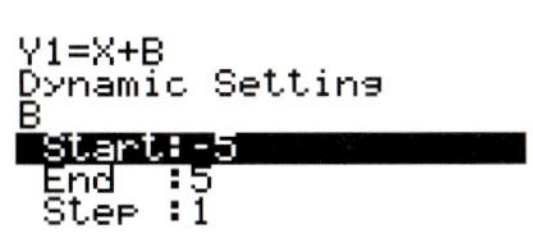

함수식 $x+B$에서 B값의 범위를 설정한다.

역동적인 그래프
- F6 (DYNA)
  (동작을 멈추려면 AC EXIT)

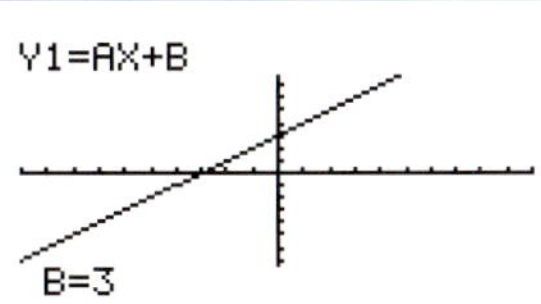

B값에 따라 그래프의 모양이 어떻게 변하는지 발견한다.

4.1 패턴을 그려 봅시다.

1. 학년 및 단원: 중학교 2학년(함수)
2. 학습목표
   ① 정의역이 정해진 일차함수 $y=ax+b$의 그래프를 그리고, 여러 선분으로 이어진 패턴을 식으로 나타낼 수 있다.
3. 계산기 활용
   ① 제한된 정의역에서, 함수 $y=ax+b$의 그래프를 그린다.
4. 기대 효과
   ① 선분으로 이루어진 그림을 정의역이 제한된 여러 일차함수의 합으로 분석할 수 있다. 함수식과 정의역에 주목하게 하는 활동이다.

조작 방법	계산기 화면	설명
1. 계산기를 이용하여 정의역이 $\{x \mid 2 \le x \le 5\}$ 일 때 함수 $y=x-2$의 그래프를 그려 보세요.		
메뉴선택/ 함수식 입력 • [MENU][5](GRAPH)[EXE] Y 1 = [X,θ,T][−][2][,][SHIFT][+][2][,][5][SHIFT][−]	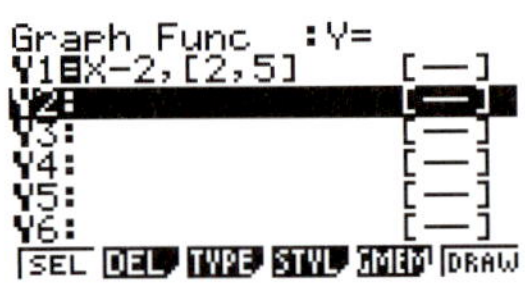	함수 $y=x-2$과 정의역 $\{x \mid 2 \le x \le 5\}$ 를 입력한다. 함수식 뒤에 [2,5]는 정의역을 나타낸다.
화면 설정 • [SHIFT][F3](V−Window)[EXE]		대응표의 모든 점이 화면에 모두 나타날 수 있도록 적절하게 화면을 설정한다.
그래프 그리기 • [F6](DRAW)	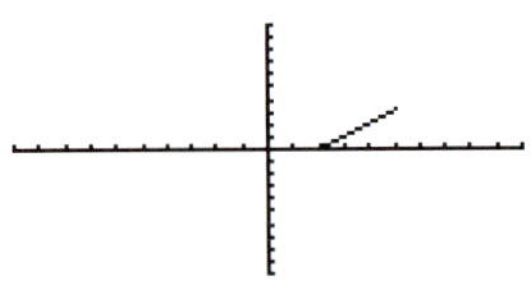	일차함수의 그래프의 모양이 직선이고 정의역이 제한되면 그래프는 직선의 일부인 선분이 됨을 이해한다.
(1) 그래프의 모양은 무엇이 되나요?	선분	
(2) 양 끝점의 좌표는 무엇인가요?	(2,0), (5,3)	
그래프의 점의 좌표구하기 • [SHIFT][F1](Trace)	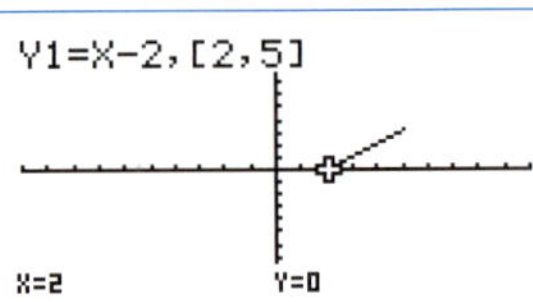	양 끝점의 좌표와 구한다.
2. 1번에서 그린 그래프와 연결 될 수 있도록 정의역이 $\{x \mid 5 \le x \le 7\}$ 일 때 함수 $y=ax+b$(a, b는 상수, $a \ne 0$)의 그래프를 그리려고 한다. (1) 양 끝점의 좌표가 (5, 3), (7, -1)일 때 a, b 값으로 적당한 수는? $a=-2$, $b=13$		
(2) 위에서 구한 a, b 값을 이용하여 그래프를 그려 보세요.		

<table>
<tr><td>메뉴선택/ 함수식 입력
• [MENU][5](GRAPH)[EXE]
Y 2 = [(−)][2][X,θ,T][+][1][3][,][SHIFT][+][5][,][7][SHIFT][−]</td><td>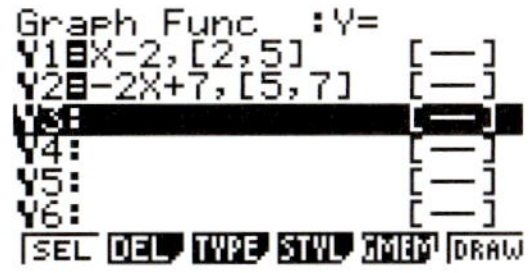</td><td>함수 $y=-2x+13$과 정의역 $\{x \mid 5 \leq x \leq 7\}$ 를 입력한다.</td></tr>
<tr><td>그래프 그리기
• [F6](DRAW)</td><td>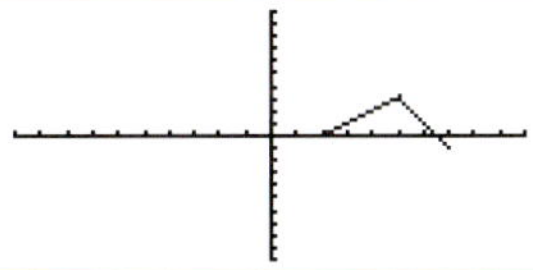</td><td></td></tr>
<tr><td colspan="3">3. 1번과 2번에서 그린 그래프를 이어 삼각형이 될 수 있도록 함수 $y=cx+d$(c, d는 상수, $c \neq 0$) 의 그래프를 정의역이 $\{x \mid 2 \leq x \leq 7\}$ 에서 그리려고 한다.
(1) c, d 값으로 적당한 수는 무엇인가요?
$c=-\dfrac{1}{5}$, $d=\dfrac{2}{5}$</td></tr>
<tr><td colspan="3">(2) 위에서 구한 c, d 값을 이용하여 그래프를 그려 보세요.</td></tr>
<tr><td>함수식 입력
• Y3=[(−)][1][a b/c][5][X,θ,T][+][2][a b/c][5][,][SHIFT][+][2][,][7][SHIFT][−][EXE]

그래프 그리기
• [F6](DRAW)</td><td>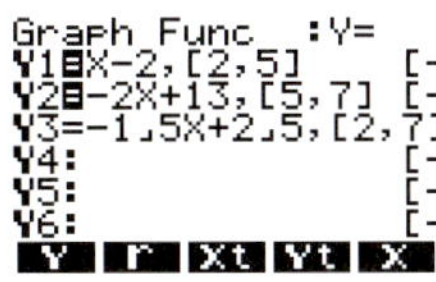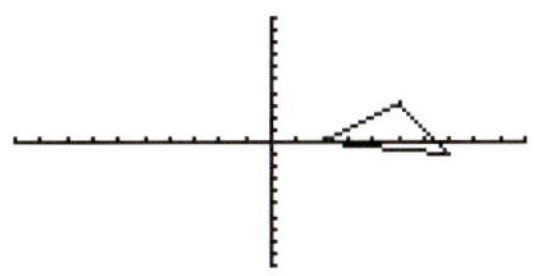</td><td>함수 $y=-\dfrac{1}{5}x+\dfrac{2}{5}$과 정의역 $\{x \mid 2 \leq x \leq 7\}$ 를 입력한다.</td></tr>
<tr><td>화면 확대하기
• [SHIFT][F2](Zoom)

• [F3](IN) ✚모양 커서를 확대할 위치로 이동 [EXE]</td><td>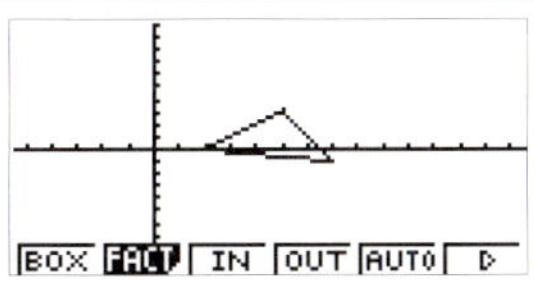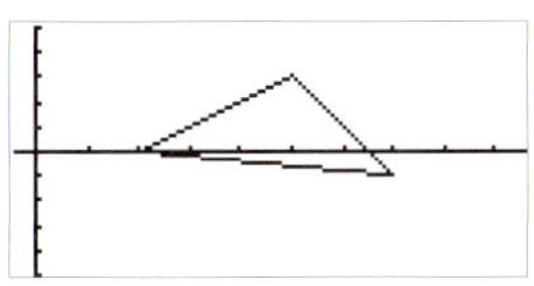</td><td>[V-Window]를 달리 설정하면 화면이 확대(또는 축소)되기도 하고, 모양을 좌우 또는 상하로 늘어나게 보일 수 있다.</td></tr>
<tr><td colspan="3">4. 함수의 그래프를 이용하여 다음 그림과 같은 패턴을 그려 보세요.
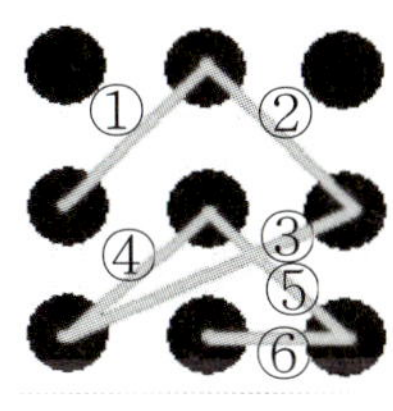
예) ① $y=x$, $\{x \mid 0 \leq x \leq 1\}$
② $y=-x+2$, $\{x \mid 1 \leq x \leq 2\}$
③ $y=\dfrac{1}{2}x-1$, $\{x \mid 0 \leq x \leq 2\}$
④ $y=x-1$, $\{x \mid 0 \leq x \leq 1\}$
⑤ $y=-x+1$, $\{x \mid 1 \leq x \leq 2\}$
⑥ $y=-1$, $\{x \mid 1 \leq x \leq 2\}$</td></tr>
</table>

메뉴선택/ 함수식 입력 • MENU 5 (GRAPH) EXE	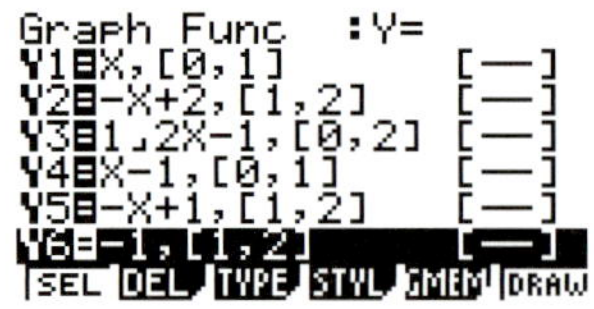	①~⑥의 함수와 정의역을 입력한다.
화면 설정 • SHIFT F3 (V-Window) EXE 그래프 그리기 • F6 (DRAW)	 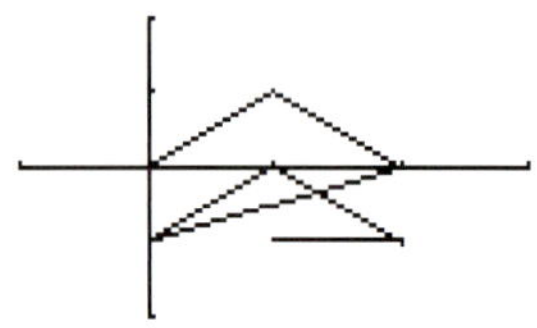	대응표의 모든 점이 화면에 잘 나타날 수 있도록 적절하게 화면을 설정한다. 모양에만 주목하면, 여러 가지로 답을 할 수 있다. (그래프에 눈금이 나타나지 않으므로, 정의역을 달리 해서 다른 함수식으로 같은 그림을 나타낼 수 있기 때문이다.)

4.2 그래프를 보면 일차방정식의 해가 보여요.

1. 학년 및 단원 : 중학교 1학년 (일차방정식)
2. 학습목표
   ① 그래프를 이용하여 일차방정식의 해를 구할 수 있다.
3. 계산기의 활용
   ① $y=ax+b$와 $y=c$의 그래프를 그리고 (TRACE) 또는 (G-Solve) 기능을 이용하여 두 직선의 교점을 구할 수 있다.
4. 기대 효과
   ① $ax+b=c$ 꼴의 이차방정식의 해는 $y=ax+b$ 그래프와 $y=c$ 그래프의 교점임을 알 수 있다.

계산기 조작 방법	계산기 화면	설명
1. 일차방정식 $3x+4=1$ 의 해 구하기 (1) 일차방정식 $3x+4=1$ 의 해를 지필 계산으로 구해 보세요. $x=-1$ $3x+4=1$, $3x=-3$ $\therefore x=-1$		
(2) 다음 순서에 따라 그래픽 계산기를 이용하여 그래프를 그려 보세요.		
그래프 그리기 • MENU 5 (GRAPH) 3 X,θ,T + 4 EXE 1 EXE	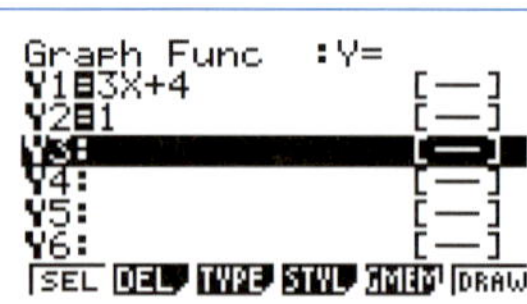	방정식 $3x+4=1$ 에서 좌변과 우변 각각을 함수 $y=3x+4$, $y=1$ 로 나눈다.
두 그래프의 교점을 찾기		(−1, 1)

<table>
<tr><td>교점 찾기(방법2)
• SHIFT F5(G-SLV) F5(ISCT)</td><td>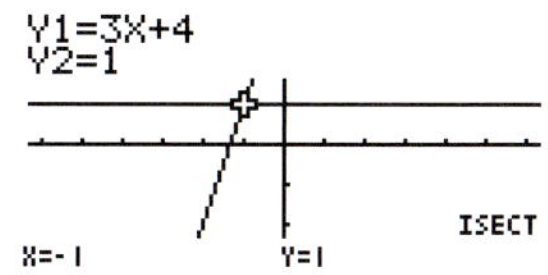
</td><td>(TRACE) 또는 (G-Slove) 기능을 이용하여 두 그래프의 교점을 구한다.</td></tr>
<tr><td colspan="3">(3) 지필 계산으로 구한 일차방정식의 해와 그래프의 교점의 좌표를 비교해 보세요. 같은 점과 다른 점은 무엇인가요?
• 일차방정식의 해 $x=-1$과 교점의 좌표에서 x좌표가 같다.
• 일차방정식 $3x+4=1$ 의 우변의 값 1과 교점의 좌표에서 y좌표가 같다.</td></tr>
<tr><td colspan="3">2. 일차방정식 $2x-4=0$ 의 해
(1) 일차방정식 $2x-4=0$ 의 해를 지필 계산으로 구해 보세요. $x=2$
$2x-4=0$, $2x=4$, $\therefore x=2$</td></tr>
<tr><td colspan="3">(2) 다음 순서에 따라 그래픽 계산기를 이용하여 그래프를 그려 보세요.</td></tr>
<tr><td>그래프 그리기
• MENU GRAPH
2 X,θ,T − 4 EXE</td><td>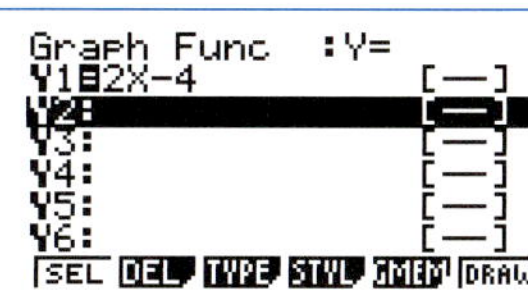
</td><td>방정식 $2x-4=0$의 좌변을 함수 $y=2x-4$로 나타낼 수 있음을 안다.</td></tr>
<tr><td colspan="3">그래프가 x축과 만나는 점을 찾기. (2, 0)</td></tr>
<tr><td>교점 찾기
• SHIFT F1(Trace)
방향키(◀▶▲▼)</td><td>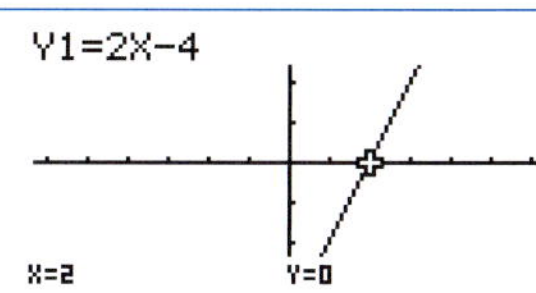
</td><td>그래프가 x축과 만나는 점을 찾는다.</td></tr>
<tr><td colspan="3">(3) 지필 계산으로 구한 일차방정식의 해와 그래프와 x축과의 교점의 좌표를 비교해 보세요. 같은 점과 다른 점은 무엇인가요?
• 일차방정식의 해 $x=2$, 그래프가 x축과 만나는 점의 x좌표도 2이다.
• 일차방정식 $2x-4=0$의 우변의 값 0과 교점의 좌표에서 y좌표가 같다.</td></tr>
<tr><td colspan="3">(4) 1에서의 방정식 $3x+4=1$ 의 해를 하나의 그래프를 이용하여 구할 수 있는 방법 말하기</td></tr>
<tr><td>예)
그래프 그리기
• MENU GRAPH
3 X,θ,T + 3 EXE
교점 찾기
• SHIFT F1(Trace)
방향키(◀▶▲▼)</td><td>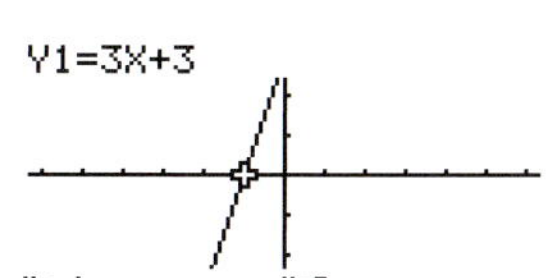
</td><td>식 $3x+4=1$을 $3x+3=0$으로 변형하고, $y=3x+3$의 그래프를 그리고 x축과의 교점을 찾는다.</td></tr>
<tr><td colspan="3">3. 3시와 4시 사이에 시침과 분침이 겹치는 시간을 구해 보세요.
3시 16.363636…분($16\frac{4}{11}=16.363636\cdots$)</td></tr>
</table>

함수 입력하기 • [MENU] GRAPH [9][0][+][0][·][5][X,θ,T][+][6] [X,θ,T][EXE]	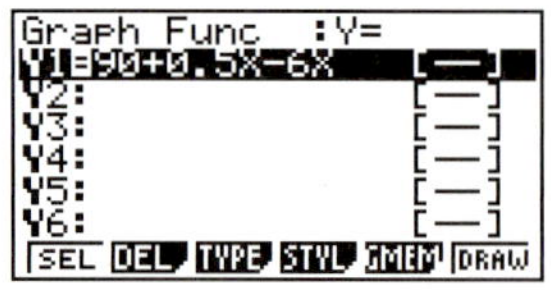	x분 동안 시침은 $\frac{30}{60}x$, 시침은 $\frac{30}{60}x$만큼 움직이므로 $90+0.5x=6x$의 해를 구한다.
그래프 그리기 • [F6](DRAW) 해 구하기 • [SHIFT][F5](G−SLV)[F1](RooT)	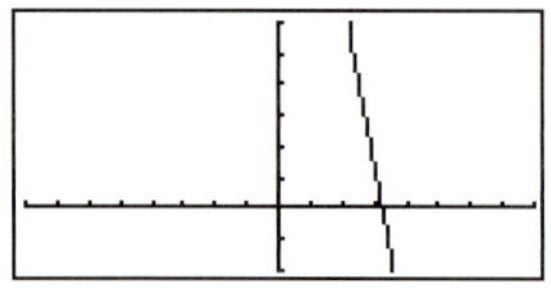 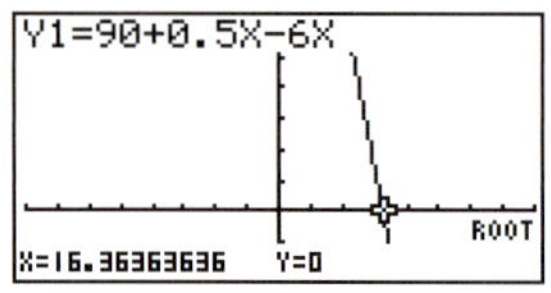	일차방정식 $90+0.5x-6x=0$의 해는 일차함수 $y=90+0.5x-6x$에서 $y=0$일 때의 x값으로 RooT 기능을 이용하여 구한다.

4.3 그래프를 보면 연립방정식의 해가 보여요.

1. 학년 및 단원: 중학교 2학년(연립방정식)
2. 학습목표
   ① 그래프를 이용하여 연립일차방정식의 해를 구할 수 있다.
3. 계산기의 활용
   ① [GRAPH] 메뉴로 두 함수의 그래프를 동시에 그리고, 그래프의 교점을 찾는다.
4. 기대 효과
   ① 미지수가 2개인 연립일차방정식의 해가 두 직선의 교점의 좌표임을 알 수 있다.

계산기 조작 방법	계산기 화면	설명
1. 두 일차방정식의 그래프를 그려 보세요.		
함수 입력하기 • [MENU][5](GRAPH) [−][2][X,θ,T][+][1][0][EXE] [X,θ,T][−][2][EXE] • Y2 선택 [F4](STYL) [F2](굵은선)[EXIT]	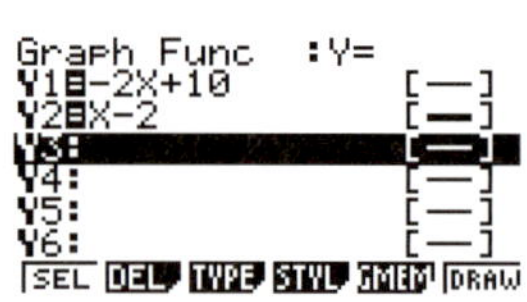	두 일차방정식을 y를 x에 대한 식으로 나타낸다.
화면 설정 • [SHIFT][F3](V−Window)[EXE]	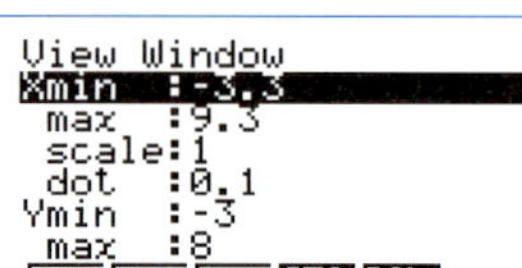	그래프가 화면에 잘 나타나도록 x축과 y축의 눈금을 설정한다.

<table>
<tr><td>그래프 그리기
• F6(DRAW)</td><td>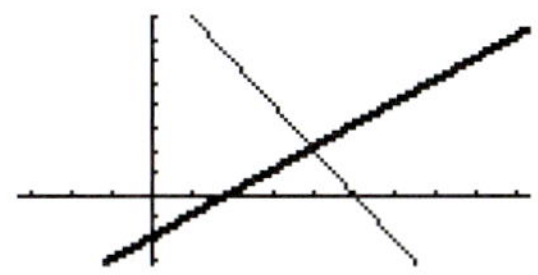</td><td></td></tr>
<tr><td colspan="3">2. 그래프의 교점은 두 방정식과 어떤 관계에 있나요?
교점의 좌표는 두 방정식을 동시에 만족시키므로 연립방정식의 해이다.</td></tr>
<tr><td colspan="3">3. 그래프의 교점을 이용하여 방정식의해를 구해 보세요. $x=4$, $y=2$</td></tr>
<tr><td>교점 찾기(방법1)
• SHIFT F1(Trace)
방향키(◀▶▲▼)

교점 찾기(방법2)
• SHIFT F5(G-SLV)F5(ISCT)</td><td>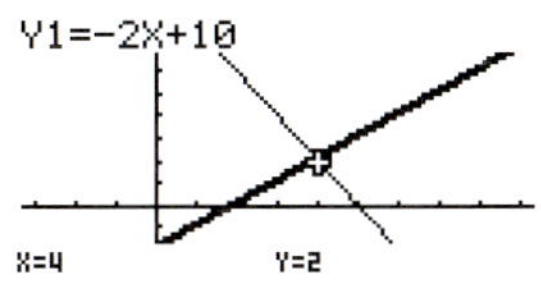

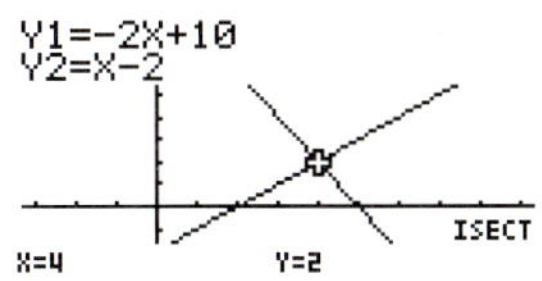
</td><td>연립방정식의 해는 두 일차방정식을 동시에 만족하는 미지수의 값임을 알고, 두 일차방정식을 각각 직선으로 그렸을 때 교점의 좌표가 해라는 것을 안다.
교점의 좌표를 찾아 연립방정식의 해를 구한다.</td></tr>
<tr><td colspan="3">4. 어느 날 영화관에 700명의 관람객이 영화를 관람하여 수입이 4,600,000원이었다. 어른의 입장료는 7,000원이고, 청소년의 입장료는 5,000원이라고 한다. 이 날 영화를 관람한 어른과 청소년은 각각 몇 명인지 구해 보세요. 어른 550명, 청소년 150명</td></tr>
<tr><td>함수 입력하기
• MENU 5(GRAPH)
(−) X,θ,T + 7 0 0 EXE
(−) 7 a b/c 5 X,θ,T + 9 2 0
EXE
교점찾기
• SHIFT F5(G-SLV)F5(ISCT)</td><td>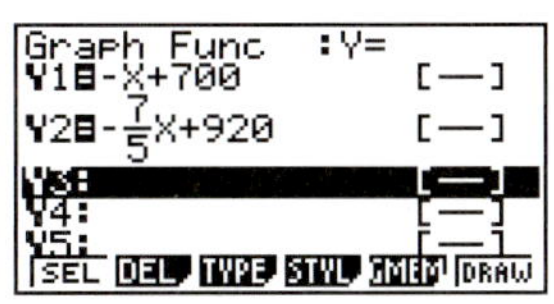

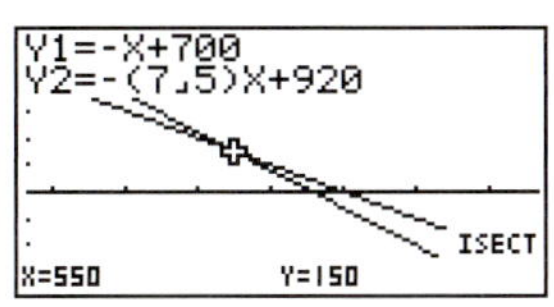
</td><td>어른 x, 청소년 y라 할 때
연립방정식의 식을 세우고 해를 구한다.</td></tr>
</table>

5.1 이차함수 $y=ax^2$의 그래프는 어떤 모양일까요?

1. 학년 및 단원: 중학교 3학년(이차함수)
2. 학습목표
   ① 이차함수 $y=ax^2$의 그래프를 그리고, 그 모양을 안다.
3. 계산기 활용
   ① a값에 따른 이차함수 $y=ax^2$의 그래프를 역동적으로 나타낸다.

4. 기대 효과

① 이차함수 $y=ax^2$의 그래프에서 a값이 변함에 따라 달라지는 성질을 학생 스스로 찾아낼 수 있게 한다.

<table>
<tr><th>조작방법</th><th>계산기 화면</th><th>설명</th></tr>
<tr><td colspan="3">1. 이차함수 $y=x^2$, $y=-2x^2$의 그래프를 그려 보세요.</td></tr>
<tr><td>메뉴선택/ 함수식 입력
• [MENU][5](GRAPH)[X,θ,T][x²][EXE][−][2][X,θ,T][x²][EXE]
• [F4][F2](굵은선)</td><td>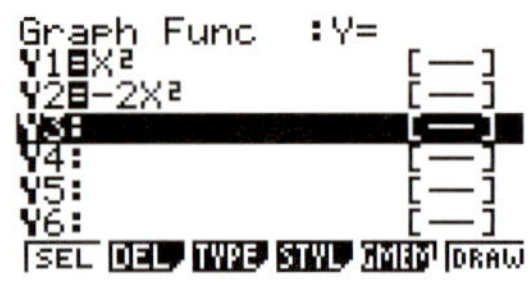

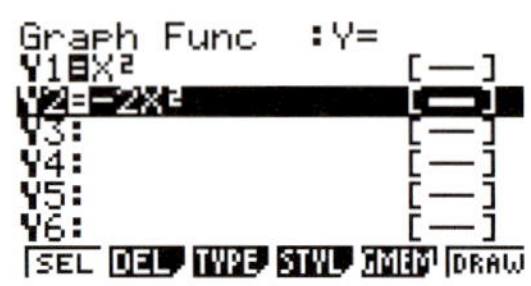
</td><td>$y=ax^2$에서 a값이 양수인 경우($a=1$), 음수인 경우($a=-2$)를 각각 입력한다.</td></tr>
<tr><td>화면 설정
• [SHIFT][F3](V−Window)[EXE]</td><td>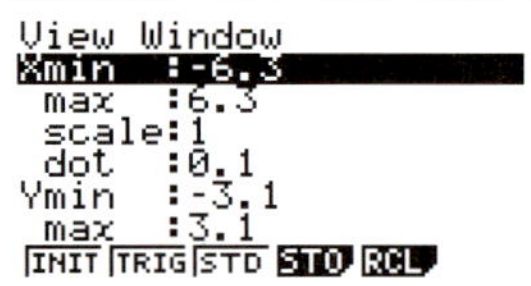
</td><td></td></tr>
<tr><td>그래프 그리기
• [F6](DRAW)</td><td>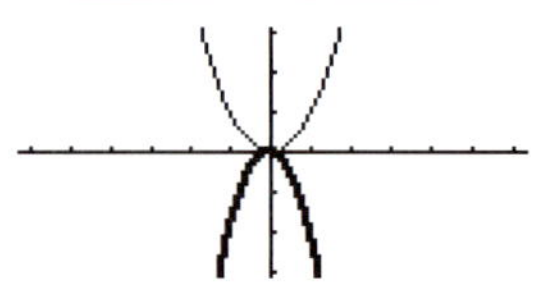</td><td>두 이차함수 $y=x^2$, $y=-2x^2$의 그래프를 보고 모양, 축의 식, 꼭짓점의 좌표 등을 탐구한다.</td></tr>
<tr><td>그래프 탐구하기
• [SHIFT][F1](Trace)
• [◀][▶][▲][▼]를 이용하여 점을 이동</td><td>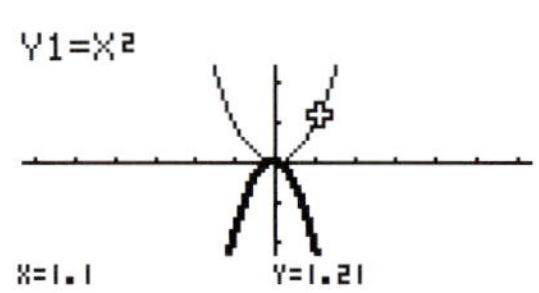
</td><td>두 이차함수 $y=x^2$, $y=-2x^2$의 그래프를 탐구하여 두 그래프의 공통점과 차이점을 정리한다.</td></tr>
<tr><td colspan="3">2. 위의 문제 1의 그래프 사이의 공통점과 차이점을 쓰세요.</td></tr>
<tr><td colspan="3"><table>
<tr><th>공통점</th><th>차이점</th></tr>
<tr><td>그래프의 모양이 포물선임
대칭축의 식: $x=0$
꼭짓점의 좌표: $(0,0)$</td><td>• 그래프의 모양: $y=x^2$의 그래프는 아래로 볼록, $y=-2x^2$의 그래프는 위로 볼록한 포물선
• 그래프의 폭: $y=-2x^2$의 그래프가 $y=x^2$의 그래프보다 폭보다 좁음</td></tr>
</table></td></tr>
<tr><td colspan="3">3. 상수 a값을 달리하면서, 이차함수 $y=ax^2$ 의 그래프를 여러 개를 그려보고, 위의 2번 내용을 보충하세요.</td></tr>
<tr><td>메뉴선택/ 함수식 입력
• [MENU][5](GRAPH)[EXE]
• Y1=[1][a b/c][2][X,θ,T][EXE]</td><td>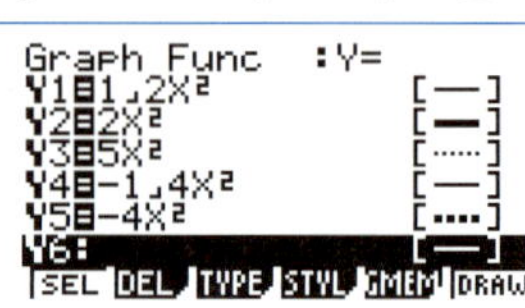
</td><td>이차함수 $y=ax^2$에서 $a=\frac{1}{2}$, 2, 5, $-\frac{1}{4}$, -4인 각각의 함수를 입력한다.</td></tr>
</table>

• Y2=[2][X,θ,T][x^2][EXE] • Y3=[5][X,θ,T][x^2][EXE] • Y4=[−][1][SHIFT][a b/c][4][X,θ,T][x^2][EXE] • Y5=[−][4][X,θ,T][x^2][EXE]		
화면 설정 • [SHIFT][F3](V−Window)[EXE]		x축과 y축의 눈금을 변화시키면서 정의역과 공역, 치역의 범위를 어림한다.
그래프 그리기 • [F6](DRAW)	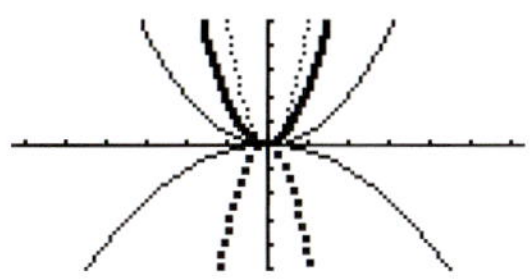	함수와 그래프를 관련지어서 그 특징을 탐구한다.
그래프 탐구하기 • [SHIFT][F1](Trace) • [◀][▶][▲][▼]를 이용하여 점을 이동	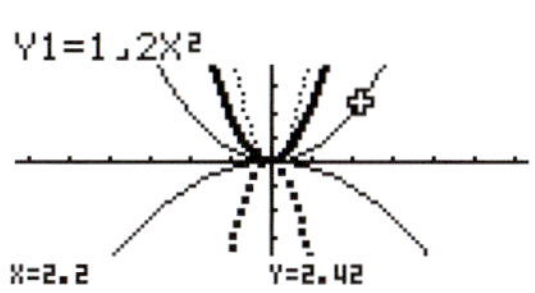	다섯 개 그래프의 모양, 꼭짓점의 위치, 축의 식 등을 구하고 공통점과 차이점을 탐구한다.

5.2 이차함수 $y=ax^2$의 그래프의 성질

1. 학년 및 단원: 중학교 3학년(이차함수)
2. 학습목표
   ① 계산기를 이용하여 이차함수 $y=ax^2(a\neq0)$의 그래프를 그리고, a의 값에 따른 그래프의 변화를 이해한다.
3. 계산기 활용
   ① [DYNA] 메뉴에서 a값에 대한 $y=ax^2(a\neq0)$의 그래프 변화를 관찰한다.
4. 기대 효과
   ① 이차함수 $y=ax^2(a\neq0)$의 그래프 변화를 관찰하여 a값의 변화 따른 특징을 탐구한다.

조작 방법	계산기 화면	설명
1. [DYNA] 메뉴를 이용하여 이차함수 $y=ax^2(-5\le a\le5\ )$의 그래프를 그리고 그 특징을 서술해 보세요.		
메뉴선택/ 함수식 입력 • [MENU][6](DYNA)[EXE] • Y1=[ALPHA][X,θ,T][X,θ,T][x^2][EXE]		함수 $y=Ax^2$에서 A값의 범위를 -5이상 5이하로 설정한다.

A값의 범위 정하기 • F4(VAR)F2(SET)EXE	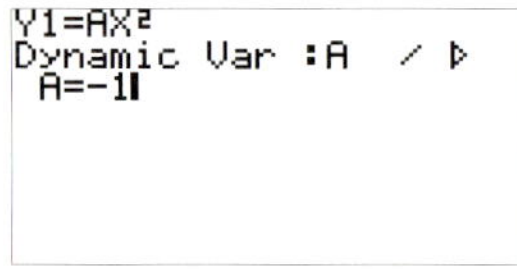 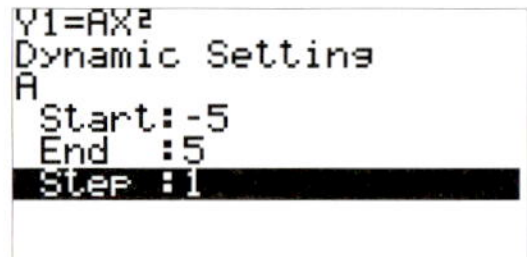	
그래프 애니메이션 • F6(DYNA) (동작을 멈추려면 ACEXIT)	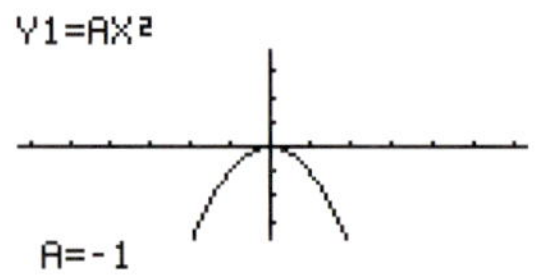	A값에 따라 그래프의 모양이 어떻게 변하는지 발견한다.
속도 조절하기 • ACF1 • EXE(누를 때마다 A값이 1씩 커짐)	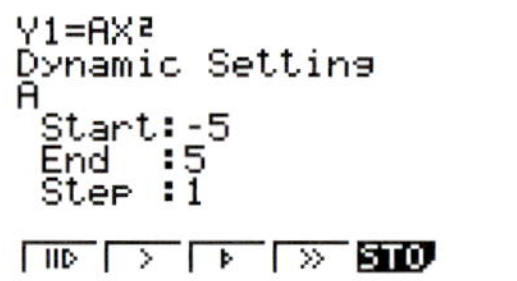 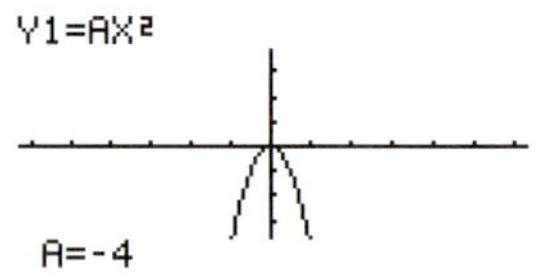	

그래프의 특징

① $a>0$인 경우 그래프가 아래로 볼록한 포물선
$a<0$인 경우 그래프가 위로 볼록한 포물선

② 대칭축의 식: $x=0$

③ 꼭짓점의 좌표: $(0, 0)$

④ $a>0$인 경우, $x<0$일 때 x값이 증가하면 y값이 감소,
$x>0$일 때 x값이 증가하면 y값이 증가함
$a<0$인 경우, $x<0$일 때 x값이 증가하면 y값이 증가,
$x>0$일 때 x값이 증가하면 y값이 감소함

⑤ $a>0$인 경우, 치역은 $\{y \mid y \geq 0\}$
$a<0$인 경우, 치역은 $\{y \mid y \leq 0\}$

⑥ 그래프의 폭: $|a|$값이 클수록 폭이 좁아짐, $|a|$값이 작을수록 그래프의 폭이 넓음

2. 이차함수 $y=ax^2(a \neq 0)$의 그래프가 이차함수 $y=x^2$ 와 $y=-3x^2$ 의 그래프 사이에 그려지도록 하는 a의 값의 범위를 구하세요.

$-3<a<1$ (단, $a \neq 0$)

5.3 이차함수 $y=x^2+q$의 그래프는 q값에 따라 어떻게 변할까요?

1. 학년 및 단원: 중학교 3학년(이차함수)
2. 학습목표

   ① $y=x^2+q$와 $y=ax^2$의 그래프 사이의 관계를 평행이동으로 설명할 수 있다.
3. 계산기 활용

   ① [GRAPH]와 [DYNA] 메뉴에서 q값에 따른 이차함수 $y=x^2+q$ 의 그래프를 관찰한다.
4. 기대 효과

   ① 이차함수 $y=x^2+q$ 의 그래프를 한 화면에 그려보고, q값에 따른 그래프의 변화를 학생들 스스로가 탐구할 수 있게 한다.

조작 방법	계산기 화면	설명
1. (1) 이차함수 $y=x^2+q$에서 $q=1, 3, -2, -4$일 때 그래프 그리기		
메뉴선택/ 함수식 입력 • [MENU][5](GRAPH)[EXE] • Y1=[X,θ,T][x^2][EXE] • Y2=[X,θ,T][x^2][+][1][EXE]···	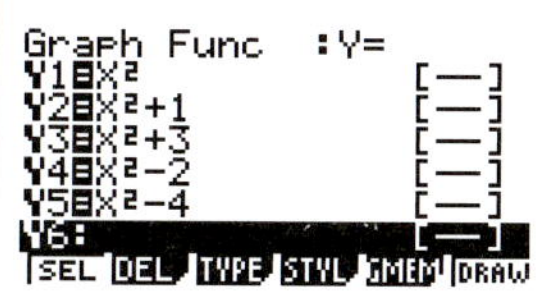	이차함수 $y=ax^2+q$에서 a=1이고, q=0, 1인 경우 각각의 함수를 입력한다.
그래프 선모양 설정 • Y2선택 [F4](STYL)[F3](점선)[EXE]···	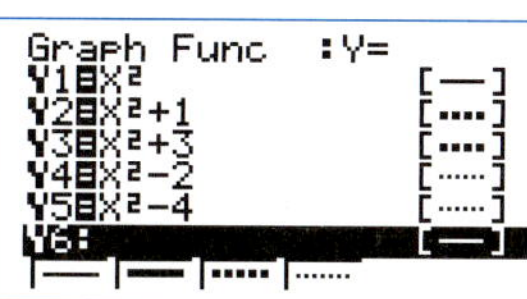	함수에 따른 그래프가 잘 구분될 수 있도록 다양한 선을 선택한다.
화면 설정 • [SHIFT][F3](V-Window)[EXE]	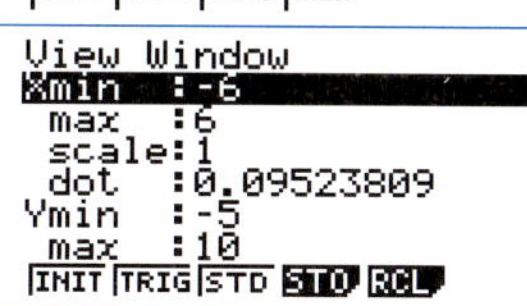	
그래프 그리기 • [F6](Draw)	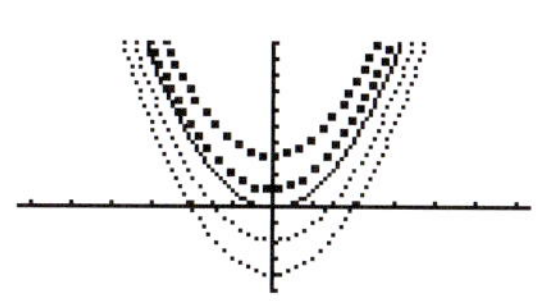	두 함수 $y=x^2$, $y=x^2+q$는 그래프의 모양은 같고, $y=x^2+q$의 그래프는 $y=x^2$의 그래프를 y축의 방향으로 q만큼 평행이동 한 것임.
(3) q값의 변화에 따른 이차함수 $y=x^2+q$ 의그래프의 성질		

공통점	차이점
그래프의 모양 (대칭)축 꼭짓점의 x좌표(=0)가 모두 같다. $y=x^2$의 그래프를 y축 방향으로 평행이동	꼭짓점의 y좌표 $y=x^2$의 그래프를 평행 이동한 값 y값의 범위(치역)가 다르다.

메뉴선택/ 함수식 입력 • [MENU][6](DYNA)[EXE] • Y1=[X,θ,T][x^2][+][ALPHA][5][EXE]	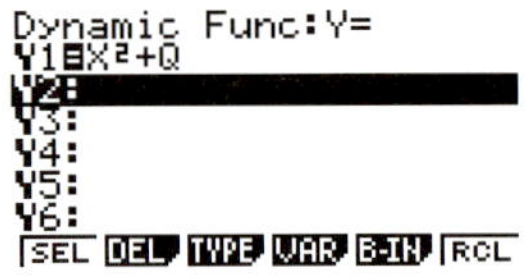	함수식 $y=x^2+\mathrm{Q}$를 입력한 후,
Q값의 범위 정하기 • [F4](VAR)[F2](SET)[EXE]	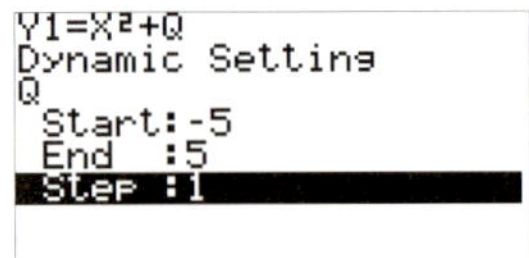	변수(VAR)가 Q로 설정되어 있는지 확인하고, Q의 변화 범위를 정한다. (여기서는 -5에서 5까지, 1간격)
화면 설정 • [SHIFT][F3](V−Window)[EXE]		그래프가 화면에 나타나도록 적절하게 화면을 설정한다.
역동적인 그래프 • [F6](DYNA) (동작을 멈추려면 [AC][EXIT])	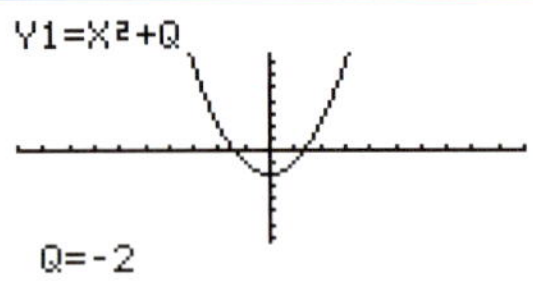	Q값에 따라 그래프가 위 아래로 움직이는 모습을 관찰하고, Q만큼 그래프가 y축 방향으로 평행이동 함을 안다

2. 다음 〈보기〉에서 평행이동으로 그래프를 일치시킬 수 있는 함수들을 같은 그룹으로 모을 때, 최소 몇 개의 그룹이 만들어지는지 쓰세요. 4개

〈보기〉

① $y=-x^2-1$　② $y=x^2-1$　③ $y=-x^2+3$　④ $y=3x^2+3$

⑤ $y=2x^2$　⑥ $y=2x^2-5$　⑦ $y=3x^2$　⑧ $y=2x^2+3$

(1) 그래프를 평행이동 시켰을 때 일치하는 것을 모두 찾으세요.

이차함수 $y=ax^2+q$에서 a값이 같은 경우를 찾음

{①과 ③}, {②}, {④와 ⑦}, {⑤와 ⑥과 ⑧}

(2) (1)번에서 찾은 각각의 경우에 두 그래프가 일치하도록 평행이동 시키는 방법을 쓰세요.

① $y=-x^2-1$ 의 그래프를 y축 방향으로 4만큼 평행이동하면 ③ $y=-x^2+3$와 일치

④ $y=3x^2+3$ 의 그래프를 y축 방향으로 −3만큼 평행이동하면 ⑦ $y=3x^2$와 일치

⑤ $y=2x^2$의 그래프를 y축 방향으로 −5만큼 평행이동하면 ⑥ $y=2x^2-5$와 일치

⑥ $y=2x^2-5$ 의 그래프를 y축 방향으로 8만큼 평행이동하면 ⑧ $y=2x^2+3$와 일치

⑧ $y=2x^2+3$ 의 그래프를 y축 방향으로 −3만큼 평행이동하면 ⑤ $y=2x^2$와 일치

5.4 이차함수 $y=(x-p)^2$의 그래프는 p값에 따라 어떻게 변할까요?

1. 학년 및 단원: 중학교 3학년(이차함수)
2. 학습목표
   ① $y=(x-p)^2$, $y=ax^2$ 두 그래프의 관계를 평행이동으로 설명할 수 있다.
3. 계산기 활용
   ① p값에 따른 이차함수 $y=(x-p)^2$의 그래프를 역동적(애니매이션)으로 나타낸다.
4. 기대 효과
   ① p값에 따른 이차함수 $y=(x-p)^2$ 그래프의 변화를 학생들 스스로 탐구할 수 있다.

조작 방법	계산기 화면	설명
1. (1) 이차함수 $y=(x-p)^2$에서 $p=0, 1, 3, -2, -4$일 때 그래프 그리기		
메뉴선택/ 함수식 입력 • MENU 5 (GRAPH) EXE • Y1= X,θ,T x^2 EXE • Y2= (X,θ,T − 1) x^2 EXE ⋮	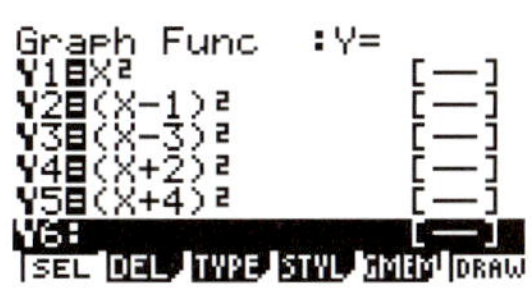	이차함수 $y=a(x-p)^2$ 에서 a=1이고, p=0, 1, 3, −2, −4인 경우 각각의 함수를 입력한다.
그래프 선모양 설정 • Y2선택 F4 (STYL) F3 (점선) EXE	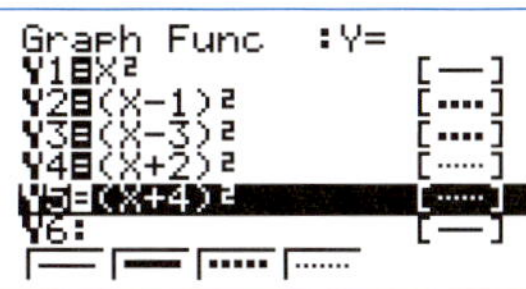	그래프를 구분할 수 있도록 선 모양을 달리 설정한다.
화면 설정 • SHIFT F3 (V−Window) EXE	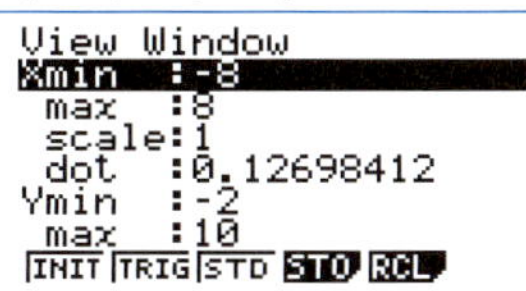	
그래프 그리기 • F6 (Draw)	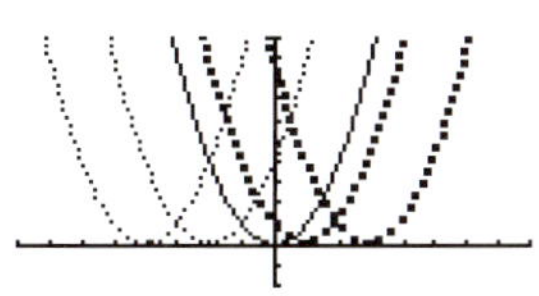	두 함수 $y=x^2$, $y=(x-p)^2$ 는 그래프 모양은 같고, $y=(x-p)^2$ 의 그래프는 $y=x^2$의 그래프를 x축의 방향으로 p만큼 평행이동 한 것임. 따라서 축의 방정식과 꼭짓점의 위치는 달라진다.

(2) 이차함수 $y=(x-p)^2$의 그래프의 특징

공통점	차이점
그래프의 모양이 같다	대칭축의 위치(축의 방정식)
꼭짓점의 y좌표=0	꼭짓점의 x좌표
$y=x^2$의 그래프를 x축 방향으로 평행이동	$y=x^2$의 그래프를 평행이동한 값(크기)
y 값의 범위(치역): 모두 양수	

(3) [Dynamic Func] 메뉴를 이용하여 $y=(x-p)^2(-5 \le p \le 5)$의 그래프 탐색해 보세요.		
메뉴선택/함수식 입력하기 • MENU 6 (DYNA) EXE • Y1= (X,θ,T − ALPHA 4) x^2 EXE **P값의 선택/범위 정하기** • F4(VAR) F2(SET) EXE	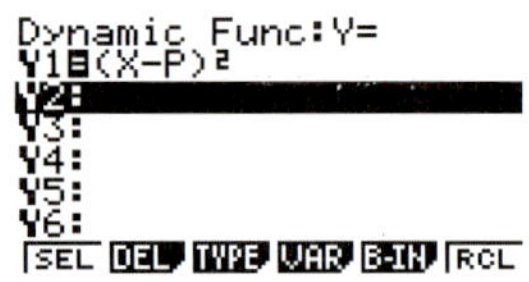 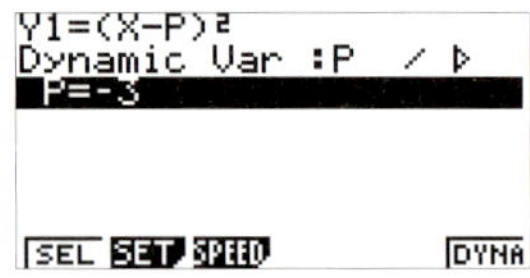 	함수 $y=(x-P)^2$에서 P를 선택하고, P값의 범위를 설정한다.
화면 설정 • SHIFT F3(V−Window) EXE		그래프가 잘 나타나도록 적절하게 화면을 설정한다.
애니메이션 • F6(DYNA) (동작을 멈추려면 AC EXIT)	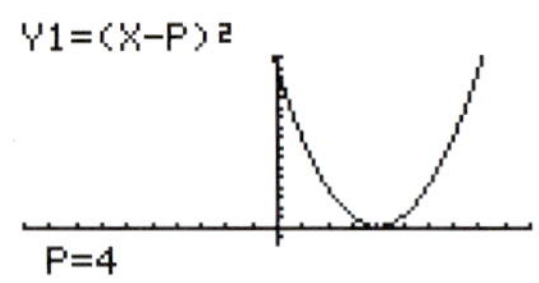	P값의 변화는 그래프가 x축의 방향으로 평행이동 한 값을 의미함

(4) $y=(x-p)^2(-5 \le p \le 5)$의 그래프의 특징

그래프는 $y=x^2$의 그래프와 모두 모양이 같고 p값에 따라 평행이동의 방향과 크기가 다르다. p가 양수이면 x축 양의 방향으로, p가 음수이면 x축 음의 방향으로 $|p|$만큼 평행이동한 그래프가 된다.

2. 다음 〈보기〉에서 평행이동으로 그래프를 일치시킬 수 있는 함수들을 같은 그룹으로 모을 때, 최소 몇 개의 그룹이 만들어 지는 지 쓰세요.

〈보기〉

① $y=-x^2$ ② $y=-2x^2$ ③ $y=3x^2$ ④ $y=2x^2$

⑤ $y=(x-2)^2$ ⑥ $y=2(x-5)^2$ ⑦ $y=-2(x-5)^2$ ⑧ $y=2(x+2)^2$

그래프를 평행이동 시켰을 때 일치하는 것:

이차함수 $y=a(x-p)^2$에서 a값이 같은 경우를 찾음

{①}, {③}, {⑤}, {②, ⑦}, {④, ⑥, ⑧} 모두 다섯 그룹으로 나눌 수 있다.

①, ③, ⑤는 일치하는 다른 함수가 없음.

또 각각 어떻게 이동하면 두 그래프가 일치하는지 설명하세요.

{②, ⑦}, ②$y=-2x^2$ 의 그래프를 x축 양의 방향으로 5만큼 평행이동하면 ⑦$y=-2(x-5)^2$ 와 일치(또는 ⑦을 x축 음의 방향으로 5만큼 평행이동하면 ②와 일치)한다.

{④, ⑥, ⑧} (정답예시)

④ $y=2x^2$의 그래프를 x축 양의 방향으로 5만큼 평행이동하면 ⑥$y=2(x-5)^2$ 와 일치

⑥ $y=2(x-5)^2$ 의 그래프를 x축 양의 방향으로 -7만큼(또는 음의 방향으로 7만큼) 평행이동하면 ⑧ $y=2(x+2)^2$ 와 일치

⑧ $y=2(x+2)^2$ 의 그래프를 x축 양의 방향으로 2만큼 평행이동하면 ④$y=2x^2$와 일치

6.1 축구공은 얼마나 어떻게 날아갔을까요?

1. 학년 및 단원: 중학교 3학년 (이차방정식의 활용)
2. 학습 목표
   ① 이차함수의 그래프를 활용하여 실생활 문제를 해결할 수 있다.
   ② 이차함수의 최댓값을 찾을 수 있다.
   ③ 이차함수의 그래프를 문맥에 맞게 해석할 수 있다.
3. 계산기의 활용
   ① 실제 데이터에 대한 이차함수의 그래프를 그린다.
   ② 이차함수의 x절편, 최댓값 등을 구한다.
4. 기대 효과
   ① 이차함수의 활용 문제를 그래프를 이용하여 해결할 수 있다.

계산기 조작 방법	계산기 화면	설명
1. 계산기를 이용하여 축구공의 경로를 그래프로 그리세요. 2. 축구공의 경로가 어떤 모양인지 말해 보세요. 포물선		
메뉴선택/ 함수식 입력 • MENU 5 (GRAPH) EXE • Y1= − 0 . 0 2 5 X,θ,T (X,θ,T − 6 0) EXE	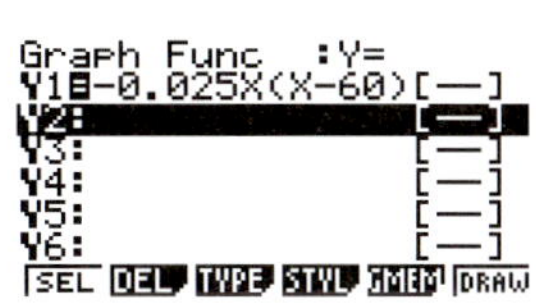	함수식을 입력한다.
화면 설정 • SHIFT F3 (V−Window) EXE		그래프가 화면에 잘 나타날 수 있도록 x축과 y축의 눈금을 설정한다.

그래프 그리기 • F6(DRAW)	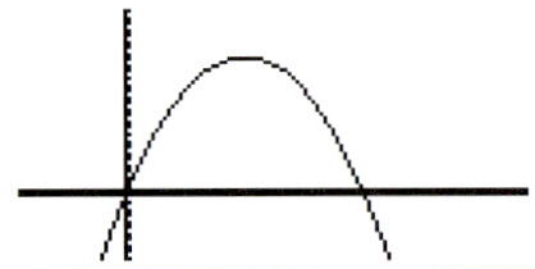	축구공의 경로는 위로 볼록한 포물선의 모양임을 안다.
3. 축구공이 지면에 떨어졌을 때, 처음 공을 찬 지점에서 수평거리를 구하세요.		
함숫값 찾기 • SHIFT F1(Trace) • 방향키(◀▶)를 눌러 점을 이동시켜 $x=0$일 때 찾기	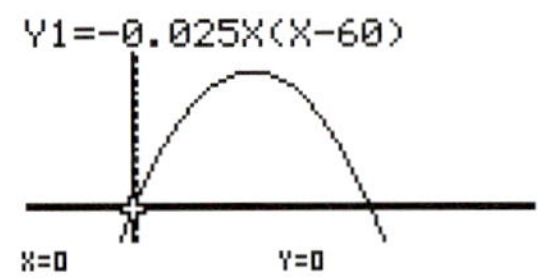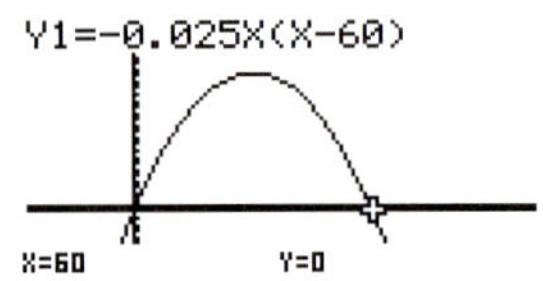	공의 경로에서 수평이동거리는 함수의 그래프에서 x축과 만나는 두 점 사이의 거리임을 알고, 이를 구한다.
4. 공을 찬 지점에서부터 수평거리가 얼마일 때, 공이 가장 높이 뜰까요? 30m		
5. 공이 날아갈 때, 최대 높이는 얼마일까요? 22.5m		
최댓값 찾기(방법1) • SHIFT F1(Trace) • 방향키(◀▶)를 눌러 점을 이동시켜 y가 최대일 때 찾기 최댓값 찾기(방법2) • SHIFT F5(G-SLV) F2(MAX)	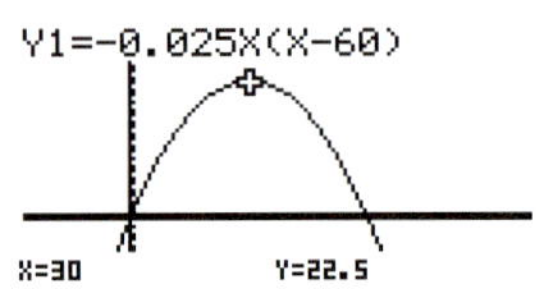	$y=0$일 때의 두 x 값 0과 60의 가운데 점에서 공의 높이(y)가 최대임을 안다. y의 값이 최대일 때의 점을 찾고 읽는다.

6.2 우리 가족의 정상 혈압은 얼마일까요?

1. 학년 및 단원: 중학교 3학년 (이차방정식의 활용)
2. 학습 목표
   ① 이차함수의 그래프를 활용하여 실생활 문제를 해결할 수 있다.
   ② 함숫값을 찾을 수 있다.
   ③ 두 그래프의 교점을 구할 수 있다.
   ④ 두 그래프를 보고 문맥을 해석할 수 있다.
3. 계산기의 활용
   ① 실제 데이터에 대한 이차함수의 그래프를 그린다.
   ② 실제 데이터에 대한 두 함수 그래프의 교점의 근삿값을 구한다.

4. 기대 효과

① 두 그래프와 교점의 근삿값으로 문맥을 해석함으로써 수학이 실생활에 활용됨을 알 수 있다.

계산기 조작 방법	계산기 화면	설명
1. 계산기를 이용하여 건강한 여성과 남성의 정상수축기 혈압에 대한 그래프를 그리세요.		
메뉴선택/ 함수식 입력 • MENU 5 (GRAPH) • Y1에 여성 식 입력 EXE • Y2에 남성 식 입력 EXE • Y2선택 F4 (STYL) F2 (굵은선) EXE	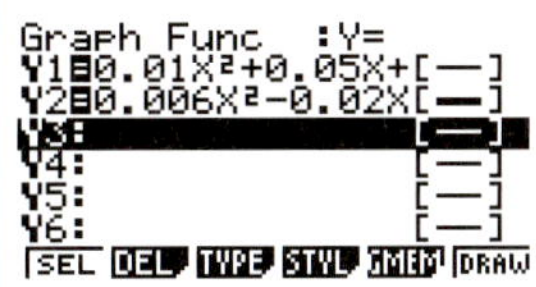	함수식을 입력한다.
화면 설정 • SHIFT F3 (V-Window) EXE 그래프 그리기 • F6 (DRAW)	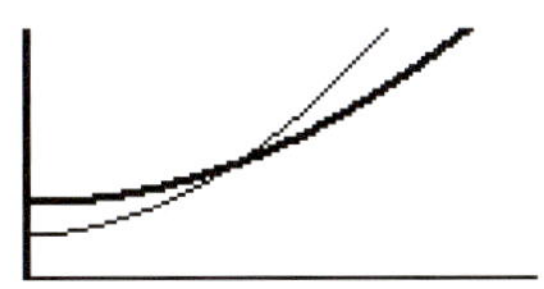	그래프 화면을 설정할 때 x값은 나이이므로 정의역이 0보다 크다는 것을 인식한다. 주어진 이차함수 그래프의 개형이 아래로 볼록함을 안다.
2. 30세의 건강한 여성과 남성의 정상수축기 혈압의 차를 구하세요. 여성: 117.5, 남성: 124.8, 차이:7.3		
함숫값 찾기 • SHIFT F1 (Trace) • 방향키(◀▶)를 눌러 ✥을 이동시켜 $x=30$일 때 찾기 • 방향키(▲▼)를 눌러 Y1, Y2의 그래프로 점을 옮김	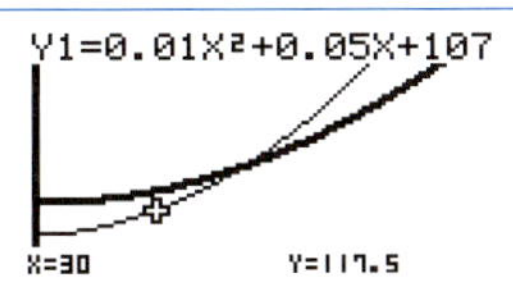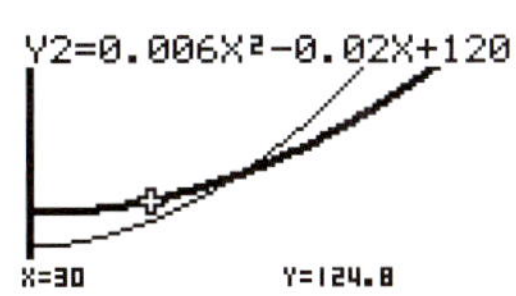	두 그래프 각각에서 $x=30$일 때 y의 값(여성: 117.5, 남성: 124.8)을 찾고, 그 차이(7.3)를 구한다.
3. 여성과 남성의 정상수축기 혈압이 같은 때는 언제인가요? 약 49세		
교점 찾기(방법1) • SHIFT F1 (Trace) • 방향키(◀▶)를 눌러 ✥을 이동시켜 $x=30$일 때 찾기 • 방향키(▲▼)를 눌러 Y1, Y2의 그래프로 점을 옮김	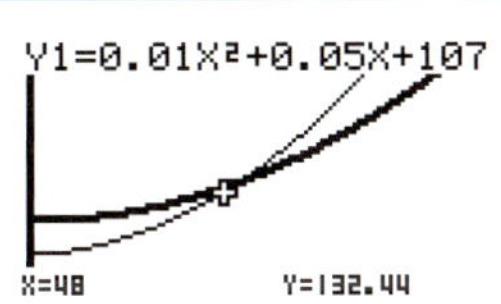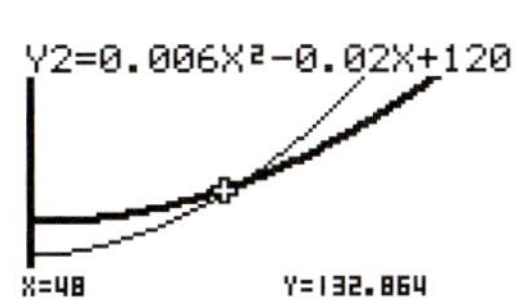	두 함수식에서 x값에 대하여 y값이 같다는 것은 두 그래프의 교점임을 안다. x가 48에서 49 사이에서 두 그래프가 만난다는 것을 발견한다. 48세 전까지는 남성에 비해 여성의 혈압이 낮고, 48세 이후부터는 여성의 혈압이 높다는 것

교점 찾기(방법2) • SHIFT F5 (G−SLV) F5 (ISCT)	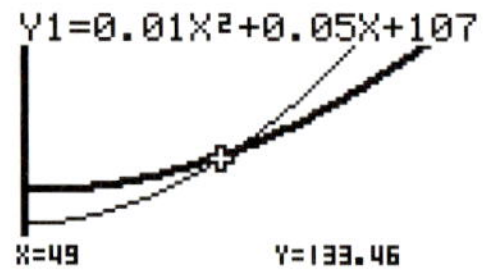 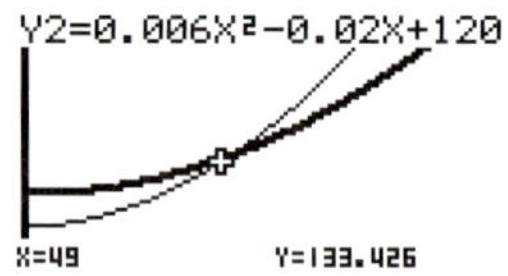 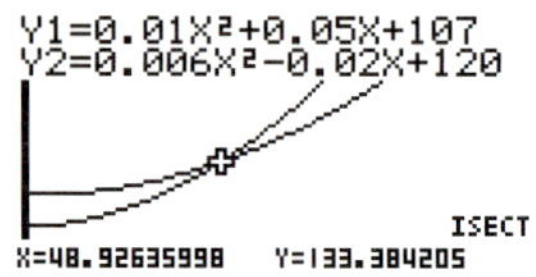	을 발견한다. 남성에 비해 여성의 혈압이 높아지는 정도가 더 빠르다는 것을 파악한다. 이것은 함수식의 2차항의 계수와 관계있음을 인식한다.
4. 두 그래프를 보고 여성과 남성의 나이별 혈압을 비교하여 설명하세요. 48세 전까지는 남성에 비해 여성의 혈압이 낮고, 48세 이후부터는 여성의 혈압이 높다. 남성에 비해 여성의 혈압이 높아지는 정도가 더 빠르다.		

6.3 그래프를 보면 이차방정식의 해가 보여요.

1. 학년 및 단원: 중학교 3학년 (이차방정식)
2. 학습목표

   ① 그래프를 이용하여 $(x-p)^2=q$ 꼴의 이차방정식의 해를 구할 수 있다.
3. 계산기의 활용

   ① [GRAPH] 메뉴에서 $y=(x-p)^2$와 $y=q$의 그래프를 그리고 교점을 표시한다.
4. 기대 효과

   ① 함수 $y=(x-p)^2$의 그래프와 방정식 $(x-p)^2=q$의 해의 관계를 이해한다.

계산기 조작 방법	계산기 화면	설명
1. 이차방정식 $(x-30)^2=225$의 해를 지필 계산으로 구해 보세요. $x=15$, 또는 $x=45$		$(x-30)^2=225$, $x-30=\pm 15$ $\therefore x=15$ 또는 45
2. 이차방정식 $(x-30)^2=225$의 좌변과 우변 각각을 함수로 하여 그래프를 그려 보세요.		
함수 입력하기 • MENU 5 (GRAPH) (X,θ,T − 3 0) x^2 EXE 2 2 5 EXE	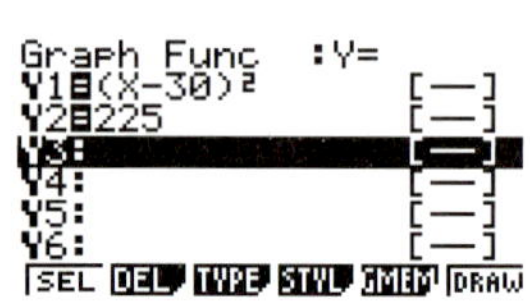	

화면 설정하고 그래프 그리기 • SHIFT F3(V-Window) EXE		그래프가 화면에 나타나도록 x축과 y축의 값을 알맞게 조절한다.
그래프 그리기 • F6(DRAW)	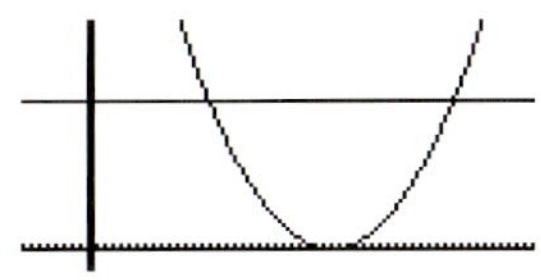	Y1은 아래로 볼록한 포물선의 그래프이고, Y2는 (0, 225)를 지나는 x축에 평행한 직선임을 안다.
3. 두 그래프의 교점을 찾아 보세요. (15, 225), (45, 225)		
교점 찾기(방법2) • SHIFT F5(G-SLV) F5(ISCT)	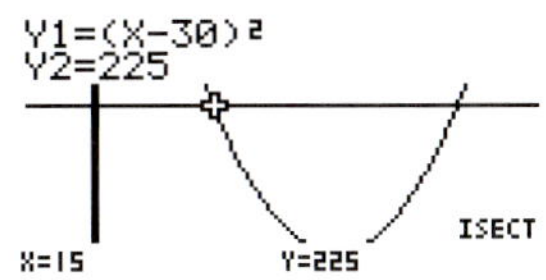	두 그래프의 교점을 구한다.
4. 이차방정식의 해를 구하고 그래프의 교점의 좌표를 비교해 보세요. 같은 점과 다른 점은 무엇인가요? • 이차방정식의 해 $x=15$ 또는 $x=45$와 교점의 좌표에서 x좌표가 같다. • 이차방정식 $(x-30)^2=225$의 우변의 값 225와 교점의 좌표에서 y좌표가 같다.		

6.4 길이를 얼마로 하지?

1. 학년 및 단원: 중학교 3학년 (이차방정식)
2. 학습목표
   ① 이차함수의 그래프를 이용하여 이차방정식의 해를 구할 수 있다.
3. 계산기의 활용
   ① [GRAPH] 메뉴에서 함수의 그래프를 그리고 교점을 분석한다.
4. 기대 효과
   ① 함수의 그래프와 방정식의 해의 관계를 이해한다.

계산기 조작 방법	계산기 화면	설명
1. 벽 한쪽에 길이가 18 m인 철망으로 넓이가 28 m^2인 울타리를 만들려고 한다. 가로와 세로의 길이는 얼마로 하면 되는지 구해 보세요. 세로 4 m, 가로 7 m 또는 세로 14 m, 가로 2 m		
함수 입력하기 • MENU 5(GRAPH) X,θ,T (a b/c 1 8 − X,θ,T ▼ 2) − 2 8 EXE	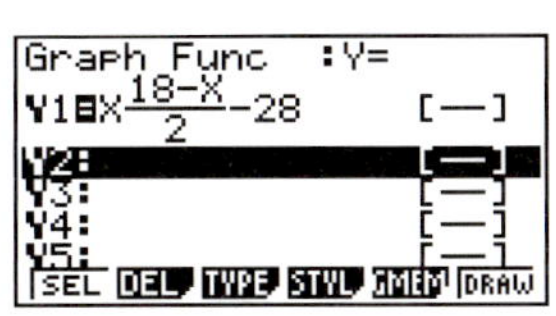	세로의 길이를 xm라고 하면 가로의 길이는 $\frac{18-x}{2}$m이다. $x\left(\frac{18-x}{2}\right)=28$이므로 $x\left(\frac{18-x}{2}\right)-28=0$이다.

<table>
<tr><td>그래프 그리기
• [F6](DRAW)

해 구하기
• [SHIFT][F5](G−SLV)[F1](RooT)</td><td>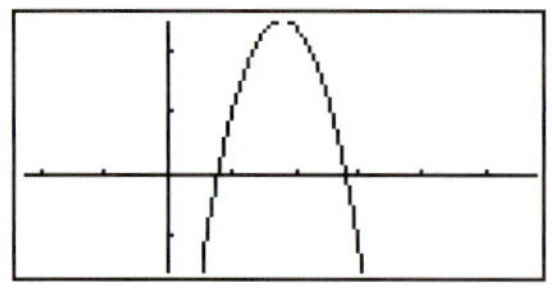
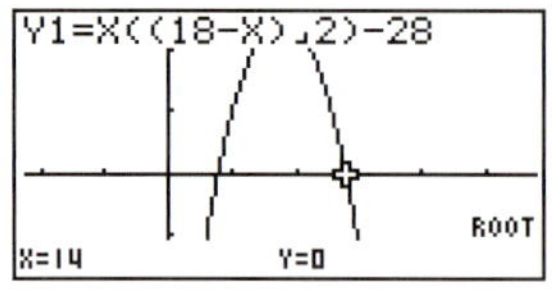</td><td>세로의 길이 x는 4 또는 14이므로 가로의 길이는 각각 7 또는 2가 된다.</td></tr>
<tr><td colspan="3">2. 한 변의 길이가 40 cm인 정사각형의 종이를 잘라 부피가 4500 cm^3인 상자를 만들려고 한다. 잘라낸 정사각형의 한 변의 길이는 얼마로 해야 하는지 구해 보세요.
잘라낸 정사각형의 한 변의 길이는 5 cm</td></tr>
<tr><td>함수 입력하기
• [MENU][5](GRAPH)
[X,θ,T][(][4][0][−][2][X,θ,T][)]
[x²][−][4][5][0][0][EXE]</td><td>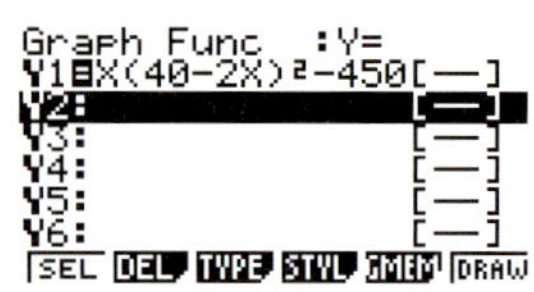</td><td>잘라낸 정사각형의 한 변의 길이를 $x$cm라고 하면 $x(40-2x)^2=4500$이므로 $x(40-2x)^2-4500=0$이다.</td></tr>
<tr><td>그래프 그리기
• [F6](DRAW)

해 구하기
• [SHIFT][F5](G−SLV)[F1](RooT)</td><td>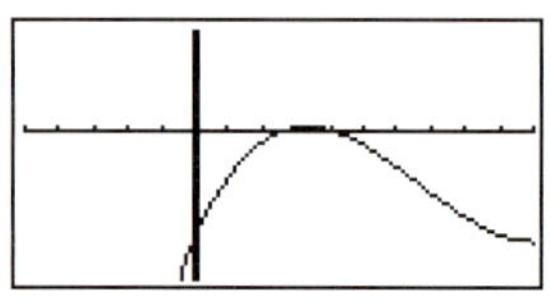
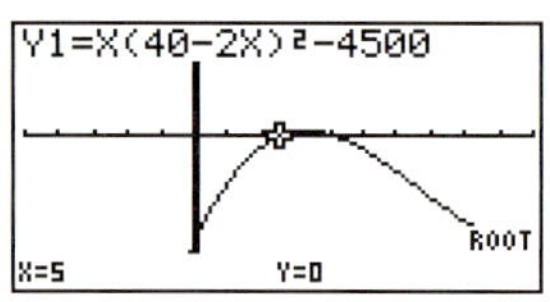</td><td>잘라낸 정사각형의 한 변의 길이를 x는 5cm가 된다.</td></tr>
</table>

6.5 그래프를 보면 삼차방정식도 풀 수 있어요.

1. 학년 및 단원: 중학교 3학년 (이차방정식)
2. 학습목표
   ① 그래프를 이용하여 삼차방정식 $x^3-2x^2=x+3$ 해를 구할 수 있다.
3. 계산기의 활용
   ① $y=x^3-2x^2$와 $y=x+3$의 그래프를 그리고 교점을 구할 수 있다.
4. 기대 효과
   ① 삼차방정식 $x^3-2x^2=x+3$ 의 해는 $y=x^3-2x^2$와 $y=x+3$의 그래프의 교점의 x좌표임을 알 수 있다.

계산기 조작 방법	계산기 화면	설명
※ 삼차방정식 $x^3-2x^2=x+3$ 의 해를 그래프를 이용하여 구해봅시다. 1. 다음 순서에 따라 함수 $y=x^3-2x^2$, $y=x+3$ 의 그래프를 그려 보세요.		
함수 입력하기 • [MENU][5](GRAPH) [X,θ,T][^][3][−][X,θ,T][x²][EXE] [X,θ,T][+][3][EXE]	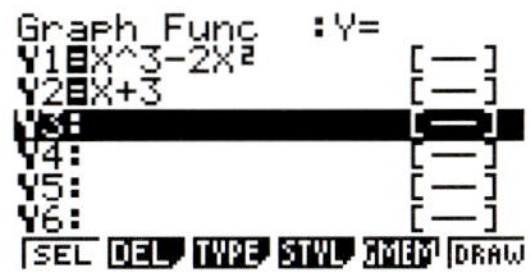	삼차방정식 $x^3-2x^2=x+3$ 에서 좌변과 우변 각각을 $Y1=x^3-2x^2$, $Y2=x+3$로 하여 그래프를 그릴 수 있음을 안다.
화면 설정하기 • [SHIFT][F3](V−Window) [F3](STD: Standard)		그래프가 화면에 나타나도록 x축과 y축의 값을 알맞게 조절한다.
그래프 그리기 • [F6](DRAW)		Y1은 위로 복록, 아래로 볼록한 곡선이고, Y2는 직선임을 안다.
두 그래프의 교점을 찾기.	(2.757278921, 5.757278921)	
교점 찾기 • [SHIFT][F5](G−SLV)[F5](ISCT)	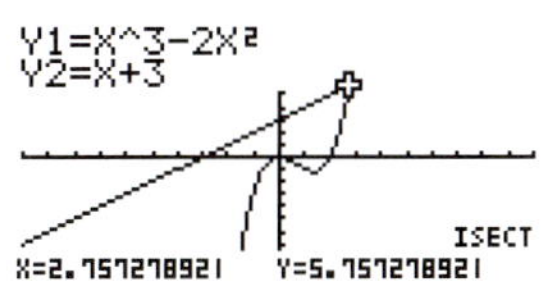	두 그래프의 교점을 구한다.
2. 삼차방정식 $x^3-2x^2=x+3$ 의 해를 구해 보세요. $x=2.757278921$		$x^3-2x^2=x+3$ 의 해는 $Y1=x^3-2x^2$ 와 $Y2=x+3$ 두 그래프의 교점의 x좌표임을 안다.

6.6 상자의 부피를 최대로 만들어라!

1. 학년 및 단원: 중학교 3학년 (함수의 그래프)
2. 학습목표
   ① 복잡한 실생활 문제를 다항 함수의 식으로 바꾸고, 계산기를 이용하여 문제를 해결할 수 있다.
3. 계산기의 활용
   ① 함수의 그래프와 분석(G-Solve)을 통하여 함수의 최댓값을 구할 수 있다.
4. 기대 효과
   ① 실생활 상황을 함수식으로 표현하고 문제를 해결할 수 있다.

<table>
<tr><th>계산기 조작 방법</th><th>계산기 화면</th><th>설명</th></tr>
<tr><td colspan="3">1. x값의 범위를 쓰세요. $0<x<10$</td></tr>
<tr><td colspan="3">2. 상자의 부피 $V(x)$를 x에 대한 식으로 나타내세요. $V(x)=x(20-2x)^2$</td></tr>
<tr><td colspan="3">3. 계산기를 이용하여 부피 $V(x)$의 그래프 개형을 그리세요.</td></tr>
<tr><td>함수의 그래프 그리기
• MENU 5 (GRAPH)
• X,θ,T (2 0 − 2 X,θ,T) x^2
EXE
• F6 (DRAW)</td><td>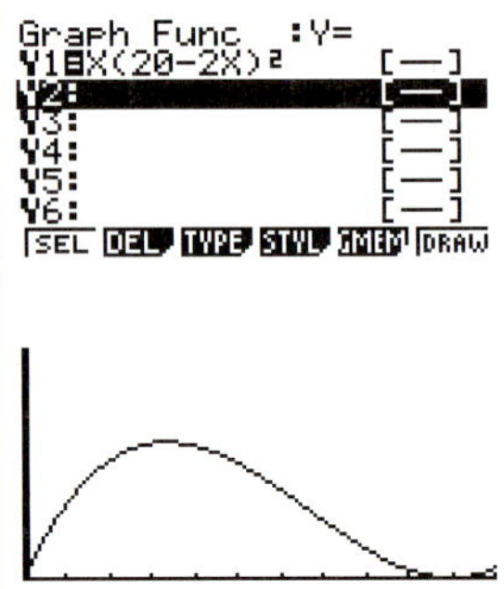
</td><td>상자의 부피를 구하는 식을 그래프로 나타내기</td></tr>
<tr><td colspan="3">4. $V(x)$의 최댓값과 그때의 x값을 구하세요. 약 592.6cm^3</td></tr>
<tr><td>최댓값 구하기
• SHIFT F5 (G−SLV) F2 (MAX)</td><td>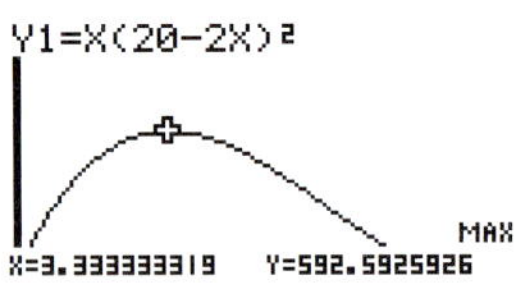
</td><td>$x=\dfrac{10}{3}$일 때 상자의 부피는 최댓값 $\dfrac{16000}{27}\text{cm}^3$를 가진다.</td></tr>
</table>

유의점

1) 변수의 범위에 주목할 수 있게 한다.
2) 그래프가 화면에 잘 나타나도록 적절한 V-Window 설정이 중요하다.

7.1 높이를 어떻게 알 수 있을까요?

1. 학년 및 단원: 중학교 3학년 (삼각비의 활용)
2. 학습목표
   ① 삼각비를 이용하여 길이와 거리를 구할 수 있다.
3. 계산기의 활용
   ① 삼각비가 포함된 식의 값을 계산한다.
4. 기대 효과
   ① 삼각비가 관련된 실생활 문제를 해결 할 수 있다.

계산기 조작 방법	계산기 화면	설명
1. 사다리의 길이, A지점에서 C지점까지의 길이를 구하는 식을 세워 보세요. $\cos 78^{\circ} = \dfrac{\overline{AB}}{\overline{AC}} = \dfrac{1.2}{\overline{AC}}$ 이므로 $\overline{AC} = \dfrac{1.2}{\cos 78^{\circ}}$		
2. A지점에서 C지점까지의 거리를 구해 보세요. $\overline{AC} = \dfrac{1.2}{\cos 78^{\circ}} = 5.7716(\mathrm{m})$		
설정하기 • [MENU][1](RUN·MATH) • [SHIFT][MENU](SET UP) Angle[F1](Deg)	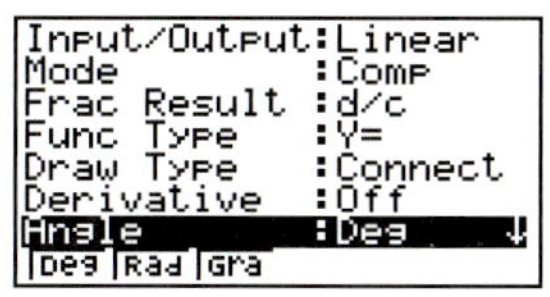	각(Angle)을 도(°, Degree)로 설정한다.
계산하기 • [1][·][2][÷][cos][7][8][EXE]	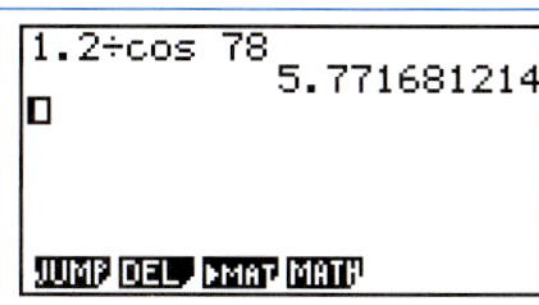	cos 값을 이용하여 길이를 구할 수 있다.
3. 아파트 아래 B지점에서 C지점까지의 거리를 구해 보세요. $\tan 78^{\circ} = \dfrac{\overline{BC}}{\overline{AB}} = \dfrac{\overline{BC}}{1.2}$ 이므로, $\overline{BC} = 1.2 \times \tan 78^{\circ} = 5.646(\mathrm{m})$		

7.2 플래카드의 길이를 얼마로 하면 될까요?

1. 학년 및 단원: 중학교 3학년 (삼각비의 활용)
2. 학습목표
   ① 삼각비를 이용하여 길이와 거리를 구할 수 있다.
3. 계산기의 활용
   ① 삼각비가 포함된 식의 값을 계산한다.
4. 기대 효과
   ① 삼각비가 관련된 실생활 문제를 해결할 수 있다.

계산기 조작 방법	계산기 화면	설명
1. 건물의 높이를 구하는 식을 세워 보세요. $\tan 15^{\circ} = \dfrac{(\text{건물의 높이} - \text{사람의 눈높이})}{100}$ 이므로, 건물의 높이 $= 100\tan 15^{\circ} +$ 사람의 눈높이		

2. 플래카드의 길이를 구해 보세요. 플래카드의 길이(건물의 높이): $100\tan 15° + 1.6 = 28.39(\mathrm{m})$		
설정하기 • [MENU][1](RUN·MATH) • [SHIFT][MENU](SET UP) Angle[F1](Deg)	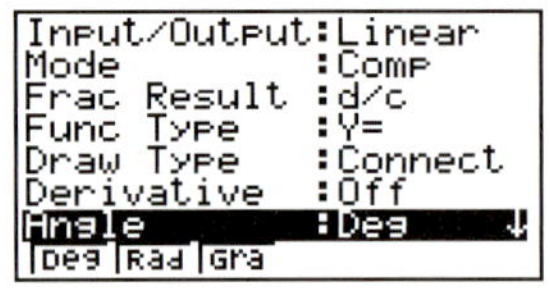	각(Angle)을 도(°, Degree)로 설정한다. tan값을 이용하여 길이를 구할 수 있다.
계산하기 • [1][0][0][×][tan][1][5][+][1] [·][6][EXE]	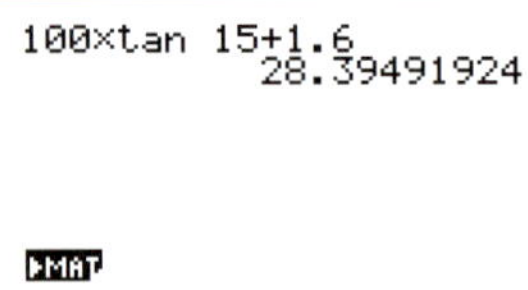	사람의 눈높이를 고려한다.

7.3 매물도에서 황제도까지의 거리

1. 학년 및 단원: 중학교 3학년 (삼각비의 활용)
2. 학습목표
   ① 삼각비를 이용하여 길이(또는 거리)를 구할 수 있다.
3. 계산기의 활용
   ① 삼각비가 포함된 식의 값을 계산한다.
4. 기대 효과
   ① 삼각비가 관련된 실생활 문제를 해결할 수 있다.

계산기 조작 방법	계산기 화면	설명
1. 매물도에서 황제도까지의 거리를 x로 두고 삼각비를 이용하여 식을 세워 보세요. $\cos 66° = \dfrac{3.2}{x}$ $\therefore\ x = \dfrac{3.2}{\cos 66°}$		
2. 계산기를 이용하여 매물도에서 황제도까지의 거리를 구해 보세요. $3.2 \div \cos 66° \fallingdotseq 7.8675\mathrm{km}$		
설정하기 • [MENU][1](RUN·MATH) • [SHIFT][MENU](SET UP) Angle[F1](Deg)	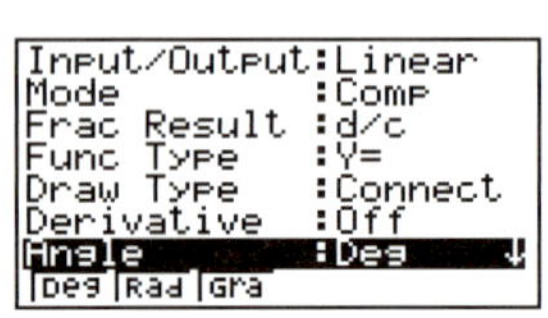	각(Angle)을 도(°, Degree)로 설정한다.

계산하기 • 3 · 2 ÷ COS 6 6 EXE	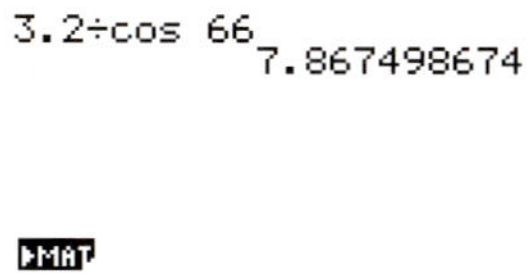	cos값을 이용하여 거리를 구할 수 있다.

7.4 누가 더 가까이 있을까요?

1. 학년 및 단원: 중학교 3학년 (삼각비의 활용)
2. 학습목표
   ① 삼각비를 이용하여 길이와 거리를 구할 수 있다.
3. 계산기의 활용
   ① 삼각비가 포함된 식의 값을 계산한다.
4. 기대 효과
   ① 삼각비가 관련된 실생활 문제를 해결 할 수 있다.

계산기 조작 방법	계산기 화면	설명
1. A지점, B지점 각각에서 배까지의 거리를 구하기 위한 식을 써 보세요. 꼭짓점 B에서 $\overline{AC}$에 내린 수선의 발을 H라 하면, $\overline{AH}=100\times\cos60^{\circ}$, $\overline{BH}=100\times\sin60^{\circ}$ 이다. 그런데 $\angle CBH=75^{\circ}-30^{\circ}=45^{\circ}$이므로, $\overline{BH}=\overline{CH}$. 그러므로 $\overline{AC}=\overline{AH}+\overline{CH}=100\cos60^{\circ}+100\sin60^{\circ}$ 이다. 또 $\cos45^{\circ}=\dfrac{\overline{BH}}{\overline{BC}}$이므로 $\overline{BC}=\dfrac{\overline{BH}}{\cos45^{\circ}}$이다. 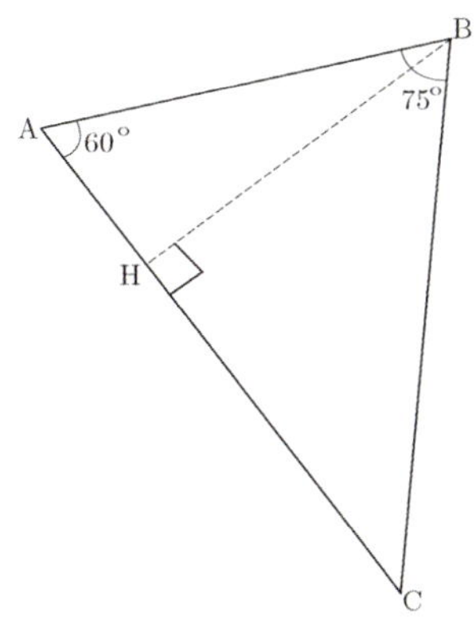		
2-(1) A지점에서 배까지의 거리($\overline{AC}$) 구하기 $\overline{AC}=\overline{AH}+\overline{CH}=100\cos60^{\circ}+100\sin60^{\circ}=136.6025$		
메뉴선택/ 설정하기 • MENU 1 (RUN·MATH) • SHIFT MENU (SET UP) Angle F1 (Deg)	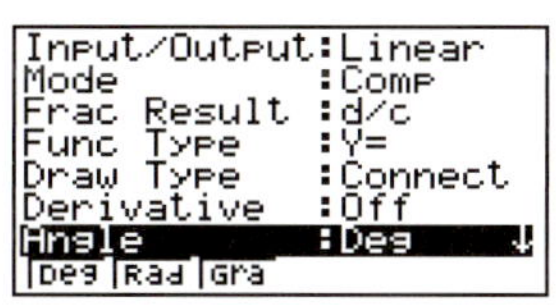	각(Angle)을 도(°, Degree)로 설정한다.

<table>
<tr><td>계산하기
• [1][0][0][cos][6][0][+][1][0]
[0][sin][6][0][EXE]</td><td>100cos 60+100sin 60
136.6025404
▸MAT</td><td></td></tr>
<tr><td colspan="3">2-(2) B지점에서 배까지의 거리($\overline{BC}$) 구하기
$\overline{BC}=\frac{\overline{BH}}{\cos 45°}=\frac{100\sin 60°}{\cos 45°}=122.4744871$</td></tr>
<tr><td>계산하기
• [1][0][0][sin][6][0][÷][cos][4]
[5][EXE]</td><td>100cos 60+100sin 60
136.6025404
100sin 60÷cos 45
122.4744871
▸MAT</td><td></td></tr>
<tr><td colspan="3">3. 누가, 얼마나 더 배와 가까이 있는지 구해 보세요.
재수가 명석이 보다 약 15m 더 가까이 있다.</td></tr>
</table>

7.5 고속도로 정체 구간의 거리

1. 학년 및 단원: 중학교 3학년 (삼각비의 활용)
2. 학습목표
   ① 삼각비를 이용하여 길이와 거리를 구할 수 있다.
3. 계산기의 활용
   ① 삼각비가 포함된 식의 값을 계산한다.
4. 기대 효과
   ① 삼각비가 관련된 실생활 문제를 해결 할 수 있다.

<table>
<tr><th>계산기 조작 방법</th><th>계산기 화면</th><th>설명</th></tr>
<tr><td colspan="3">1. 헬리콥터에서 A지점까지의 거리(d)를 구해 보세요.
$\sin 48° = \frac{800}{d} \quad \therefore\ d=\frac{800}{\sin 48°}=1076.5062(m)$</td></tr>
<tr><td>메뉴선택/ 설정하기
• [MENU][1](RUN·MATH)
• [SHIFT][MENU](SET UP)
Angle[F1](Deg)</td><td>Input/Output:Linear
Mode :Comp
Frac Result :d/c
Func Type :Y=
Draw Type :Connect
Derivative :Off
Angle :Deg ↓
Math Line</td><td>각(Angle)을 도(°, Degree)로 설정한다.</td></tr>
</table>

설정하기 • [SHIFT][MENU](SET UP) Display[F1](Fix)[4][EXE]	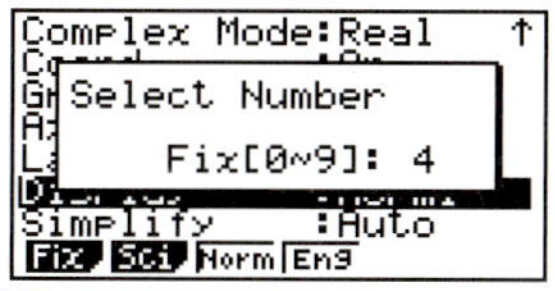	계산기를 소수점 아래 넷째 자리까지 설정한다.
계산하기 • [8][0][0][÷][sin][4][8][EXE]	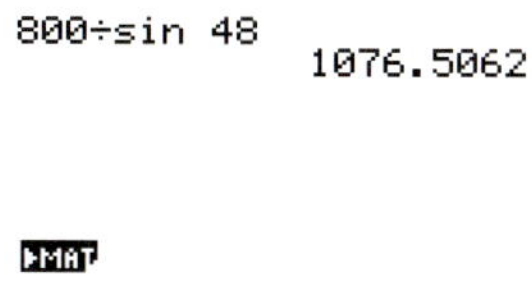	계산기를 이용하여 삼각비의 값을 구할 수 있다.

2. 헬리콥터에서 B까지의 수평거리 $x+y$를 구해 보세요.

$\tan 22^\circ = \dfrac{800}{x+y}$ 이므로, $x+y=\dfrac{800}{\tan 22^\circ}=1980.0695(\mathrm{m})$

계산하기 • [8][0][0][÷][tan][2][2][EXE]	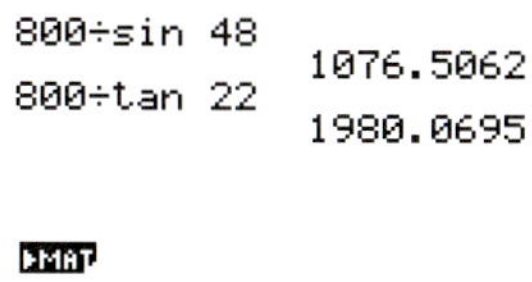	계산기를 이용하여 삼각비의 값을 구할 수 있다.

3. 정체 구간의 거리 y를 구해 보세요. 약 1260m

$\tan 42^\circ = \dfrac{x}{800}$, $x=800\times\tan 42^\circ = 720.3232$

$\therefore\ y=\dfrac{800}{\tan 22^\circ}-800\tan 42^\circ = 1259.7462(m)$

계산하기 • [8][0][0][÷][tan][2][2][EXE] [−][8][0][0][tan][4][2][EXE]	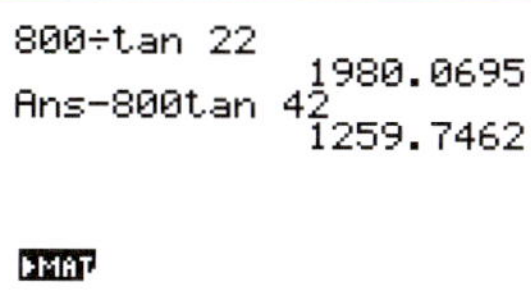	계산기를 이용하여 삼각비의 값을 구할 수 있다.

8.1 참치 40마리를 팔았어요.

1. 학년 및 단원: 중학교 1학년 (도수분포와 그래프)
2. 학습목표
   ① 계급의 크기를 적절히 결정하여 자료를 히스토그램으로 나타낼 수 있다.
   ② 히스토그램을 보고 자료의 특징을 설명할 수 있다.
3. 계산기의 활용
   ① 도수분포표로 만들지 않고 히스토그램을 그리고, 자료의 평균을 구한다.
4. 기대 효과
   ① 자료의 분포를 한눈에 파악하기 위해서 계급의 크기를 적절히 결정하는 것이 중요함을 안다.
   ② 히스토그램에서 예측한 평균과 계산기에서 계산된 실제 평균을 비교하고 그 차의 근원을 음미할 수 있다.

<table>
<tr><th>계산기 조작 방법</th><th>계산기 화면</th><th>설명</th></tr>
<tr><td>메뉴선택/ 자료입력하기
• [MENU][2](STAT)
• [List1 에 자료 입력][EXE]</td><td>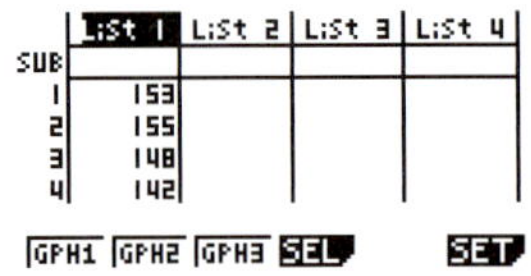
</td><td></td></tr>
<tr><td colspan="3">1. 참치 길이의 분포를 알기 위해 어떤 그래프가 적절한가요? 히스토그램</td></tr>
<tr><td>그래프 설정하기
• [F6](▷)[F1](GRPH)[F6](SET)
[F1](GPH1)
• Graph Type : [F1](Hist)
• XList : [F1](List)[1][EXE]
• Frequency : [F1](1)[EXE]</td><td>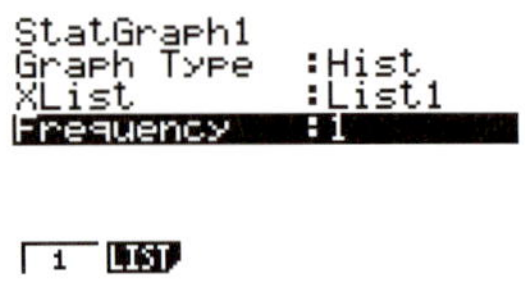
</td><td>자료가 연속형인 경우 히스토그램을 그리는 것이 적절하다.

막대그래프는 선호도, 성별 등과 같이 범주형 자료에, 히스토그램은 키, 몸무게 등과 같이 연속형 자료에 적절하다.</td></tr>
<tr><td colspan="3">2. 그래픽 계산기를 이용하여 그래프를 그리기 위해 위의 자료를 계산기 메뉴의 통계 모드(STAT)에 있는 List1에 입력하고, 오름차순(Ascending Oder)으로 정리해 보세요. 가장 작은 값과 가장 큰 값은 무엇인가요? 138, 161</td></tr>
<tr><td>자료 정렬하기
• [EXIT][F6](▷)[F1](TOOL)
[F1](SRT.A) : 오름차순
• How Many Lists? : [1][EXE]
• Select List No : [1][EXE]</td><td>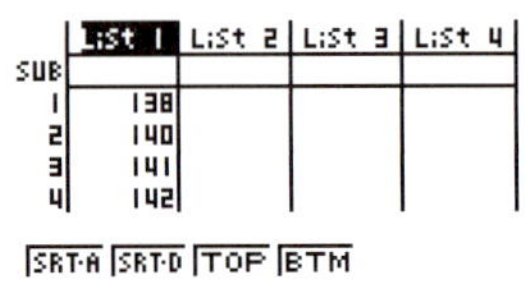
</td><td>히스토그램에서 계급을 정할 때 자료의 최소와 최대를 고려한다.</td></tr>
<tr><td colspan="3">3. 위의 자료에 대한 히스토그램을 그리기 위해 가로축에 표시하는 계급의 크기는 얼마로 하는 것이 적당할까요?
3, 5, 7, 10 등</td></tr>
<tr><td colspan="3">4. 그래픽 계산기를 이용하여 히스토그램을 그려보세요. 이 때, 시작값(Start)과 계급의 크기(Width)를 다양하게 바꾸어 그려보세요.</td></tr>
<tr><td>계급의 크기 결정하기
• [EXIT][F6](▷)[F1](GRPH)
[F1](GPH1)
• Start: 138(자료에서 가장 작은 값)
• Width: 3(계급의 크기)
• [EXE]</td><td>

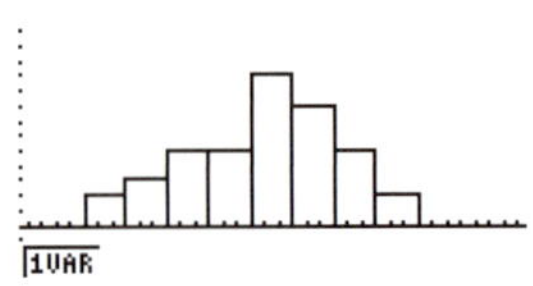
</td><td>계급을 결정할 때, 자료의 최솟값과 최댓값이 포함되도록 해야 한다.

계급의 크기가 클수록 계급의 개수는 줄어들며, 계급의 개수가 너무 많거나 너무 적으면 자료의 분포를 한눈에 파악하기 어렵다.</td></tr>
</table>

<table>
<tr><td></td><td>

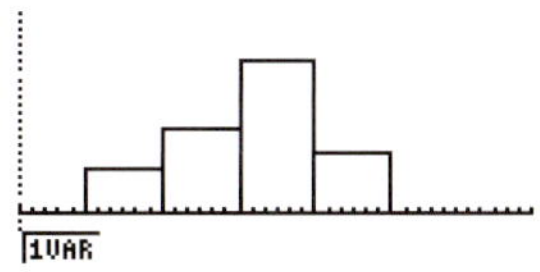
</td><td>*계급의 크기를 다양하게 정할 수 있다.</td></tr>
<tr><td colspan="3">5. 4에서 그린 히스토그램을 보고, 참치의 길이가 어떻게 분포되어 있는지 특징을 각각 설명해 보세요.
계급의 크기가 3인 히스토그램: 144이상 147미만, 147이상 150미만에 5마리씩, 150이상 153미만이 10마리고 가장 많고 153이상 156미만이 8마리고 그 다음이다. 138이상 141미만, 159이상 161미만이 3마리씩으로 가장 적다.
계급의 크기가 6인 히스토그램: 138이상 144미만 5마리가 가장 적고, 150이상 156미만 18마리로 가장 많다.</td></tr>
<tr><td>그래프 관찰하기
• SHIFT F1(Trace)</td><td>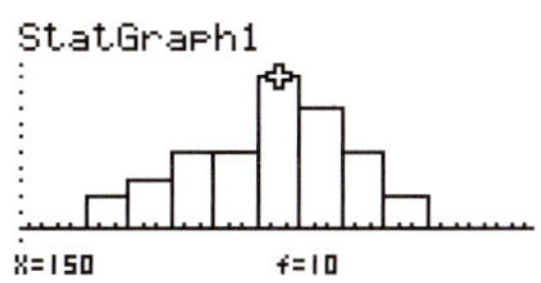

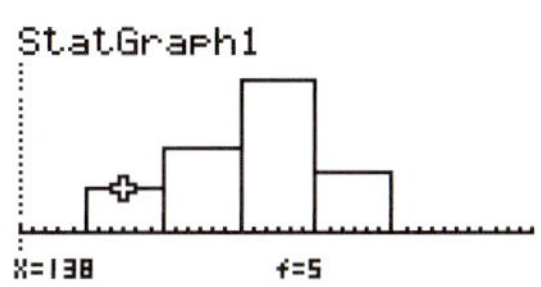
</td><td>• 방향키(◀▶▲▼)를 이용하여 ✣을 이동시키면서 관찰한다.
※ x는 계급값, f는 도수</td></tr>
<tr><td colspan="3">6. 시작값(Start)와 계급의 크기(Width)를 얼마로 하였을 때 자료의 전체 분포를 더 잘 설명할 수 있나요? 왜 그렇게 생각하나요?
계급의 크기가 3일 때 자료의 전체 분포를 더 잘 설명할 수 있다.</td></tr>
<tr><td colspan="3">7. 그래픽 계산기를 이용하여 참치 40마리의 평균 길이를 구해 보세요. 평균: 150.4</td></tr>
<tr><td>자료 분석
• F1(1VAR)
• $\bar{x}$: 평균</td><td>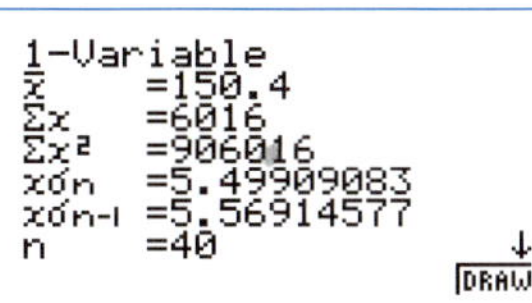
</td><td>평균 길이를 구한다.</td></tr>
</table>

8.2 그래프로 우리 반 학생들의 키를 보다.

1. 학년 및 단원: 중학교 1학년 (도수분포와 그래프)
2. 학습목표
   ① 히스토그램과 도수분포다각형을 그리고, 이를 해석할 수 있다.
3. 계산기의 활용
   ① 히스토그램과 도수분포다각형을 그린다.

4. 기대 효과

① 히스토그램과 도수분포다각형에서 자료의 분포를 파악하고 그래프를 읽을 수 있다.

계산기 조작 방법	계산기 화면	설명
1. 그래픽 계산기를 이용하여 히스토그램을 그려 보세요.		
메뉴선택/ 자료 입력하기 • MENU STAT EXE • List1에 자료 입력		
그래프 설정하기 • F1(GRPH)F6(SET) F1(GPH1) • Graph Type: F6(▷)F1(Hist) • XList: F1(List)F1(1)EXE		분석하고자하는 자료가 연속형인 경우 막대그래프 보다는 히스토그램을 그리는 것이 적절하다.
히스토그램 그리기 • F1(GPH1) • Start: (자료 중 가장 작은 값) • Width: 6(계급의 크기) • EXE	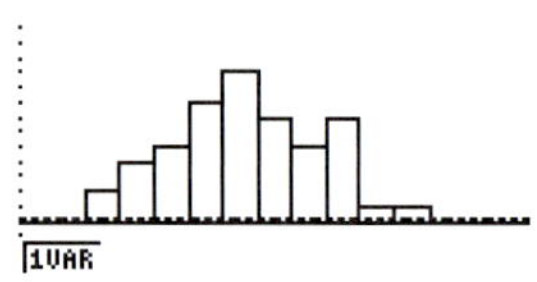	히스토그램을 보고 자료의 전체적인 분포를 설명한다.
2. 그래픽 계산기를 이용하여 도수분포다각형을 그려 보세요.		
그래프 설정하기 • F6(SET)F2(GPH2) • Graph Type: F6(▷)F5(Brkn)(꺽은선 그래프) • XList: F1F1(List)1EXE • Frequency: F1(1)EXE	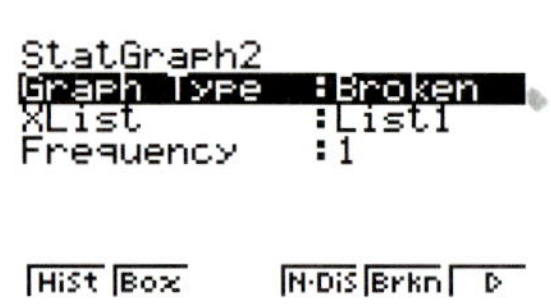	
도수분포다각형 그리기 • F4(SEL) • StartGraph1: DrawOn • StartGraph2: DrawOn • F6(DRAW)	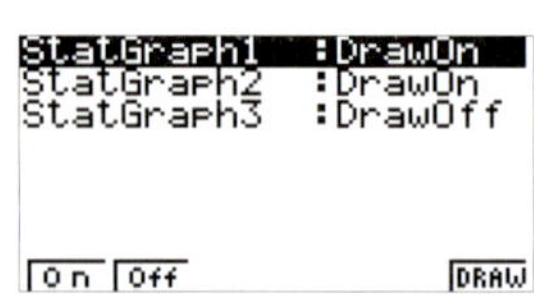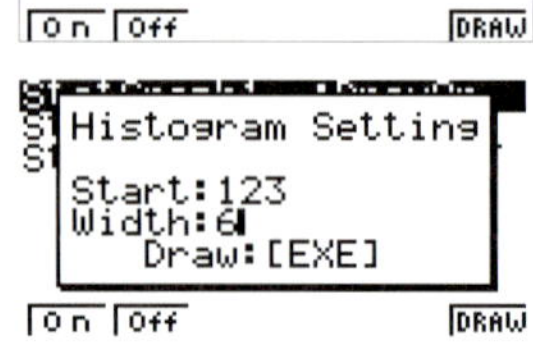	도수분포다각형으로 나타내면 히스토그램과 마찬가지로 도수의 분포 상태를 쉽게 알아볼 수 있다. 다음과 같이 도수분포다각형의 모양을 읽는다. 예1) 도수가 중간에 모여 있고, 양쪽으로 퍼져 있다.

<table>
<tr><td></td><td>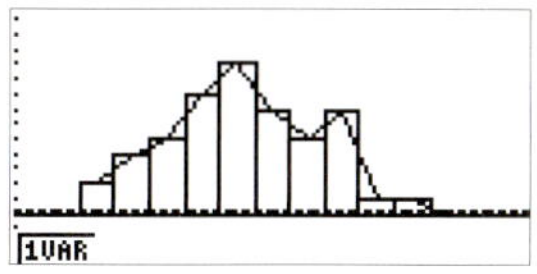</td><td>예2) 가장 큰 값에는 매우 적은 도수를 갖는다.</td></tr>
<tr><td colspan="3">3. 도수가 가장 큰 계급의 시작값은 얼마인가요? 147
4. 키가 141보다 작은 학생은 모두 몇 명인가요? 11명
5. 도수가 같은 계급이 있나요? 어느 계급인지 쓰세요.
계급 153~159와 165~171, 계급 135~141와 159~165, 계급 171~177와 177~183의 도수가 같다.
6. 도수분포다각형을 보고 자료 분포의 특징을 말해 보세요.
171이상 큰 학생들의 수가 매우 적다.
141이상 171미만에 학생 수가 많이 모여 있다.</td></tr>
<tr><td>Trace 이용하기
• SHIFT F1 (Trace)
방향키를 이용하여 ✛을 이동시키면서 관찰</td><td>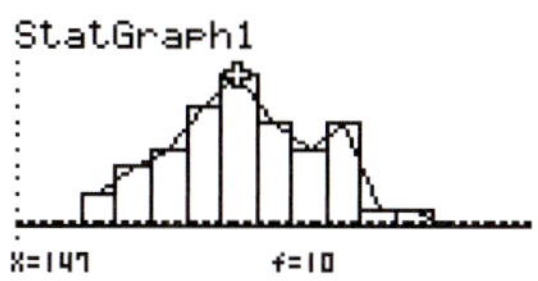</td><td>도수분포다각형과 히스토그램을 해석할 수 있다.
• 147이상 153미만에서 도수가 가장 크다.
• 141미만인 학생은 11명이다.
• 계급 153~159와 165~171, 계급 135~141와 159~165, 계급 171~177와 177~183의 도수가 같다.</td></tr>
</table>

8.3 어떤 햄버거를 살까요?

1. 학년 및 단원: 중학교 1~3학년(통계)
2. 학습목표
   ① 계산기를 활용하여 자료를 정리하고 분석할 수 있다.
   ② 히스토그램을 그리기 위해 계급의 크기를 알맞게 결정할 수 있다.
   ③ 자료에 대한 평균, 중앙값, 최빈값을 통해 자료의 특성을 이해한다.
3. 계산기의 활용
   ① 자료에 대한 히스토그램을 그린다.
   ② 자료의 평균, 중앙값, 최빈값을 구한다.
4. 기대 효과
   ① 계산기를 이용하여 빠르고 정확하게 히스토그램을 그릴 수 있다.
   ② 계산기를 이용하여 자료에 대한 평균, 중앙값, 최빈값을 빠르고 정확하게 구할 수 있다.

계산기 화면	조작방법	설명
1. 계산기로 히스토그램을 그리세요.		
메뉴선택/ 자료 입력하기 • MENU 2 (STAT) • List1	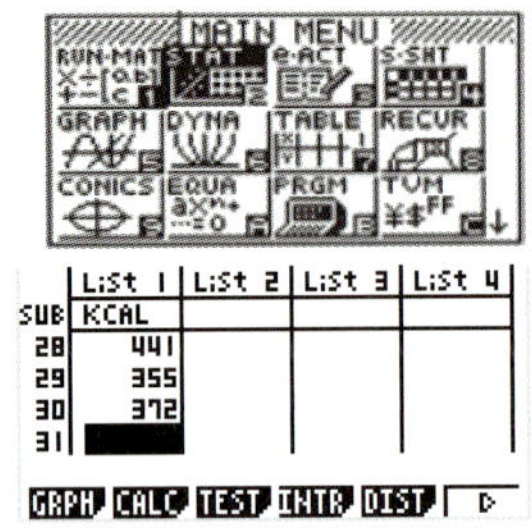	List1에 자료를 입력한다.
그래프 설정하기 • F1(GRPH) F6(SET) F1(GPH1) Graph Type: Hist XList: List1 Frequency: 1 EXE		분석하고자하는 자료가 연속형인 경우 막대그래프 보다는 히스토그램을 그리는 것이 적절하다.
히스토그램 그리기 • F1(GPH1) Start: 250 Width: 50 EXE		히스토그램을 그리기 위해 계급(250부터 시작)과 계급의 크기(50)를 적절히 결정한다.
2. 열량이 400 kcal이상 500 kcal 미만인 햄버거는 몇 가지인가요? 7가지		
Trace 이용하기 • SHIFT F1(Trace)방향키	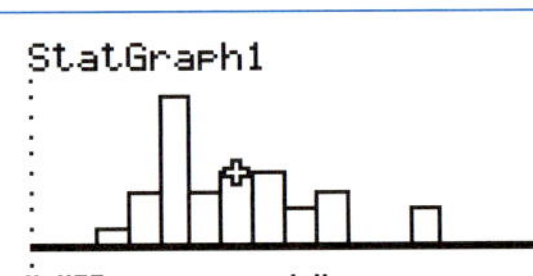	히스토그램에서 계급이 400 kcal이상 500 kcal 미만인 계급의 도수는 3+4=7(가지)를 얻는다. 여기서는 표보다 히스토그램이 편리하다.
3. 열량이 가장 높은 햄버거는 어느 것인가요? 치즈와퍼 4. 평균, 중앙값, 최빈값을 각각 구하세요. 평균 467.4666, 중앙값 447.5, 최빈값 의미 없음 5. 베이컨토마토는 조사한 햄버거 중에서 열량이 높은 편이라고 말할 수 있나요? 베이컨토마토의 열량이 평균과 중앙값보다 크므로 높다고 할 수 있다.		
자료 분석하기 • F1(1VAR) 평균 : $\bar{x}$=467.466666 중앙값 : Med=447.5 최빈값 : Mod=250	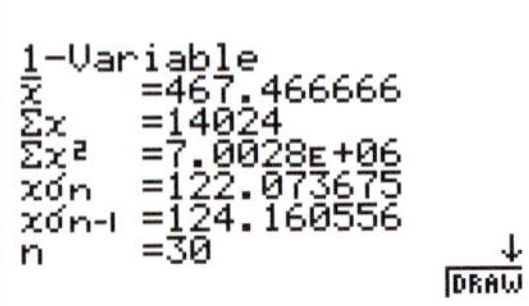	최댓값은 maxX=761이므로 열량이 가장 높은 햄버거가 치즈와퍼임을 안다. 평균, 중앙값, 최빈값을 구한다.

Mod=343, ...	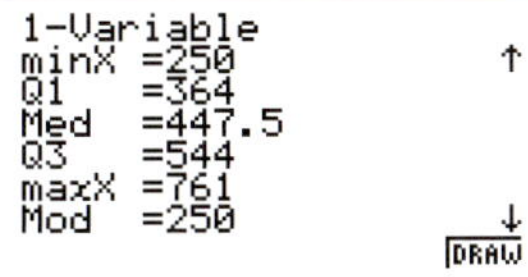 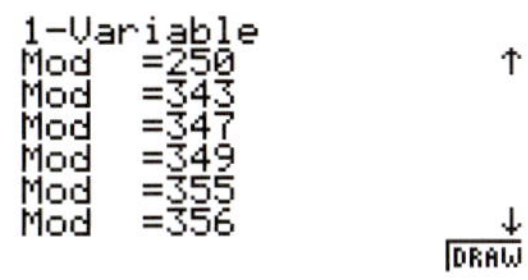	$\overline{x}$=467.466666… 〈544, Med=447.5〈544이므로 베이컨토마토는 열량이 높은 편이라고 할 수 있음을 안다. (최빈값은 변량이 모두 다르므로 의미가 없음을 이해한다.)

8.4 우리나라 도시들의 인구는 얼마나 될까요?

1. 학년 및 단원: 중학교 1~3학년(통계)
2. 학습목표
   ① 도수분포표에서 계급값을 이용하여 평균의 근삿값을 구하는 경우 계급의 크기를 작게 할수록 실제 평균에 가까워짐을 이해할 수 있다.
3. 계산기의 활용
   ① 자료를 히스토그램으로 만들고 이를 이용하여 도수분포표를 만든다.
   ② 도수분포표에서 평균을 구한다.
4. 기대 효과
   ① 도수분포표에서 계급의 크기와 평균의 정밀도 사이의 관계를 이해한다.

조작방법	계산기 화면	설명
1. 계산기를 이용하여 우리나라 50대 도시의 인구에 대한 히스토그램을 그리고 이를 이용하여 아래와 같이 계급의 크기가 다른 도수분포표를 만드세요.		
메뉴선택/ 자료 입력하기 • [MENU][2](STAT) List1에 자료 입력	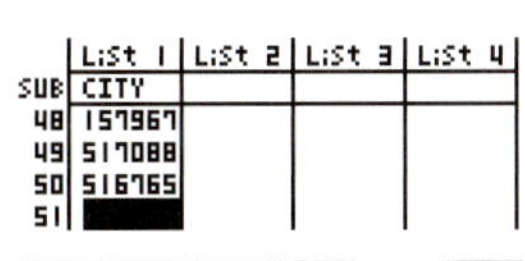	
그래프 설정하기 • [F1](GRPH)[F6](SET) [F1](GPH1) Graph Type: Hist XList: List1[EXE]	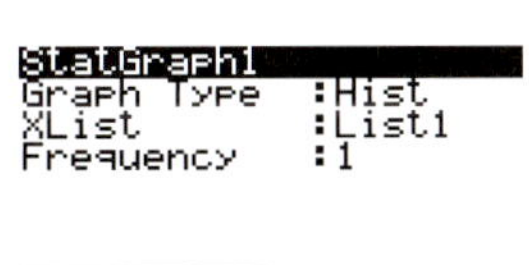	분석하고자하는 자료가 연속형인 경우 막대그래프 보다는 히스토그램을 그리는 것이 적절하다.

히스토그램 그리기(1)

- [F1](GPH1)

  Start: 100000

  Width: 500000(계급 크기)

  [EXE]
- [SHIFT][F1](Trace)

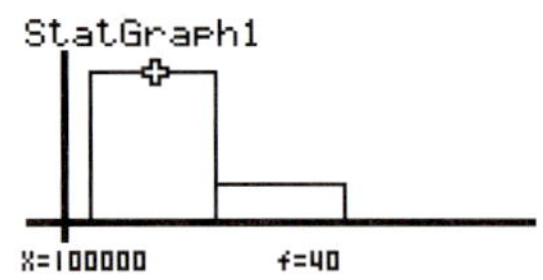

인구 수(명)	도시 수
이상 미만 100000 ~ 600000	40
600000 ~ 1100000	10
합 계	50

히스토그램 그리기(2)

- [F1](GPH1)

  Start: 100000

  Width: 200000(계급 크기)

  [EXE]
- [SHIFT][F1](Trace)

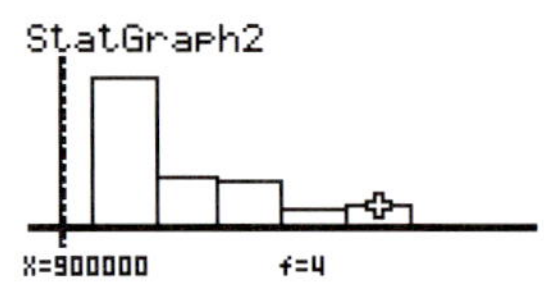

인구 수(명)	도시수
이상 미만 100000 ~ 300000	26
300000 ~ 500000	9
500000 ~ 700000	8
700000 ~ 900000	3
900000 ~ 1100000	4
합 계	50

히스토그램 그리기(3)

- [F1](GPH1)

  Start: 100000

  Width: 100000(계급 크기)

  [EXE]
- [SHIFT][F1](Trace)

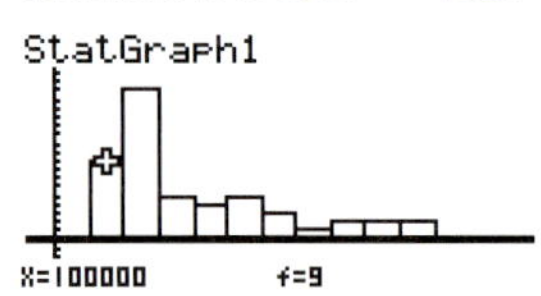

인구 수(명)	도시 수
이상 미만 100000 ~ 200000	9
200000 ~ 300000	17
300000 ~ 400000	5
400000 ~ 500000	4
500000 ~ 600000	5
600000 ~ 700000	3
700000 ~ 800000	1
800000 ~ 900000	2
900000 ~ 1000000	2
1000000 ~ 1100000	2
합 계	50

2. 위의 도수분포표에서 아래의 식을 이용하여 평균을 구하세요.

계급의 크기	500,000	200,000	100,000
평균	450,000	400,000	406,000

• MENU 1 (RUN) (350000×40+850000×10)÷5 0 EXE	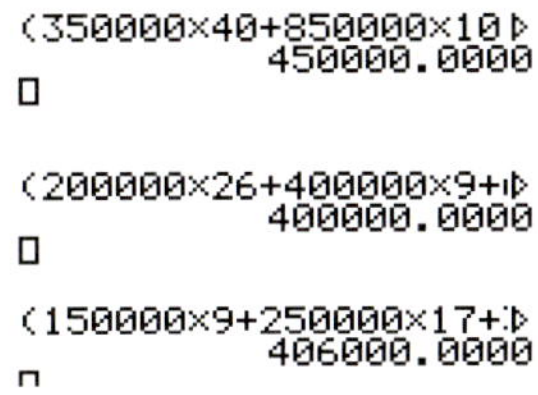 	• 도수분포표를 보고 주어진 계산식을 이용하여 평균을 구한다. • 앞의 결과와 다름에 주목한다.

3. 계산기를 활용하여 평균을 구하고, (2)에서 구한 평균과의 오차를 구해 보세요.

평균 : 407669

계급의 크기	500,000	200,000	100,000
평균	450,000	400,000	406,000
오차	42,331	7,669	1,669

• MENU 2 (STAT) • F2 (CALC) F1 (1VAR)	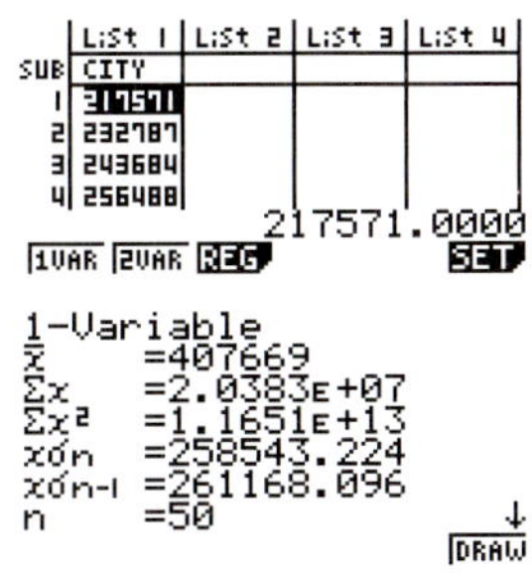 	각각의 자료를 이용하여 계산한 평균은 $\overline{x}$ =407669이다.

4. 도수분포표에서 평균을 구할 때 계급의 크기와 평균 사이의 관계를 말하고 그 이유를 설명해 보세요.

도수분포표의 계급의 크기가 작을수록(계급의 개수가 많을수록) 실제 평균과의 오차가 작아진다. 도수분포표를 보고 평균을 구할 때에는 변량 대신 계급값의 합을 총도수로 나누는데, 이때 계급의 크기가 작을수록 변량과 계급값 사이의 오차가 작아지므로 오차도 작아진다.

9.1 프로야구 관중 700만 시대가 열릴까요?

1. 학년 및 단원: 중학교 1~3학년(통계)
2. 학습목표
   ① 계산기를 활용하여 자료를 정리하고 분석할 수 있다.
   ② 실생활의 자료에 대한 도수분포표를 만들고 이를 이용하여 평균을 계산할 수 있다.
   ③ 도수분포표에서 구한 평균과 실제 평균과의 차이점을 이해할 수 있다.
3. 계산기의 활용
   ① 자료에 대한 히스토그램과 도수분포표를 만들고 평균을 정확하게 계산한다.

4. 기대 효과

① 도수분포표에서 구한 평균과 실제 평균과의 차이점을 이해할 수 있다.

<table>
<tr><th>조작방법</th><th>계산기 화면</th><th>설명</th></tr>
<tr><td colspan="3">1. 우리나라 프로야구 30년간 관중 수에 대한 히스토그램을 그리고, 이를 이용하여 도수분포표를 만드세요.</td></tr>
<tr><td>히스토그램 그리기
• MENU 2 (STAT)
〈표-2〉의 자료를 List 1에 입력한다.
• F1 (GRPH) F6 (SET)
F1 (GPH1) ▼ F6 (▷)
F1 (Hist) ▼ F1 (LIST) 1
EXE F1 (GPH1) 1000000 ▼
1000000 EXE</td><td>
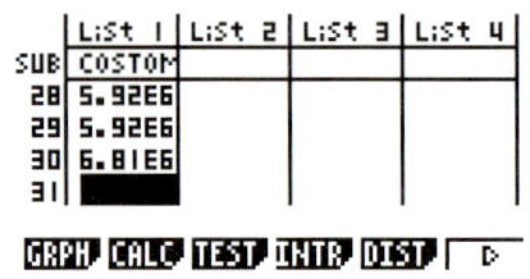
</td><td>오른쪽 히스토그램을 보고 아래와 같이 도수분포표를 그릴 수 있다.
<table>
<tr><th>관중 수(명)</th><th>도수(회)</th></tr>
<tr><td>이상 미만
1000000 ~ 2000000</td><td>4</td></tr>
<tr><td>2000000 ~ 3000000</td><td>10</td></tr>
<tr><td>3000000 ~ 4000000</td><td>7</td></tr>
<tr><td>4000000 ~ 5000000</td><td>4</td></tr>
<tr><td>5000000 ~ 6000000</td><td>4</td></tr>
<tr><td>6000000 ~ 7000000</td><td>1</td></tr>
<tr><td>합 계</td><td>30</td></tr>
</table></td></tr>
<tr><td colspan="3">2. 위의 도수분포표를 보고 아래의 식을 이용하여 계급값을 이용하여 평균을 구하시오.
3,400,000명</td></tr>
<tr><td>평균 계산하기
(1500000×4+2500000×10+3500000×7+4500000×4+5500000×4+6500000×1)÷30 EXE</td><td>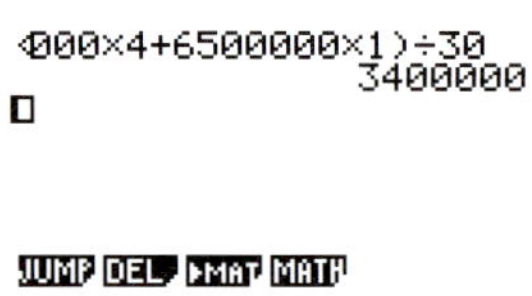</td><td>(평균) = [{(계급값) × (도수)}의 총합] ÷ (총 도수)
=(1500000×4+2500000×10+3500000×7 +4500000×4+5500000×4+6500000×1)÷30
=3400000</td></tr>
<tr><td colspan="3">3. 계산기를 활용하여 평균을 구해보고 (2)의 결과와 비교해 보세요. 실제 평균은 $\overline{x}$=3.4222E+06≒3,422,200으로 도수분포표를 이용하여 구한 평균과의 오차가 22,200이다.</td></tr>
<tr><td>평균
F3 (CAL) F1 (1VAR)</td><td>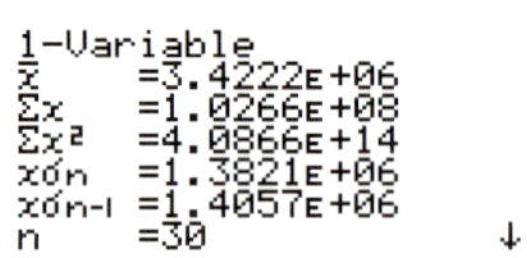</td><td>도수분포표를 이용하여 평균을 구할 때에는 실제 변량을 더하는 것이 아니라 각 계급의 계급값을 이용하므로 실제 평균과 오차가 발생한다.</td></tr>
</table>

9.2 세빈이네 반 키는 얼마나 될까요?

1. 학년 및 단원: 중학교 3학년 (대푯값과 산포도)
2. 학습목표
   ① 평균의 의미를 알고 평균을 구할 수 있다.
3. 계산기의 활용
   ① 입력한 자료에 대한 평균을 구한다.
4. 기대 효과
   ① 자료가 추가되었을 때 평균 구하는 방법을 안다.

계산기 조작 방법	계산기 화면	설명
자료 입력하기 • MENU STAT EXE • List1에 자료를 입력한다.	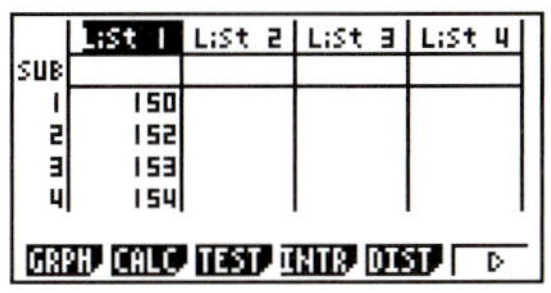	
1. 계산기를 이용하여 평균을 구해 보세요. 160.965517 cm		
평균 구하기 • F2(CALC)F1(1VAR)	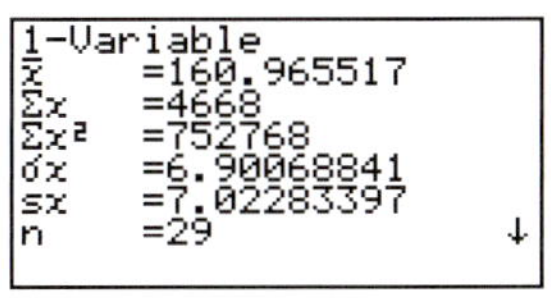	* $\overline{x}$: 평균 $\sum x$: 총합 $\sum x^2$: 제곱의 합 $x\sigma_n$: 표준편차 n : 자료의 수
2. 여기에 세빈이의 키를 포함하여 전체 30명의 키에 대한 평균을 구해 보세요. 위 대화에 대한 여러분의 생각을 써 보세요.		
경원이의 평균 계산하기 • MENU 1 (RUN·MAT) (160.965517+183)÷2 EXE	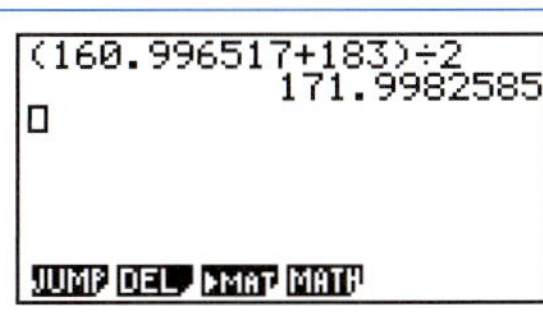	자료가 추가되었을 때 평균을 구하는 방법을 생각한다.
3. 세빈이의 키는 183 cm이다. 전체 평균을 구하고 2번에 대한 여러분의 답을 확인하세요. 전체 평균을 구하면 161.7 cm이고, 경원이가 구한 평균은 약 171.998 cm이므로 경원이의 생각이 틀렸다.		
평균 확인하기 • List1에서 51번째 셀에 자신 의 키(167)을 입력한다. • F2(CALC) F1(1VAR)	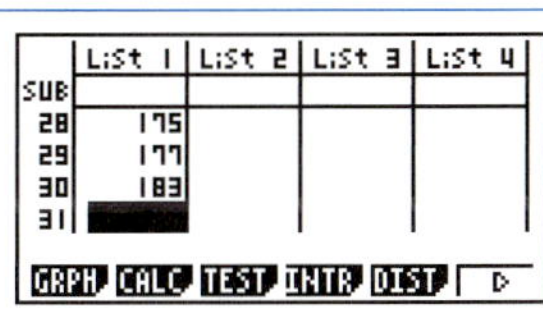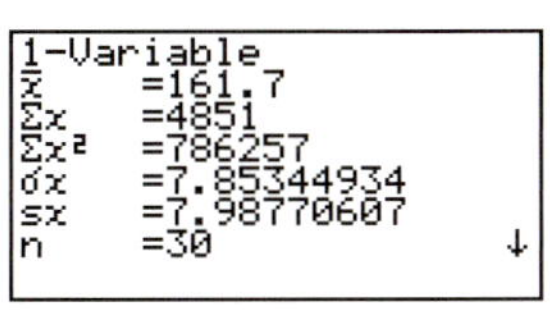	평균의 의미를 알고, 평균 계산방법을 안다.

9.3 은경이의 수학점수

1. 학년 및 단원: 중학교 3학년 (대푯값과 산포도)
2. 학습목표
   ① 계산기를 활용하여 자료의 분포를 분석할 수 있다.
   ② 평균이 같은 두 자료의 분포와 분산 사이의 관계를 이해할 수 있다.
3. 계산기의 활용
   ① 계산 기능을 활용하여 평균과 분산을 구한다.
4. 기대 효과
   ① 계산기를 이용하여 빠르고 정확하게 평균과 분산을 구할 수 있다.

<table>
<tr><th>조작방법</th><th>계산기 화면</th><th>설명</th></tr>
<tr><td colspan="3">1. 은경이의 1학기와 2학기 수학 점수의 평균을 각각 구하세요. 1, 2학기 모두 73점</td></tr>
<tr><td>메뉴선택
• [MENU][1](RUN)
(72+77+70)÷3[EXE]
(74+72+73)÷3[EXE]</td><td>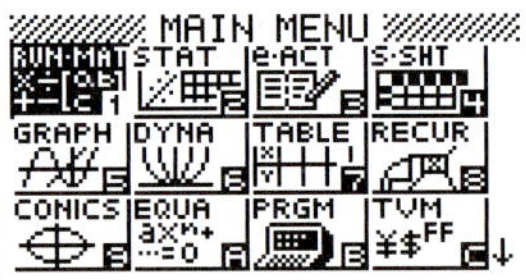
(72+77+70)÷3
73
(74+72+73)÷3
73
▶MAT</td><td>(평균)=(합계)÷(개수)</td></tr>
<tr><td colspan="3">2. 은경이의 1학기와 2학기 수학점수의 분산을 각각 구하세요. 1학기 : 8.6667, 2학기 : 0.6667</td></tr>
<tr><td>분산 구하기
• [SHIFT][×]({)(72−73)^2+(77−73)^2+(70−73)^2 [SHIFT][÷](}) [÷][3][EXE]
• [SHIFT][×]({)(74−73)^2+(72−73)^2+(73−73)^2 [SHIFT][÷](})[÷][3][EXE]</td><td>{(72−73)^2+(77−73)^2+(70−73)^2}÷3
▶MAT
Ans
{0.6666}
0.6666666667</td><td>(분산)={(점수)−(평균)의 제곱의 합}÷(개수)
(1학기 분산)≒8.6667
(2학기 분산)≒0.6667

(표준편차)= $\sqrt{(분산)}$</td></tr>
<tr><td colspan="3">3. 은경이의 1·2학기 수학 점수 중 더 고른 분포를 보이는 것은 어느 것인가요? 2학기
또 학기별 수학 점수의 분포와 분산 사이에는 어떤 관계가 있나요? 분산이 작을수록 점수의 분포가 고르다.</td></tr>
</table>

9.4 표준편차로 무엇을 알 수 있을까요?

1. 학년 및 단원: 중학교 3학년 (대푯값과 산포도)
2. 학습목표
   ① 표준편차의 의미를 알 수 있다.
   ② 자료에 대한 평균과 표준편차를 구한다.
   ③ 자료를 추가할 때 평균과 표준편차에 미치는 영향을 이해한다.
3. 계산기의 활용
   ① 평균과 표준편차를 구한다.
4. 기대 효과
   ① 추가하는 자료의 크기에 따른 평균과 표준편차의 변화를 통해 표준편차의 의미를 알 수 있다.

계산기 조작 방법	계산기 화면	설명
자료 입력하기 • MENU(STAT) EXE • List1에 자료를 입력한다.	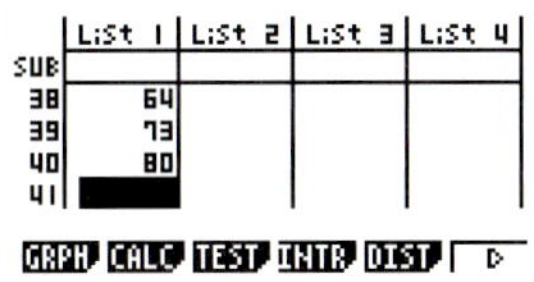	
1. 계산기를 이용하여 평균과 표준편차를 구해 보세요. 평균: 71.4, 표준편차: 16.7194497		
평균과 표준편차 구하기 • F2(CALC) F1(1VAR)	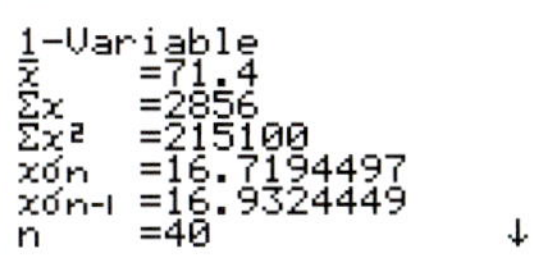	$x\sigma_n$: 표준편차

3. 위의 네 가지 경우의 평균과 표준편차를 구하고, 처음의 평균, 표준편차와 비교하여 그 차이를 말해 보세요. 어떤 특징이 있나요?
   평균보다 작은 값을 추가하면 평균이 작아지고, 평균보다 큰 값을 추가하면 평균이 커진다.
   평균보다 작든 크든 관계없이 평균과의 차이가 표준편차 보다 큰 값을 추가하면 표준편차가 커지고, 평균과의 차이가 표준편차 보다 작은 값을 추가하면 표준편차가 작아진다.

		평균	표준편차	차이	
평균보다 작은 값	40을 추가한 경우	70.6341463	17.2099745	평균	0.77정도 작다
				표준편차	0.11정도 크다
	60을 추가한 경우	71.1219512	16.6076607	평균	0.28정도 작다
				표준편차	0.11정도 작다
평균보다 큰 값	80을 추가한 경우	71.609756	16.5674939	평균	0.21정도 크다
				표준편차	0.15정도 작다
	95를 추가한 경우	71.9756097	16.9107958	평균	0.56정도 크다
				표준편차	0.19정도 크다

평균과 표준편차 구하기

- 40 입력
- F2(CALC)F1(1VAR)

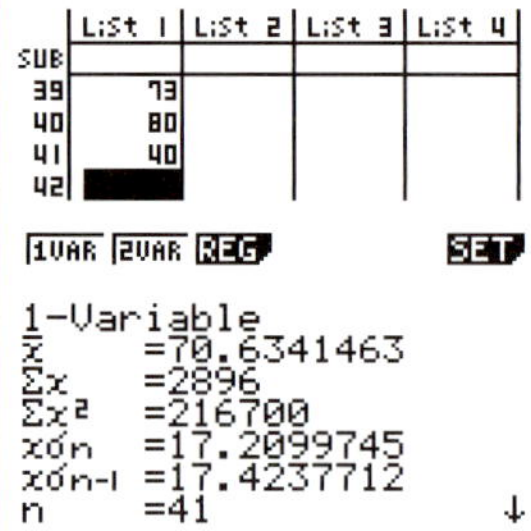

평균보다 작으면서 그 정도가 표준편차보다 큰 경우임을 알고, 평균이 작아지고 표준편차는 커짐을 파악한다.

평균과 표준편차 구하기

- 60 입력
- F2(CALC)F1(1VAR)

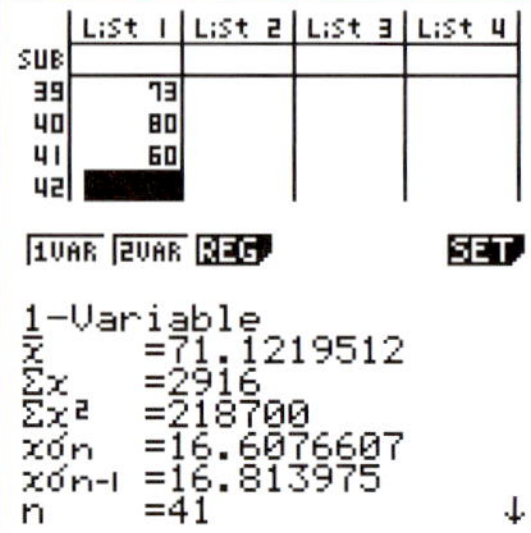

평균보다 작으면서 그 정도가 표준편차보다 작은 경우임을 알고, 평균이 작아지고 표준편차도 작아짐을 파악한다.

평균과 표준편차 구하기

- 80 입력
- F2(CALC)F1(1VAR)

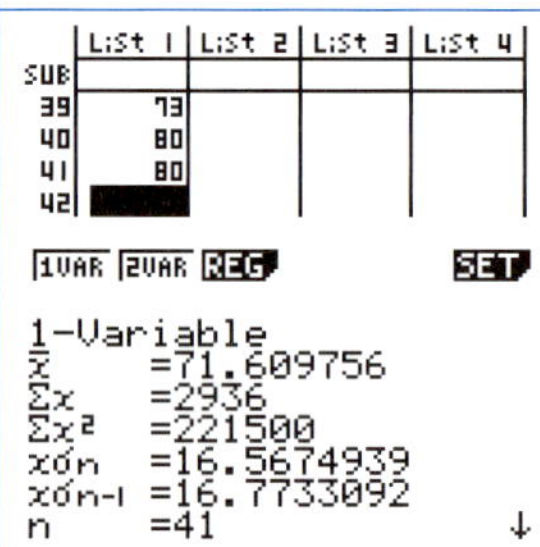

평균보다 크면서 그 정도가 표준편차보다 작은 경우임을 알고, 평균이 커지고 표준편차는 을 작아짐을 파악한다.

평균과 표준편차 구하기

- 95 입력
- F2(CALC)F1(1VAR)

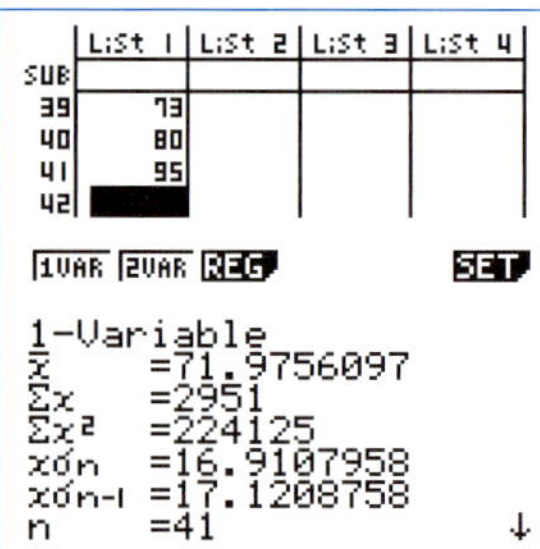

평균보다 크면서 그 정도가 표준편차보다 큰 경우임을 알고, 평균이 커지고 표준편차도 커짐을 파악한다.

4. 평균에 가까운 값을 추가한다면 평균과 표준편차는 어떠할지 예상해보고, 확인해 보세요.

   평균에 가까운 값을 추가하면 평균과 표준편차가 거의 변하지 않는다.

평균과 표준편차 구하기

- 71.5 입력
- F2(CALC)F1(1VAR)

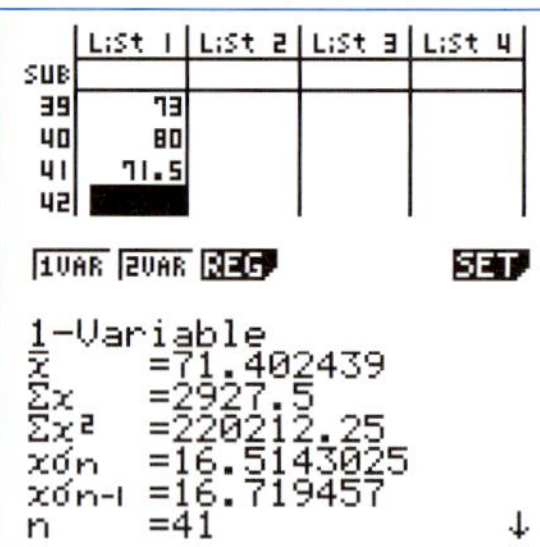

평균에 가까운 값을 추가하면 평균과 표준편차가 거의 변화 없음을 안다.

5. 표준편차가 크다는 것은 무엇을 의미하는지 말해 보세요.

   표준편차가 크다는 것은 평균과 떨어져 있는 값이 많다는 것을 의미한다.

9.5 어느 대리점을 인수해야 좋을까요?

1. 학년 및 단원: 중학교 3학년 (대푯값과 산포도)
2. 학습목표
   ① 대푯값으로 중앙값의 의미를 이해한다.
3. 계산기의 활용
   ① 자료에 대한 평균과 중앙값을 구한다.
4. 기대 효과
   ① 자료를 비교하여 그 결과를 의사결정에 반영할 수 있다.

<table>
<tr><th>계산기 조작 방법</th><th>계산기 화면</th><th>설명</th></tr>
<tr><td>자료 입력하기
• MENU STAT EXE
• List1과 List2에 자료를 입력 한다.</td><td>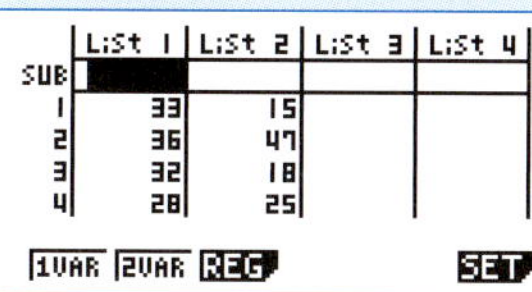
</td><td></td></tr>
<tr><td colspan="3">1. 인천점과 수원점의 평균 판매량을 구해 보세요.
인천의 평균 판매량: 32.1666666, 수원의 평균 판매량: 33</td></tr>
<tr><td colspan="3">2. 어느 대리점의 평균 판매량이 더 많은가요? 평균 판매량이 많은 대리점을 택하는 것이 더 유리할까요?
수원의 평균 판매량이 더 많다.
평균 판매량이 1 정도 차이이므로 평균만 보고 수원을 택할 수는 없다.</td></tr>
<tr><td>평균 구하기
• F2(CALC) F6(SET)
• 1Var XList: List1 EXE
• F1(1VAR)</td><td>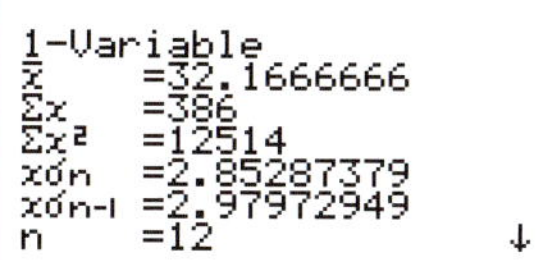
</td><td rowspan="2">두 자료의 평균을 말한다.
평균으로 두 자료를 비교하는 것이 적절하지 않음을 판단할 수 있다.</td></tr>
<tr><td>• F6(SET)
• 1Var XList: List2 EXE
• F1(1VAR)</td><td>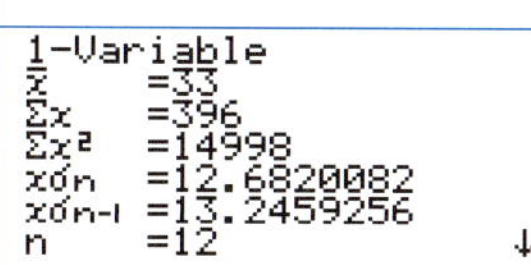
</td></tr>
<tr><td colspan="3">3. 두 대리점 판매량의 중앙값을 각각 구해 보세요.
인천의 중앙값: 32.5, 수원의 중앙값: 26.5</td></tr>
<tr><td colspan="3">4. 어느 대리점을 인수하는 것이 더 유리할까요? 결정해 보세요.
인천을 인수하는 것이 좋다. 인천의 중앙값이 수원보다 높기 크기 때문이다.</td></tr>
<tr><td>중앙값 보기
• ◯에서 아래를 누르면 다음 항목을 볼 수 있다.
• Med: 중앙값</td><td>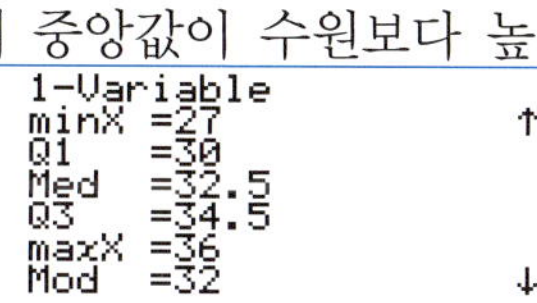

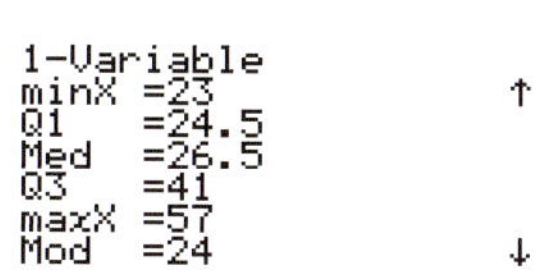
</td><td>중앙값을 통해 두 자료를 비교할 수 있다.</td></tr>
</table>

9.6 어느 사이즈의 실내화가 많이 팔릴까요?

1. 학년 및 단원: 중학교 3학년 (대푯값과 산포도)
2. 학습목표
   ① 대푯값으로 최빈값의 의미를 알 수 있다.
3. 계산기의 활용
   ① 자료에 대한 평균, 중앙값, 최빈값을 구한다.
4. 기대 효과
   ① 자료에 따라 대푯값으로 최빈값이 적절함을 알고 이를 상황에 적용할 수 있다.

<table>
<tr><th>계산기 조작 방법</th><th>계산기 화면</th><th>설명</th></tr>
<tr><td>메뉴선택/ 자료 입력하기
• MENU 2 (STAT)
• List1에 자료를 입력한다.</td><td>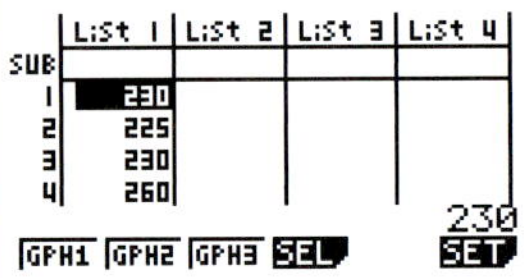
</td><td></td></tr>
<tr><td colspan="3">1. 신발 사이즈에 대한 평균, 중앙값, 최빈값을 각각 구해 보세요.
평균: 236.328125, 중앙값: 235, 최빈값: 230, 235</td></tr>
<tr><td colspan="3">2. 위 자료에서는 어느 것을 대푯값으로 정하는 것이 적절할까요? 그 이유는 무엇인가요? 최빈값
이유: 최빈값은 주어진 자료 중에서 가장 많이 나오는 값으로 가장 많은 사람들이 신는 신발 사이즈를 대푯값으로 정하는 것이 적절하다.</td></tr>
<tr><td>평균, 중앙값, 최빈값 구하기
• F2 (CALC) F1 (1VAR)
• $\overline{x}$(평균)</td><td>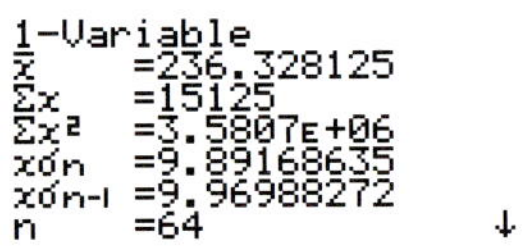
</td><td rowspan="3">자료에 대한 평균, 중앙값, 최빈값을 말한다.

최빈값은 자료에 따라 두 개 이상 존재할 수도 있음을 안다.

대푯값으로 최빈값이 적절함을 알고 이를 상황에 적용할 수 있다.</td></tr>
<tr><td>• Med(중앙값)</td><td>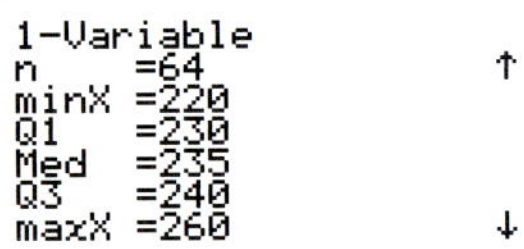
</td></tr>
<tr><td>• Mod(최빈값)
• Mod:n(최빈값의 개수)
• Mod:F(최빈값의 빈도)</td><td>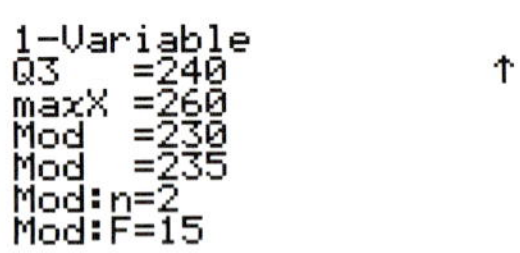
</td></tr>
<tr><td colspan="3">3. 운동화 가게에서는 어떤 사이즈를 많이 준비해 두어야 할까요?
230과 235
신발사이즈가 230, 235인 학생이 가장 많음(최빈값이 230과 235임)</td></tr>
</table>

10.1 라푼젤의 머리카락은 얼마나 자랐을까요?

1. 학년 및 단원: 중학교 2학년(일차함수)/ 통계(산점도)
2. 학습목표
   ① 대응표로 주어진 자료를 그래프로 먼저 나타내고, 그래프에 적합한 함수식을 계산기로 찾아, 표에 나타나지 않은 정보를 구하는데 이를 이용한다.
3. 계산기의 활용
   ① [STAT] 메뉴에서 주어진 자료를 이용하여 그래프를 그리고 적합한 함수식을 찾는다.
   ② 그래프에서 특정 x값에 대한 y값을 구한다.
4. 기대 효과
   ① 자료에 근거하여 두 변수사이의 대응 관계를 조사하고 관련문제를 적절히 해결한다.

계산기 조작 방법	계산기 화면	설명
1. 3월부터 x달 후의 머리카락의 길이를 y cm라고 할 때, x와 y사이의 그래프를 그리고, 계산기를 활용하여 관계식을 구하세요. $y=35x+150$		
메뉴 선택/데이터 입력 • MENU(STAT)EXE • LIST1에 시간(X)을 입력 • LIST2에 머리카락의 길이(Y)를 입력	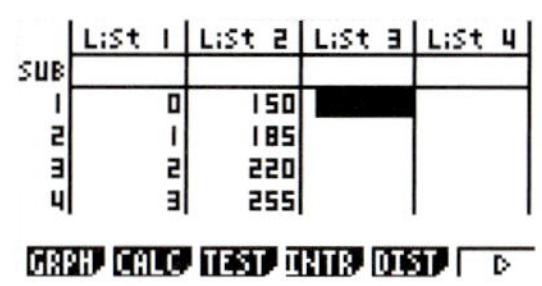	시간과 머리카락의 길이가 각각 변수 x, y로 표현됨을 확인한다. x는
그래프 그리기 • F1(GRPH), F1(graph1)		그래프의 모양(직선)을 직관적으로 이해한다.
그래프의 식을 얻기 • F1(CALC), F2(X)	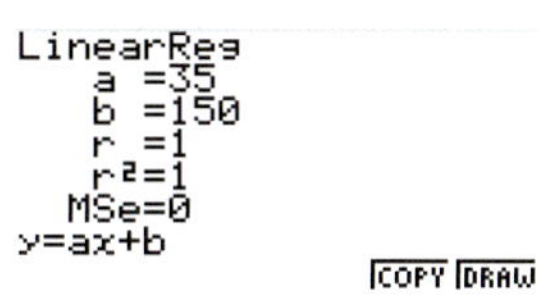	$y=ax+b$의 식이 얻어짐으로서 일차함수인 것을 알 수 있다.
2. x와 y사이의 관계식을 구할 때의 가정은 무엇인가? 머리카락이 일정한 비율로 자란다.		
3. 라푼젤이 계속 머리를 길렀을 때, 12월말 머리카락의 길이를 예상해 보세요. 500 cm		
그래프에서 x값에 따른 y값 계산하기 • F6(DRAW), SHIFT, F5(G-Slv) F1 (Y.CAL) EXE • 1 0 EXE	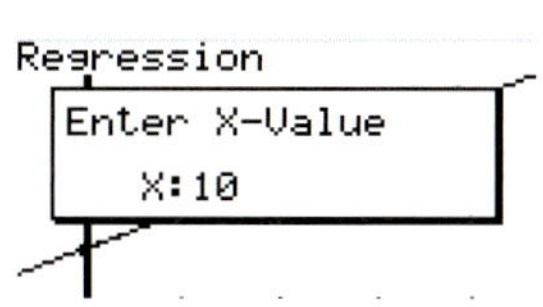	이듬해 1월은 x=10이다. x, y 값을 각각 대입하면 그래프 위에 있는 점임을 확인한다.

10.2 힘차게 쏘아 올린 물로켓

1. 학년 및 단원: 중학교 3학년(이차함수)
2. 학습목표
   ① 계산기를 이용하여 실생활에서 이차함수로 나타낼 수 있는 현상에 대하여 측정값을 이용하여 이차함수 식을 찾을 수 있다.
3. 계산기 활용
   ① 자료를 산점도로 나타내고, 변량 사이에 회귀곡선을 찾는다.
4. 기대 효과
   ① 자료를 산점도로 정리하여 두 변량 사이의 관계를 예측하고 회귀곡선을 구한다.
   ② 회귀곡선을 구하여 자료에 제시되지 않은 값을 예측하고, 변량 사이의 관계를 분석한다.

조작 방법	계산기 화면	설명
1. 계산기를 활용하여 물 로켓의 위치에 대한 시간과 높이와의 관계를 좌표평면 위의 점으로 나타내세요.		
메뉴선택/자료입력 • MENU 2 (STAT) • list1 x값 입력 • list2 y값 입력	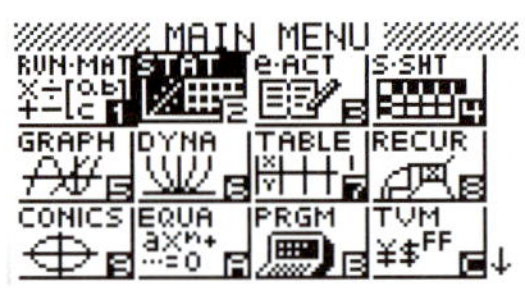	자료를 입력할 때 시간과 높이를 각각 구분하여 세로로 입력한다.
그래프 그리기 • F1 (GRPH)	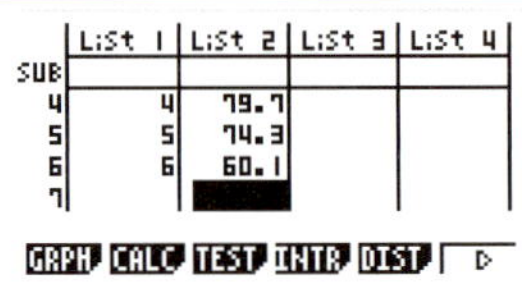	
그래프 종류 선택하기 • F6 (SET) Graph Type: scatter EXIT	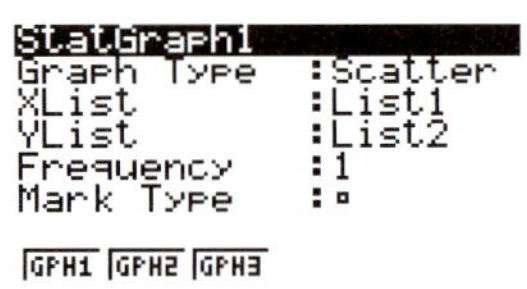	x축을 시간(list1), y축을 높이(list2)로 선택하고 그래프의 형태는 산점도로 한다.
그래프 그리기 • F1 (GPH1)	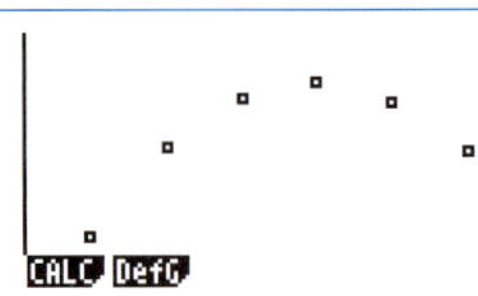	그래프(산점도)를 보고 두 변량 사이의 관계를 파악한다.
2. 문제 1에서 나타난 점들을 가깝게 지나는 포물선을 찾아보고, 그 포물선(이차함수)의 식을 찾아 보세요.		
포물선과 그 포물선의 식 찾기 • F1 (CALC) F4 (x ^2)		그래프의 형태를 보고 적절한 식을 선택한다. 포물선의 식이 $y=-4.9875x^2+39.8325x+0.32999999$ 임을 설명한다.

	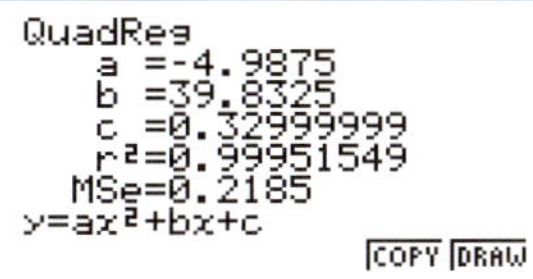	
3. 6.8초 후의 물 로켓의 높이를 구해 보세요.		
함수식 복사하기 • [F5](COPY)[EXE] • [EXIT][MENU][5](GRAPH)	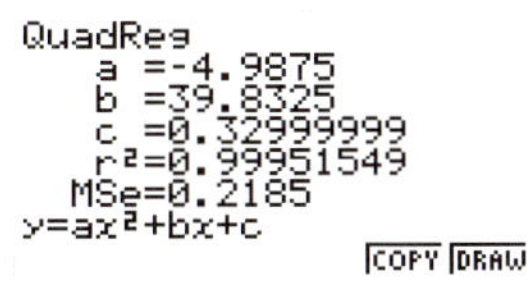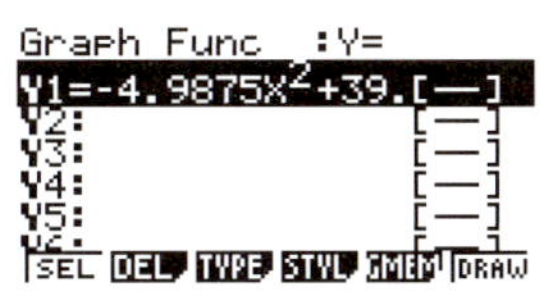	
그래프 그리기 • [F6](DRAW) $x=7$일 때, y값 찾기 • [SHIFT][F5](G−Solv)[F6](▷) [F1](Y−CAL)[6][•][8][EXE]	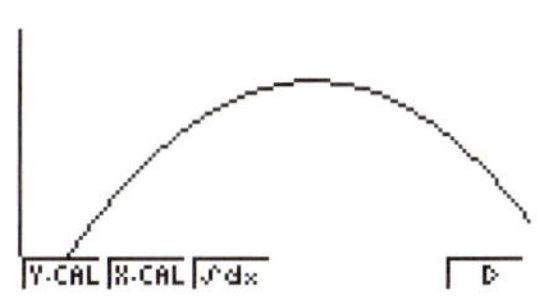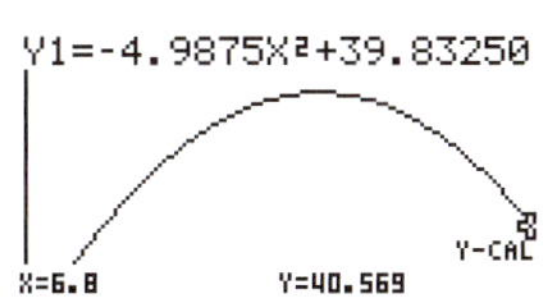	이차함수 $y=-4.9875x^2+39.8325x+0.32999999$에 서 $x=6.8$일 때, y값은 40.569이다.

10.3 닭장을 만들어요.

1. 학년 및 단원: 중학교 3학년(이차함수)
2. 학습목표
   ① 실생활 문제 상황에서 자료를 사용하여 최댓값(또는 최솟값)을 구할 수 있다.
3. 계산기 활용
   ① [STAT] 메뉴에서 자료를 산점도로 나타내고, 변수 사이에 관계식(회귀곡선)을 찾는다.

4. 기대 효과

① 자료를 산점도로 나타내 변수 사이의 관계를 예측하고, 계산기로 적절한 관계식(회귀곡선)을 구하여 이를 이용해 자료에 제시되지 않은 값을 예측하고, 관계를 분석한다.

조작 방법	계산기 화면	설명
1. 닭장의 가로의 길이가 다음과 같을 때, 다음 표를 완성하세요.		

가로(m)	1	2	3	4	5	6	7	8	9	10	11	12	13	14
세로(m)	28	26	24	22	20	18	16	14	12	10	8	6	4	2
넓이(m^2)	28	52	72	88	100	108	112	112	108	100	88	72	52	28

조작 방법	계산기 화면	설명
2. 위의 표에서 가로의 길이와 넓이에 대한 점 모양 그래프를 그리세요.		
메뉴선택/자료입력 • MENU 2 (STAT) • List1 x값 입력 • List2 y값 입력	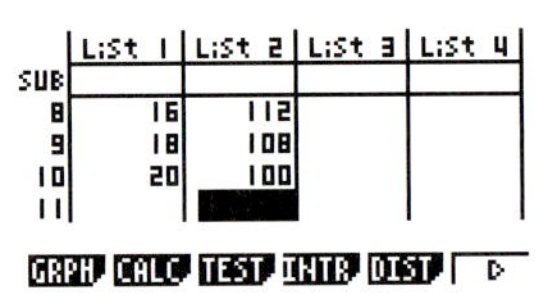	자료를 입력할 때 가로의 길이와 넓이를 각각 구분하여 세로로 입력한다.
그래프 그리기 • F1 (GRPH)	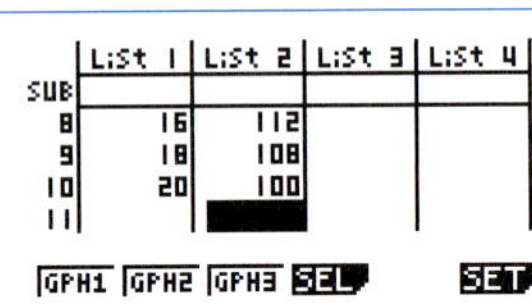	
그래프 종류 선택하기 • F6 (SET) 그래프타입 : scatter EXIT	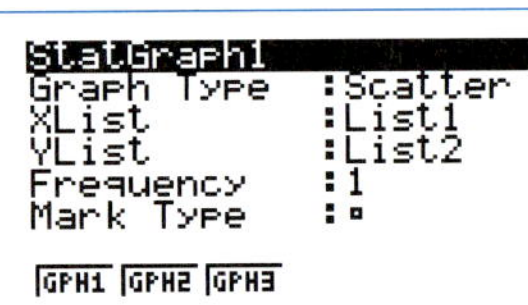	x축을 가로의 길이, y축을 넓이 선택하고 그래프의 형태는 산점도로 한다.
그래프 그리기 • F1 (GPH1)		그래프(산점도)를 보고 두 변량 사이의 관계를 파악한다.
3. 닭장의 가로의 길이를 x(m), 넓이를 y(m^2)라고 할 때, y를 x관한 식을 구하세요.		
회귀곡선 찾기 • F1 (CALC)	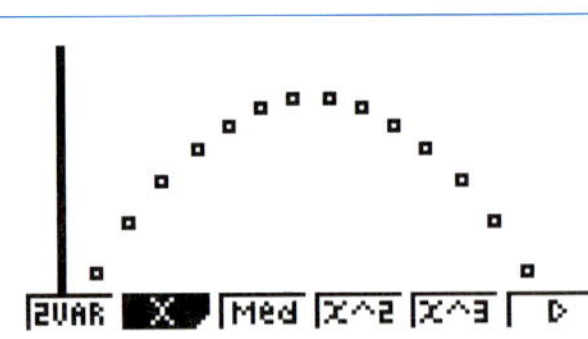	그래프의 형태를 보고 회귀곡선에 적절한 식을 선택한다.
이차식 선택하기 • F4 (X^2)	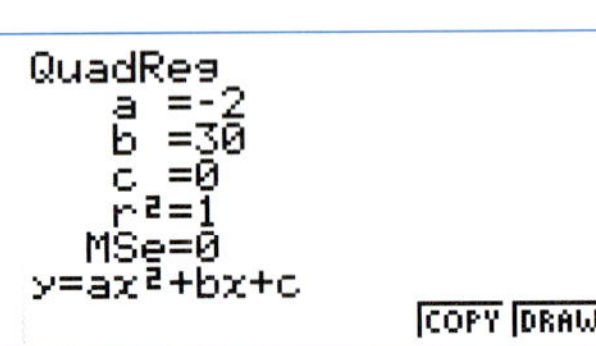	회귀곡선의 식이 $y=-2x^2+30x$이 된다.

4. 문제 3에서 구한 함수의 그래프를 그려보고 닭장의 넓이를 가장 크게 만들려면 가로의 길이를 얼마로 해야 하는지 구하세요.		
함수 복사하기 • F5(COPY)	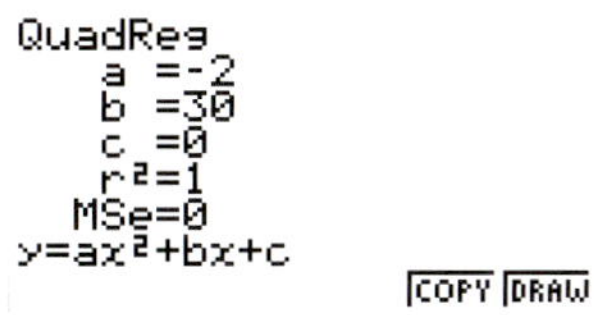	이차 함수 $y=-2x^2+30x$ 를 복사한다.
그래프 그리기 • MENU 5(GRAPH) F1(SEL) F6(DRAW)	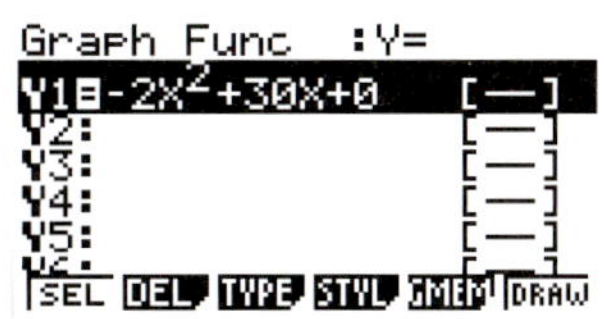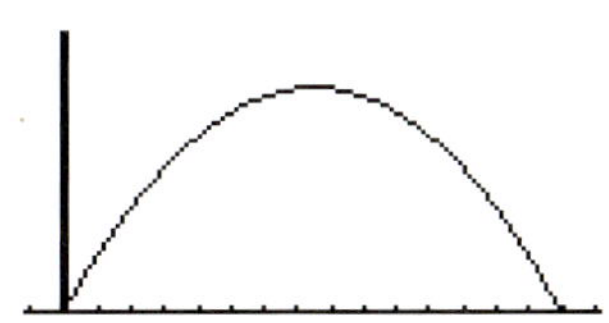	
그래프 탐구하기 • SHIFT F1(Trace) • ◀▶▲▼를 이용하여 점을 이동	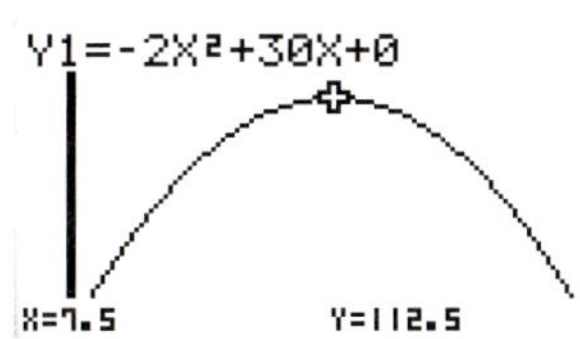	꼭짓점의 정확한 좌표를 구한다. 이차함수 $y=-2x^2+30x$에서 가로의 길이가 7.5일 때, 넓이는 112.5가 최댓값이다.

10.4 낙하산을 펼쳐라!

1. 학년 및 단원: 중학교 3학년 (이차함수)
2. 학습목표
   ① 계산기를 이용하여 주어진 조건에 맞는 이차함수의 식을 구하고 그래프를 그릴 수 있다.
3. 계산기의 활용
   ① 자료를 산점도로 나타내고, 변량 사이에 회귀곡선을 찾는다.
4. 기대 효과
   ① 계산기를 이용하여 시간의 흐름에 따라 떨어진 길이를 입력함으로써 시간의 제곱에 떨어진 거리가 비례하게 증가하는 것을 알 수 있고 관계식을 통해 두 변수 사이의 관계를 알 수 있다.
   ② 이차함수의 식 또는 그래프를 이용함으로써 표에 제시 되어 있지 않은 5초 후, 또는 이후의 시간의 흐름

에 따른 떨어진 길이를 예측할 수 있다. 또한 그래프의 모양이 부드러운 곡선의 형태를 나타내고 있음을 시각적으로 확인할 수 있다.

계산기 조작 방법	계산기 화면	설명
1. 시간을 x초, 거리를 y m라고 할 때, x와 y사이의 관계식을 구하고 그 그래프를 그리세요. $y=4.9x^2$		
메뉴선택/데이터 입력 • LIST1에 시간(X)을 입력 • LIST2에 떨어진 거리(Y)를 입력	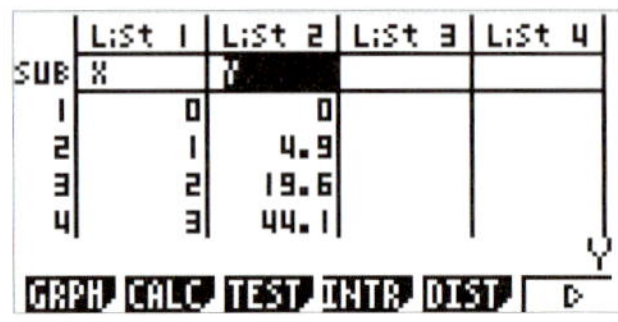	자료를 입력할 때 가로의 시간과 거리를 각각 구분하여 세로로 입력한다.
그래프 그리기 • F1(GRPH), F1(graph1)	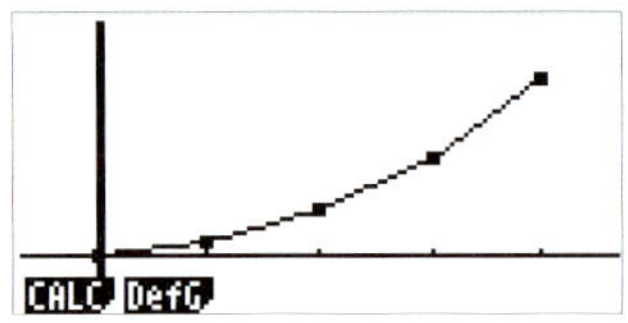	그래프의 모양(매끄러운 곡선)을 직관적으로 이해한다.
그래프의 식을 얻기 • 위 그래프 화면에서 F1(CALC), F4(X^2)	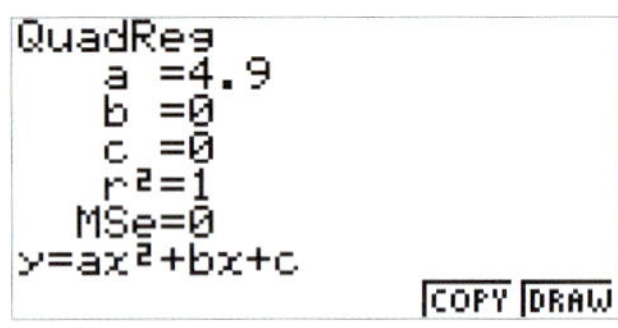	회귀곡선의 식이 $y=4.9x^2$이 된다.
2. 5초 뒤 특수부대원이 떨어진 거리는 몇 m가 되는지 구하여 보세요. 122.5 m		
그래프에서 x값에 따른 y값 계산하기 • F6(DRAW), SHIFT F5 (G-Slv), F1(Y.CAL), EXE 5, EXE	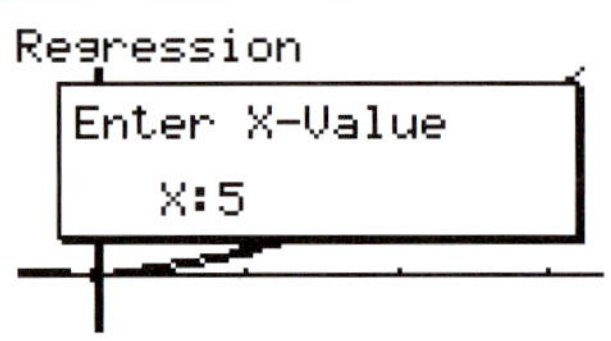	x값이 정해짐에 따라 y값이 하나 정해진다. x, y 값을 각각 대입하면 그래프 위에 있는 점임을 확인한다.

10.5 숲속의 나무에겐 누가 물을 주나요?

1. 학년 및 단원: 중학교 3학년(이차함수)
2. 학습목표
   ① 계산기를 이용하여 이차함수의 그래프를 그리고, 실생활 속의 함수와 관련된 수학적 요소를 이끌어내고 말할 수 있다.
3. 계산기 활용
   ① 복잡한 형태의 이차함수의 식을 구하고 이차함수의 그래프를 그린다.
   ② x의 값이 하나 정해지면 그에 따른 y값을 구한다.
4. 기대 효과
   ① 수학을 활용하여 실생활과 연결된 맥락을 비판적이고 합리적으로 사고하려는 태도를 기른다.

② 실생활 문제 등과 같은 문제해결을 위해 복잡한 계산을 해야 할 경우 계산기를 사용함으로써 정확한 값을 신속하게 구할 수 있다.

계산기 조작 방법	계산기 화면	설명
1. 강수량에 따른 나무의 성장률은 어떻게 달라지는지 말해 보세요.		
- 강수량이 너무 적거나 많으면 나무의 성장률이 낮다. - 가뭄이나 홍수는 나무의 성장에 방해가 된다. - 강수량이 17cm 일 때 성장률이 가장 높다.		표를 분석하여 강수량에 따른 나무의 성장률에 대하여 말할 수 있다.
2. 강수량에 따른 성장률의 변화를 나타내는 그래프를 그려 보세요.		
메뉴선택/데이터 입력 • LIST1에 강수량(X) 을 입력 • LIST2에 성장률(Y) 를 입력	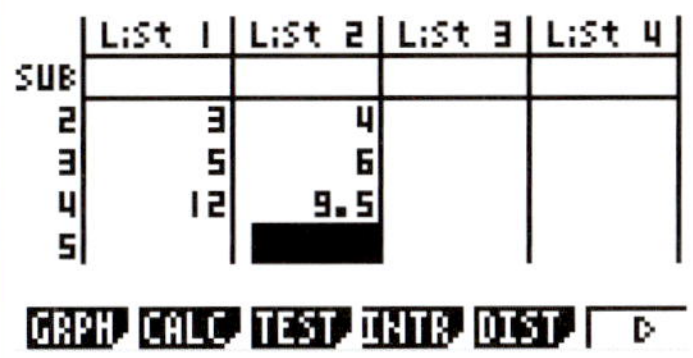	강수량과 성장률이 각각 변수 x, y로 표현됨을 확인한다.
그래프 그리기 • [F1](GRPH), [F1] (graph1)	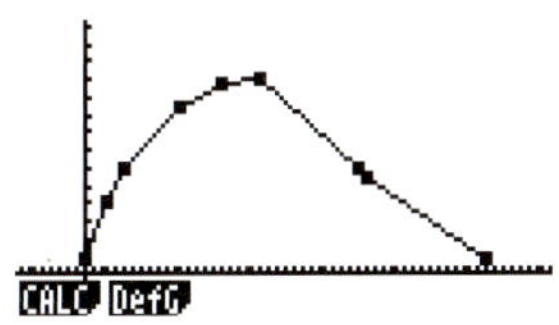	그래프의 모양을 직관적으로 이해한다.
그래프의 식을 얻기 • 위 그래프 화면에서 [F1](CALC), [F2](X)	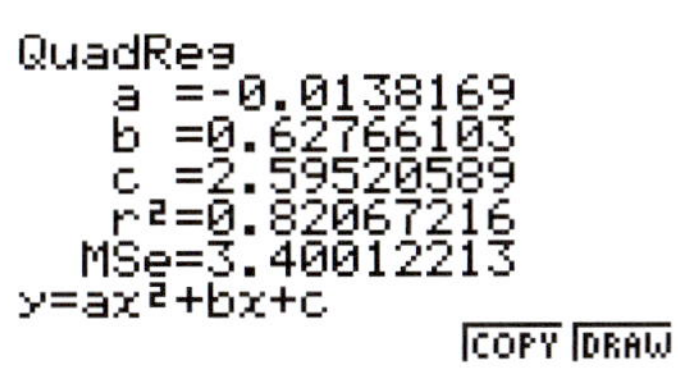	$y=ax^2+bx+c$의 형태인 이차함수의 식이 얻어지는 것을 알 수 있다. 이차함수를 대수적인 식으로 접근한다.
이차함수 그래프와 비교하기 • [F6](DRAW)	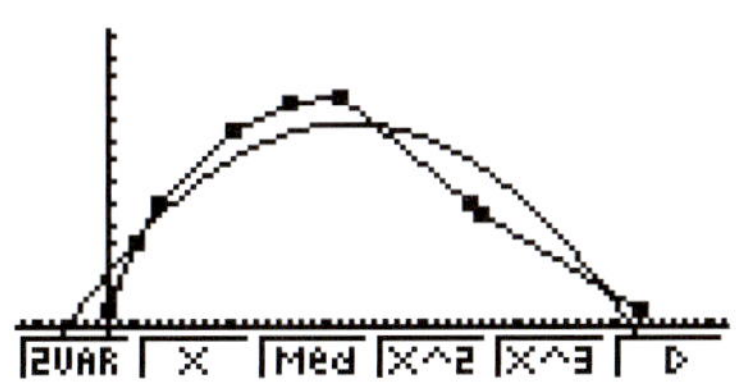	강수량과 성장률의 관계와 이차함수의 그래프의 모양과 관련이 있음을 시각화하여 전달한다. 문제 2에서 그린 그래프의 모양과 비교한다.
4. 이차함수의 그래프의 식을 통하여 강수량이 10cm 일 때 성장률을 예측하여 보세요.		
그래프에서 x값에 따른 y값 계산하기 • [F6](DRAW),[SHIFT][F5](G-Solv), [F1](Y.CAL), [EXE]10, [EXE]	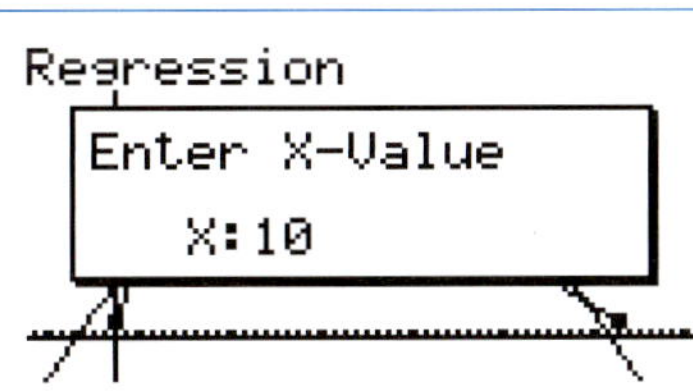	문제 2에서 $x=10$일 때 y의 값과 비교한다. x, y 값이 그래프 위에 있는 점임을 확인한다.

11.1 발이 크면 키도 크다?

1. 학년 및 단원: 중학교 3학년(자료 분석)
2. 학습목표
   ① 자료를 분석할 수 있다.
   ② 산점도(Scatter Plot)를 이해하고 두 변량 사이의 회귀곡선 관계를 파악할 수 있다.
3. 계산기의 활용
   ① 산점도를 그리고 두 변량사이의 회귀곡선을 구한다.
4. 기대 효과
   ① 산점도를 보고 서로 다른 두 집단의 특징을 비교하며, 회귀곡선을 통해 두 변량 사이의 관계를 알 수 있다.

계산기 조작 방법	계산기 화면	설명
메뉴선택/ 자료 입력하기 • MENU 2(STAT) • List1 여학생 키, List2 여학생 발 크기, List3 남학생 키, List4 남학생 발 크기 입력EXE	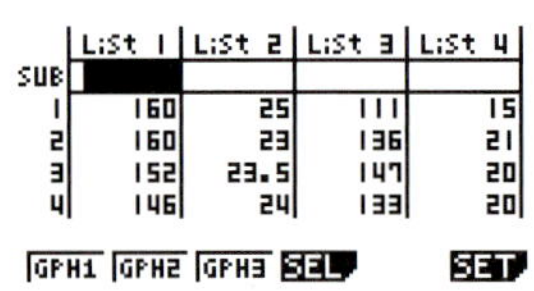	자료를 입력할 때, 여학생과 남학생 각각의 키와 발 크기를 구분하여 입력할 수 있다.
1. x축을 발 크기, y축을 키로 하여 여학생과 남학생의 분포도를 그리세요.		
그래프1 설정하기 * Graph1에 여학생에 대한 산점도를 설정한다. • F6(▷)F1(GRPH)F6(SET) F1(GPH1) • Graph Type에서 F6(▷)F1(Scatter) : 산점도 • XList에서F1(List)1 • YList에서F1(List)2EXE • Frequency에서 F1(1) EXE • F6(▷)F1(GRPH F6(SET) F1(GPH1)	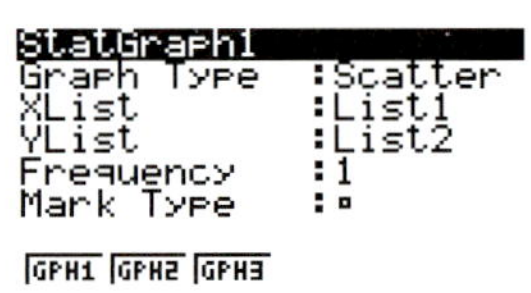	그래프1에 여학생의 산점도를 그리기 위해 X축을 여학생의 키, Y축을 여학생의 발 크기로 한다. 각 점은 한 학생의 (키, 발의 크기)를 나타낸다. 이들 점의 모임을 산점도라 한다.
그래프2 설정하기 * Graph2에 남학생에 대한 산점도를 설정한다.		그래프2에 남학생의 산점도를 그리기 위해 X축을 남학생의 키, Y축을 남학생의 발 크기로 한다.

- F6(▷)F1(GRPH)F1(SET)
  F2(GPH2)
- Graph Type에서
  F6(▷)F1(Scatter) : 산점도
- XList에서 F1(List)3
- YList에서 F1(List)4EXE
- Frequency에서 F1(1)EXE
- Mark Type: 여학생과 구별되도록 표식을 다르게 한다.

2. 이 자료에서 남학생과 여학생은 어떤 차이점이 보이나요?
   여학생에 비해 남학생의 발이 더 크다.
   여학생보다 남학생의 키에서 가장 작고 가장 큰 차이가 크다.

두 그래프 동시에 그리기

- F1(GRPH)F4(SEL)
- StartGraph1: DrawOn
- StartGraph2: DrawOn
  F6(DRAW)

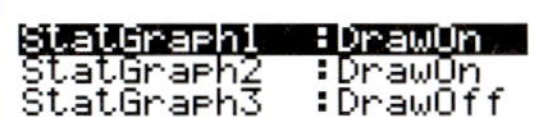

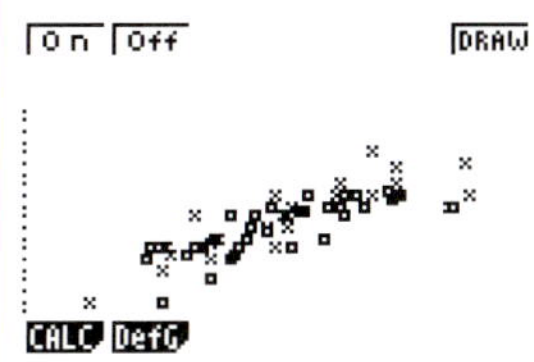

산점도를 보고 '여학생에 비해 남학생의 발이 더 크다.' 등과 같이 여학생과 남학생의 차이를 말할 수 있다.

3. 키가 큰데 비해 발이 작거나, 발이 큰데 비해 키가 작거나 하는 등 다른 학생에 비해 특색 있는 학생이 있나요?

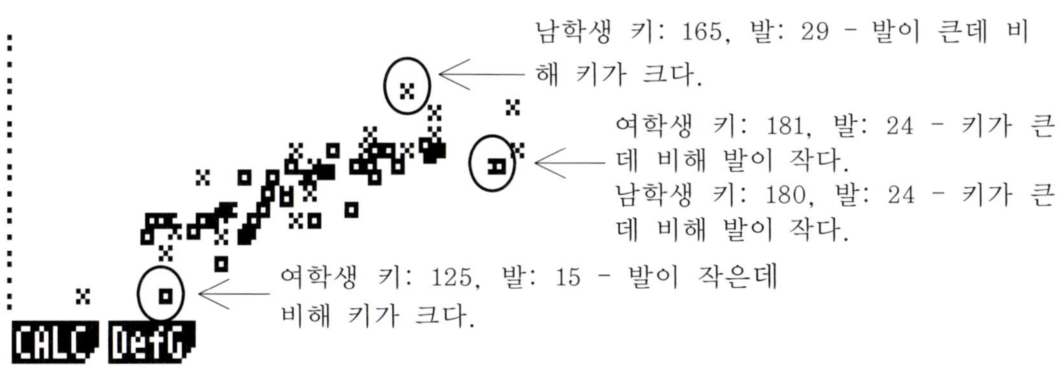

키가 크면 발이 클 수도 있고 작을 수도 있다. 그러나 그래프를 보면 대체로 키가 큰 학생들은 발도 크다고 할 수 있다.

4. 그래프에서 여학생의 키와 발의 크기의 분포를 직선으로 나타내어 봅시다. 또 남학생의 키와 발의 크기의 분포를 직선으로 나타내어 보세요. 두 직선의 모양이 어떠한지 비교해 보세요.

<table>
<tr>
<td>두 변량사이의 관계 나타내기(1)
• F1F2(X):화면에 StatGraph1이 나타나고 기준 점 하나가 표시된다.
• EXE또는F6 Graph1(여학생)에 대한 직선의 식을 보여준다.</td>
<td>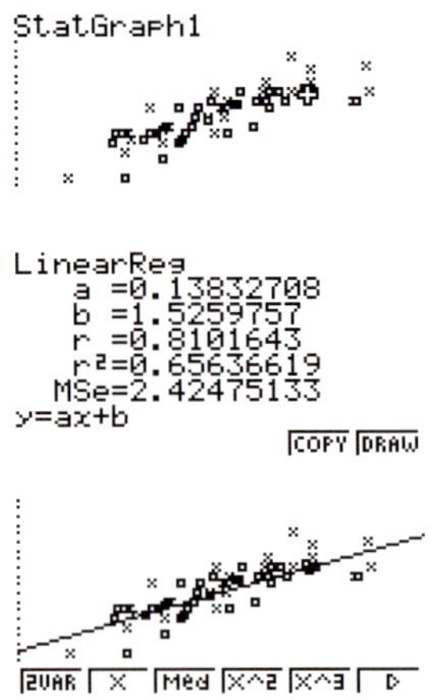
</td>
<td>산점도에서 (키, 발의 크기)를 나타내는 점들이 직선 주위에 모여 있음에 주목한다.

여학생과 남학생 각각에 대한 회귀곡선을 그린다.</td>
</tr>
<tr>
<td>두 변량사이의 관계 나타내기(2)
• F2(X): 화면에 StatGraph2가 나타나고 기준점 하나가 표시된다.
• EXE 또는 F6 Graph2(남학생)에 대한 직선의 식을 보여준다.</td>
<td>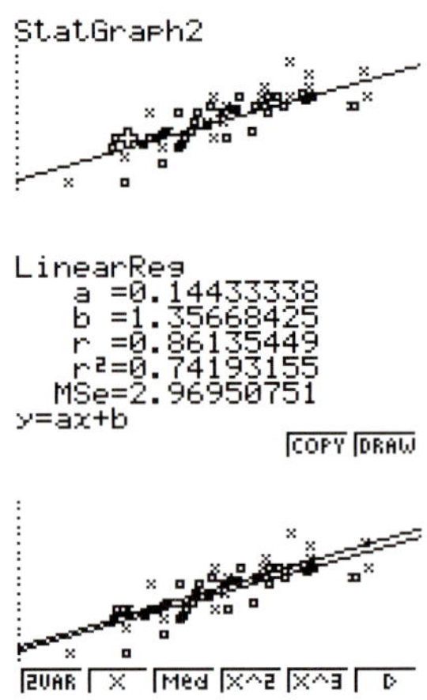
</td>
<td>여학생 자료에 대한 직선과 남학생 자료에 대한 직선이 거의 일치함을 확인한다.

직선의 모양을 보고 여학생과 남학생 모두 키가 크면 발 크기도 커지는 관계에 있음을 알 수 있다.</td>
</tr>
</table>

11.2 키와 몸무게 사이에는 어떤 관계가 있을까요?

1. 학년 및 단원: 중학교 1~3학년(통계)
2. 학습목표
   ① 계산기를 활용하여 자료를 정리하고 분석할 수 있다.
   ② 점모양 그래프를 그려 두 변량 사이의 상관관계를 말할 수 있다.
   ③ 회귀곡선을 그려 두 변량 사이의 함수관계를 식으로 나타낼 수 있다.
3. 계산기의 활용
   ① 자료에 대한 점모양 그래프를 그리고 회귀곡선을 그린다.
   ② 회귀곡선의 식을 구한다.
4. 기대 효과
   ① 계산기를 이용하여 빠르고 정확하게 점모양 그래프와 회귀곡선을 그리고 회귀곡선의 식을 찾을 수 있다.
   ② 두 변량 사이의 상관관계를 이해하고 함수식을 구할 수 있다.

<table>
<tr><th>조작방법</th><th>계산기 화면</th><th>설명</th></tr>
<tr><td colspan="3">1. 학생들의 키와 몸무게에 대한 점모양의 그래프를 그리세요.
2. 학생들의 키와 몸무게 사이에는 어떤 상관관계가 있나요?
강한 양의 상관관계</td></tr>
<tr><td>자료 입력하기
• MENU 2(STAT)
• List1에 자료 입력</td><td>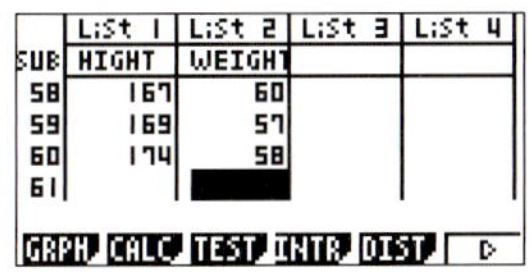
</td><td></td></tr>
<tr><td>그래프 설정하기
• F1(GRPH)F6(SET)
F1(GPH1)
Graph Type: Scatter
XList: List1
YList: List2 EXE</td><td>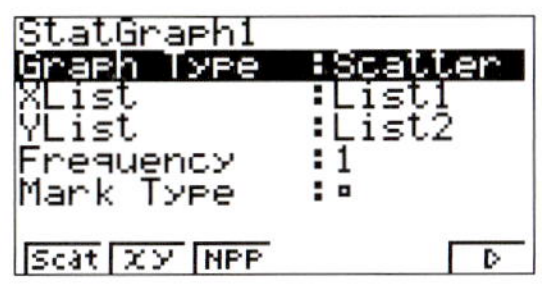

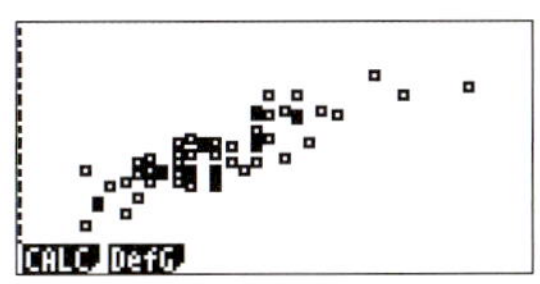
</td><td>학생들의 키와 몸무게 사이에는 강한 양의 상관관계가 있음을 안다.</td></tr>
<tr><td colspan="3">3. 1에서 그린 점모양의 그래프를 대신할 직선을 그리세요.
4. 학생들의 키와 몸무게를 각각 x, y라고 하면, 두 변수 x와 y 사이에는 어떤 함수 관계가 있는지 함수식으로 나타내 보세요. $y \fallingdotseq 0.8797023x - 90.248468$</td></tr>
<tr><td>회귀곡선 찾기
• F1(CALC) F2(X) F6(DRAW)</td><td>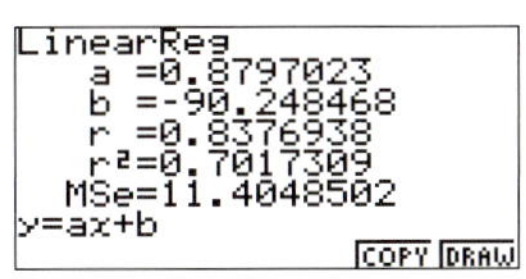

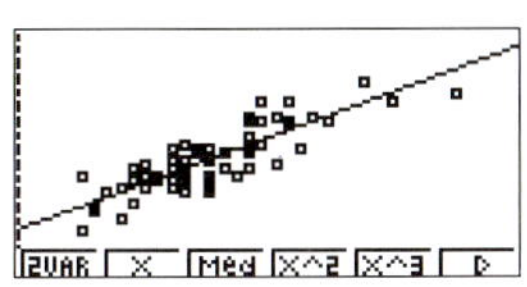
</td><td>x(키), y(몸무게) 사이의 관계식
$y \fallingdotseq 0.8797023x - 90.248468$는
표준체중을 구하는 식
$y = 0.9x - 90 = (x-100) \times 0.9$와
거의 일치함을 알 수 있다.</td></tr>
<tr><td colspan="3">5. 자신의 키에 대한 표준체중을 구해보고, 자신을 몸무게와 비교해 보세요.
예) 키가 170 cm이면 (표준체중)=0.9(170−100)=63 kg이다.</td></tr>
</table>

12.1 인터넷 중독을 예방합시다!

1. 학년 및 단원: 중학교 1～3학년(통계)
2. 학습목표

   ① 설문지를 만들어 실생활 자료를 수집하고, 그 결과를 의사결정에 반영할 수 있다.

3. 계산기의 활용

① 자료의 평균, 중앙값, 최빈값을 구한다.

4. 기대 효과

① 실생활 문제 해결을 자료를 수집하고 자료에 근거하여 의사결정에 할 수 있다.

조작방법	계산기 화면	설명
1. 학생들의 1주일 동안 인터넷 사용시간을 조사하기 위한 설문지를 만들어 보세요.		

설문지 (예시)

설 문 지

본 설문지는 학생들의 1주일 동안 인터넷 사용시간을 조사하기 위한 설문지입니다.
빈 칸에 요일별 인터넷 사용 시간을 써 주세요.

요일 / 사용시간	월	화	수	목	금	토	일	합계
(단위: 시간)								

설문 결과(합계 예시)

번호	시간	번호	시간	번호	시간	번호	시간
1	7	9	5	17	5	25	5
2	1	10	3	18	7	26	20
3	3	11	17	19	2	27	5
4	10	12	5	20	5	28	5
5	5	13	13	21	12	29	2
6	4	14	2	22	3	30	4
7	1	15	5	23	11	31	9
8	4	16	21	24	8	32	3

1학년 9반 학생들의 1주일동안 인터넷 사용시간(단위: 시간)

2. 계산기를 이용하여 학생들의 1주일 동안 인터넷 사용시간을 조사한 설문지 자료에 대한 히스토그램을 그리고 도수분포표를 만들어 보세요.

메뉴선택/ 자료입력

- [MENU][2](STAT)

- List1에 자료 입력

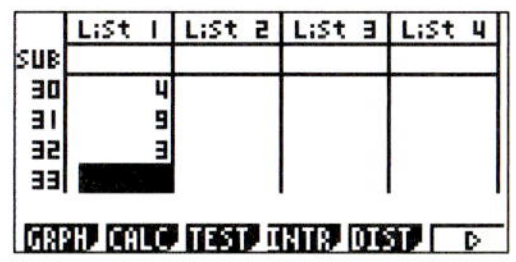

수집한 자료를 List 1에 입력한다.
(예시자료 입력)

히스토그램

- [F1](GRPH)[F6](SET)[F1](GPH1)[▼][F6](▷)[F1](Hist)[▼][F1](LIST)[1][EXE][F1](GPH1)[0][▼][3][EXE]

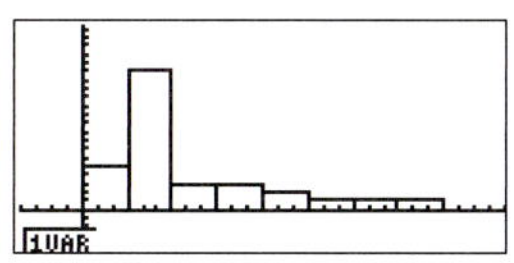

계급 시작과 계급의 크기(3)를 적절히 결정한다.

(예시자료) 표

사용시간	도수
이상 미만 0 ~ 3	5
3 ~ 6	16
6 ~ 9	3
9 ~ 12	3
12 ~ 15	2
15 ~ 18	1
18 ~ 21	1
21 ~ 24	1
합 계	32

3. 학생들의 1주일 동안 인터넷 사용시간에 대한 평균, 중앙값, 최빈값을 구해 보세요.

   평균은 $\bar{x}$=6.625, 중앙값은 Med=5, 최빈값은 Mod=5

- [F1](1VAR)[▼]

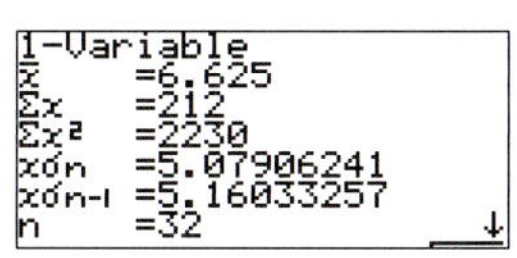

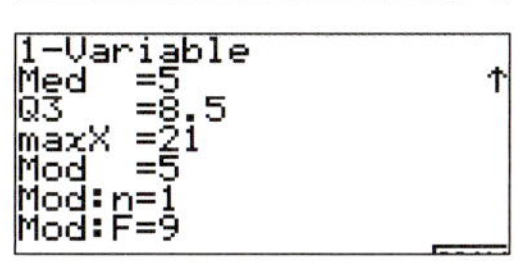

평균은 $\bar{x}$=6.625
중앙값은 Med=5
최빈값은 Mod=5

4. 문제 2와 문제 3의 결과들을 보고 인터넷 중독 예방교육 계획을 만들어 보세요.

   (예) 1학년 9반 학생들의 1주일 동안 인터넷 사용시간의 대푯값은 5~6.625 시간이므로 7시간 이상 사용하는 학생들을 대상으로 인터넷 중독 예방교육을 위한 캠페인 계획을 세운다.

12.2 물의 온도는 어떻게 변할까요?

1. 학년 및 단원: 중학교 1~3학년(통계) 및 과학
2. 학습목표:
   ① 실험에서 얻은 데이터를 두 변수 x, y에 대한 함수식으로 나타낼 수 있다.
3. 계산기의 활용
   ① 실험을 통해 직접 데이터를 수집한다.
   ② 회귀곡선의 식을 구한다.
4. 기대 효과
   ① 계산기를 이용하여 실험 데이터를 수집하고, 회귀곡선을 그려 함수식을 찾을 수 있다.
   ② 두 변수 사이의 함수관계를 이해할 수 있다.

조작방법	계산기 화면	설명
1. 240초 동안 물의 온도 변화를 0.2초 간격으로 샘플링한다.		
데이터 샘플링하기 • MENU E-CON2 EXE	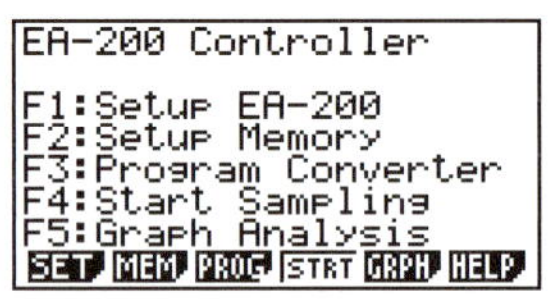	
F1(SET) F1(WIZ)	 	
F1(CASIO) Temperature	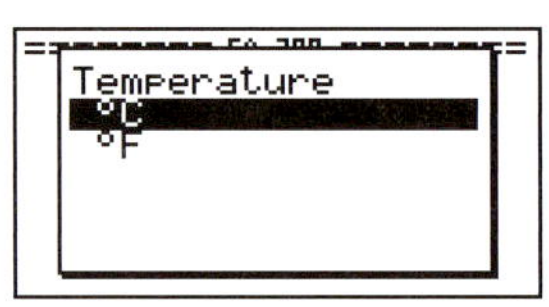 	
℃ 240	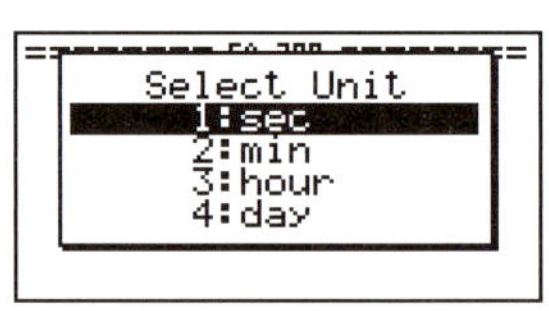 	
1:sec F1 1:Start Setup EXE EXE	 	
2. 샘플링이 끝나면 얻은 자료를 List에 저장한다.		

자료를 List에 저장하기

- OPTN F2(LMEM) F1(ALL)
  EXE MENU 2(STAT)

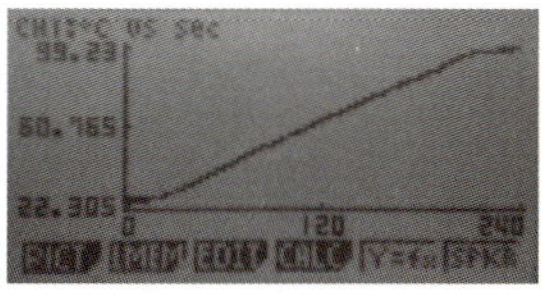
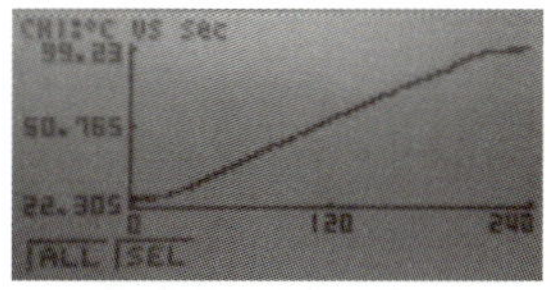
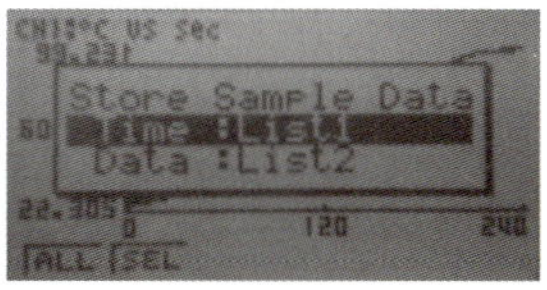

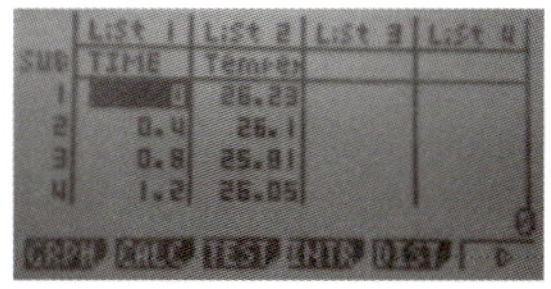

3. 전기온수기를 이용하여 물을 끓일 때 시간을 x, 물의 온도를 y라 할 때, 점모양 그래프를 그리고 회귀곡선을 그린다.
4. 두 변수 x와 y 사이에는 어떤 함수 관계가 있는지 함수식으로 나타내 보세요.
   $y=0.35x-21.59$

회귀곡선 찾기

- F1(GRPH) F6(SET)
  F1(GPH1)
  Graph Type: Scattter
  XList: List1
  YList: List2 EXE
- F1(CALC) F2(X)
  F6(DRAW)

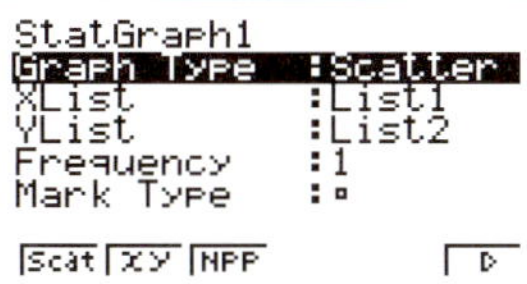

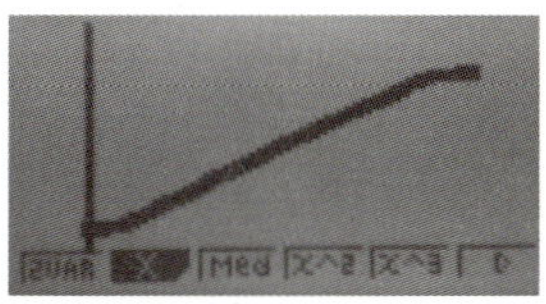
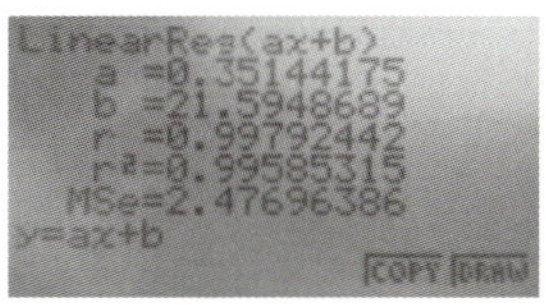

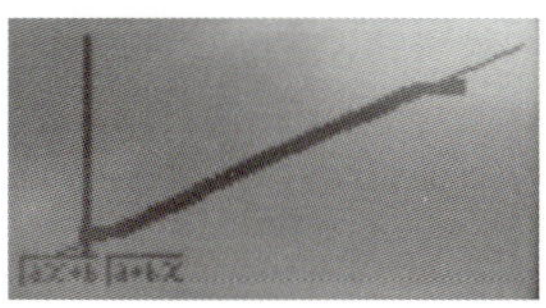

점모양 그래프를 보고 회귀곡선을 일차식 $y=ax+b$으로 선택할 줄 안다.

x는 시간, y는 온도일 때, 회귀곡선은 $y=0.35x-21.59$임을 안다.

부록

그래픽 계산기 사용설명서

1. 계산기 버튼 키
2. 계산기 사용에 앞서
3. 계산기의 기본 조작
4. 계산 기능 주메뉴 1번(RUN)
5. 그래프 관련 주요 사항
6. 그래프 기능 주메뉴 5번(GRAPH)
7. 다이나믹 그래프 기능 주메뉴 6번(DYNA)
8. 테이블 기능 주메뉴 7번(TABLE)
9. 통계 기능 주메뉴 2번(STAT)

1. 계산기 버튼 키

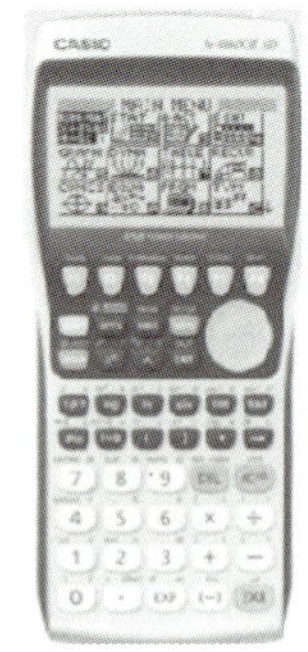

이 책에서 사용한 그래픽 계산기는 카시오 fx-9860이다. 이 외에도 여러 종류의 계산기가 있는데 사용 방법은 크게 다르지 않다. 여기서는 카시오 fx-9860에 대하여 설명하기로 한다.

fx-9860의 버튼 키는 색으로 구분할 때, 모두 6가지 종류가 있습니다.

■ 회색 키 (3개)

MENU	메뉴를 나타내는 초기화면으로 가기
DEL	커서가 있는 부분을 지우기
AC/ON	켜고 끄기 및 문제 해결키

■ 연회색 키: 기능키(F1–F6)

계산기 화면 바로 아래 위치한 F1부터 F6까지 6개의 키로 기능키라고 부릅니다. 계산기 화면 하단에 메뉴가 표시되는 경우 해당 기능을 선택하는 데 사용합니다.

■ 청색 키 (1개)

EXE 실행키

■ 주황색, 빨간색 키 (각 1개씩)

버튼 키 상단에 주황색(또는 빨간색)으로 쓰인 기능을 수행하려면, 주황색의 Shift (또는 빨간색의 ALPHA) 키를 먼저 누른 후, 해당키를 누르면 됩니다.

■ 검정색 키 (17개)

화살표 키를 포함하여 대부분의 키가 검정색 바탕 위에 흰색으로 기록된 기능을 수행하며, Shift 또는 ALPHA 키와 함께 누르면 키의 좌/우측 상단 계산기 몸체 위에 주황색 또는 빨간색으로 기록된 기능을 각각 수행합니다.

■ 흰색 키 (17개)

숫자를 포함하여 사칙 연산을 실행하는 키입니다.

2. 계산기 사용에 앞서

처음으로 계산기를 사용할 때는 계산기를 리셋(reset)하여 초기 상태로 돌려놓고 사용하는 것이 좋습니다. 이미 계산기에 여러 가지 자료가 저장되어 있을 때, 기억용량을 많이 필요로 하는 활동들이 계산기의 용량 부족으로 실행되지 않을 경우가 있기 때문입니다. 계산기를 초기화(리셋)하는 방법은 다음과 같습니다.

1) [MENU]키를 누른 후 를 사용하여 SYSTEM 아이콘으로 이동하여 [EXE]를 누른다.	
2) F5(Reset)를 선택한다.	
3) STUP(F1)키를 눌러 모든 메모리가 재설정 되도록 한다.	
4) YES(F1)키를 눌러 모든 메모리가 재설정 되도록 한다.	

3. 계산기의 기본 조작

■ 전원 켜고 끄기AC/ON　　Shift [AC/ON]

- 켜기(ON) : AC/ON을 누릅니다.
- 끄기(OFF): Shift AC/ON을 누릅니다.

■ MENU　　[MENU]

주 메뉴가 아이콘으로 표시되어 있는 초기화면으로 돌아갑니다.
초기화면에서 ▲ ▼ ◀ ▶를 사용하여 메뉴를 선택한 후 EXE를 누르거나 메뉴 아이콘에 쓰인 숫자나 문자를 누르면 해당 메뉴를 사용할 수 있습니다.

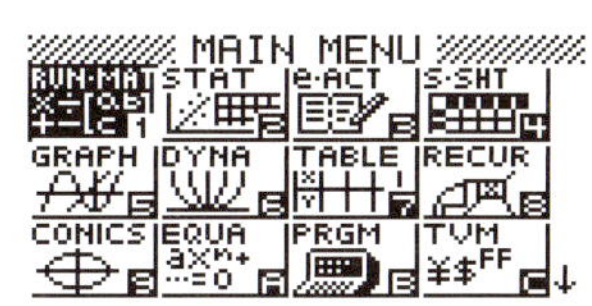

- RUN-MAT (연산 및 기능계산)
- e-ACT (eACTIVITY)
- GRAPH (그래프)
- TABLE (대응표)
- CONICS (Conic sections 원추곡선)
- PRGM (Program 프로그래밍)
- LIST (표)
- MEMORY (메모리 관리)
- STAT (Statistics 통계)
- S-SHT (스프레드시트 계산)
- DYNA (Dynamic Graph 동영상 그래프)
- RECUR (Recursion 점화식)
- EQUA (Equation 방정식)
- TVM (금융 모드)
- LINK (자료/이미지 교환)
- SYSTEM (시스템 설정)

■ 보조 기능키 Shift / ALPHA

- Shift는 계산기 키 위에 있는 주황색으로 씌어진 기능을 선택하는 데 사용합니다. 예를 들면 Shift와 [AC/ON]을 함께 누르면 [AC/ON] 상단에 씌인 주황색 글씨대로 계산기가 꺼집니다(OFF).
- ALPHA키는 계산기 키 위에 있는 빨간색으로 씌어진 알파벳을 입력할 때 사용합니다. A-LOCK (Shift ALPHA)은 알파벳 문자 입력 상태가 고정됩니다. 따라서 연속적으로 알파벳을 입력할 수 있습니다. 해제할 때에는 ALPHA키를 다시 한 번 누르면 됩니다.

■ 이전 화면으로 가기 [EXIT]

직전 화면으로 돌아가게 합니다.
(단, 직전 화면이 MENU 화면인 경우에는 [MENU]를 눌러야 합니다.)

■ 화면지우기/ 오류해결 [AC/ON]

[AC/ON]은 계산기를 켜거나 끄는 기능 이외에 다음과 같은 중요한 역할을 합니다.
(1) [Run] 메뉴에서 화면을 지울 때 사용합니다.
(2) 오류 발생시 AC/ON을 누르면 오류 표시가 사라지고 계속 조작을 할 수 있습니다.
(3) 계산기가 그래프를 그리거나 계산을 하는 등 작업을 수행중일 때, 작업을 중단하려면 AC/ON을 누르면 됩니다. AC/ON을 다시 한 번 누르면, 다른 조작을 할 수 있습니다.

■ 이동키 

계산기 화면에서 커서를 상, 하, 좌, 우로 이동할 때 사용합니다.

■ 옵션키 OPTN

옵션(선택)키는 이 계산기에서 키 및 계산기 몸체 위에 씌어 있는 기능 이외의 내장함수들을 사용할 수 있게 합니다. OPTION을 선택하여 사용할 수 있는 메뉴는 선택한 주 메뉴에 따라 조금씩 달라질 수 있습니다.
예 1) 계산메뉴 [Run]에서의 Option: 13가지
LIST/ MATRIX/ 복소수/ 함수 분석/ 통계/ 미터 환산/ 쌍곡선 계산/ 확률계산(PROB)/ 수치계산(NUM)/ 각도변화/ ESYM(Eng기호)/ 재무계산/ 논리 연산
예 2) 통계메뉴 [Stat]에서의 Option: 10가지, 등
※ 상세한 옵션 내역은 사용설명서를 참조바랍니다.

■ 설정 Shift [SETUP]

사용중인 주메뉴의 현재 설정되어 있는 상태를 보여 주고, 설정 상태를 수정할 수 있게 합니다. 사용중인 메뉴에 따라 내용 목록이 다르게 나타납니다.

■ 변수키 X,θ,T [VARS]

변수 자료들을 관리하는 키로서 다음과 같은 데이터를 불러내서 사용할 수 있습니다.

V-Window 값/ 확대, 축소비율/ 1변수 또는 2변수 통계자료/ 그래프함수식/ 다이나믹 그래프의 그리기 조건/ 테이블과 그래프 기능의 수표범위와 내용/ 점화식의 식, 수표범위, 수표내용/ 방정식의 계수, 해/ 재무계산/ 명령어

■ 지우기/삽입 [DEL]/[Shift](INS)

커서가 위치한 뒤의 글자를 지우거나 커서가 위치한 곳에 값을 삽입할 때 사용합니다.

■ 직전 계산 결과 사용하기 [Shift](Ans)

Ans는 직전 계산 결과를 사용하는 기능입니다. 최신의 계산 결과를 확인하고 싶을 때나, 최신의 계산결과를 사용해 더욱 새로운 계산을 행하고자 할 때 사용하면 편리합니다.

예 1) 직전 결과가 10일 때, "2+Ans" [EXE]는 10+2의 값을 결과로 보여줍니다. 여기에서 [EXE]를 계속 누르면 같은 방식으로 계산한 결과 2+Ans의 값 14, 16을 차례로 보여줍니다.

예 2) 직전 결과를 식의 맨 앞에 이용할 때, 앞의 예에서 Ans+2를 사용하려면 "+2" [EXE]로 같은 결과를 얻을 수 있습니다.

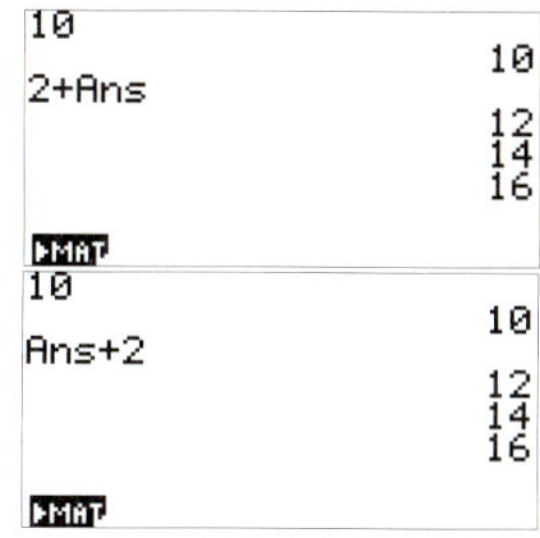

4. 계산 기능 주메뉴 1번(RUN)

계산식은 기록된 대로 입력하여 계산하는 것이 가능합니다. 그리고 사칙 혼합계산이나 괄호계산에는 자동적으로 우선 단위를 판단해서 계산합니다.

■ 분수 및 지수 입력 $a^{b/c}$/ 또는 ÷

1) 분수입력

$a^{b/c}$ 을 사용하여, 분수 형태 그대로 계산하고 답을 구할 수 있습니다.

예를 들어 분수 $\frac{2}{3}$ 를 입력할 때에는 2 $a^{b/c}$ 3의 순서로 입력합니다. 이때, "⌟ "를 이용해서 "2⌟ 3"으로 표시됩니다.

또는 $\frac{2}{3}$를 2 ÷ 3으로 입력합니다. 이때, 화면에는 "2÷3"으로 표시됩니다.

2) 지수입력

지수는 (∧)키를 이용하여 입력합니다.

예를 들어 1250×2.06^5 를 계산하려면

AC/ON 1250×2.06^5 EXE를 차례로 누릅니다.

■ REPLAY 기능 [◀]또는[▶] 사용

계산을 실행한 후에 ◀ 또는 ▶를 누르면 직전에 실행한 계산식을 불러 올 수 있습니다. 불러 낸 계산식은 변경해서 실행할 수 있습니다.

■ 내장함수의 활용 (OPTN)키 사용

OPTN을 누르면 버튼 키와 본체 위에 기록된 내장 함수 이외에 List, Calc, Hyper, Prob(확률), Num, Logic 등 다양한 영역에서 사용되는 여러 가지 함수를 사용할 수 있습니다.

■ 계산값 설정 (MENU)키 사용

(1) INPUT/OUPUT 설정을 대수식으로 나타내는 Math와 근삿값으로 나타낼 수 있는 Linear로 설정 가능합니다.

(2) 소수점 아래 자릿수를 설정 할 때에는 SHIFT MENU(SET UP)에서 맨 아래에 있는 Display를 Fix로 설정하고 원하는 소수점 아래의 자리수를 입력합니다.

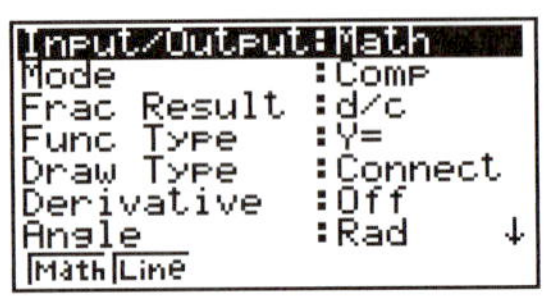

입 · 출력 값의 형태 지정

소수 자릿수 설정

5. 그래프 관련 주요 사항

직교 좌표계 또는 극 좌표계 등으로 표현된 함수식의 그래프를 그릴 수 있습니다.

(참고로, 그래프를 그릴 수 있는 함수식의 종류는 직교좌표식/ 극좌표식/ 매개변수로 나타낸 함수식/ 음함수(이차곡선 등)/$x=$ 상수/ 부등식의 영역/ 적분/ 도함수 등입니다.)

■ 변수 입력키 X,θ,T

그래프나 테이블 메뉴에서 함수식을 입력할 때, 변수 $x(\theta,\ t)$는 반드시 X,θ,T 키를 사용해야 합니다. 이미 설정한 함수식의 형태에 따라 X,θ,T 중 하나가 계산기 창에 입력됩니다. (알파벳 X나 T를 입력하면 오류가 발생함).

■ 그래프 창 설정 Shift V-Window

그래프 화면에 표시되는 x와 y(또는 T, θ)의 범위 및 축에 표시되는 눈금의 간격을 설정해줍니다.

(1) 그래프 창의 범위 설정에 따라 창에 나타나는 그래프의 모양이 달라지므로 그래프창의 설정이 매우 중요합니다. 예를 들면, 아래에서 V-Windows를 [그림] 왼편과 같이 설정한 경우에 $y=2x$ (x는 수)의 그래프는 그 오른쪽과 같이 그려집니다.

	설정 내역	V-Windows 설정 화면	계산기 화면의 그래프
①	$-10 \le x \le 10$ $-10 \le y \le 10$ x, y 눈금간격: 1(표준설정: STD)		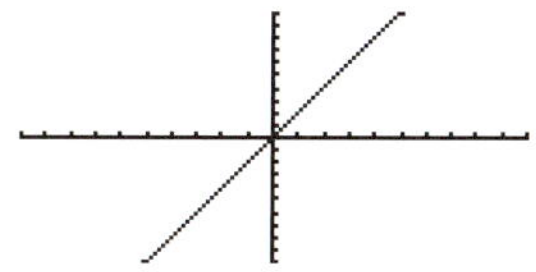
②	$-10 \le x \le 10$ $-10 \le y \le 10$ x, y 눈금간격: 2	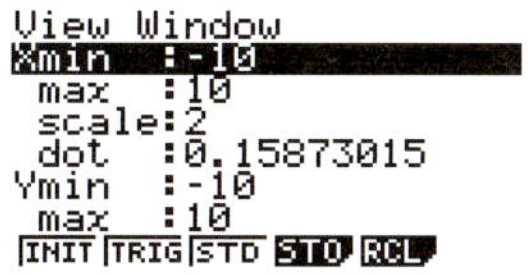	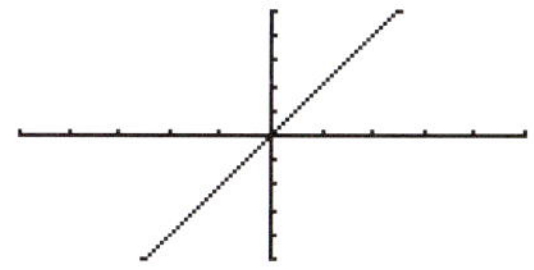
③	$-10 \le x \le 10$ $-5 \le y \le 5$ x, y 눈금간격: 1		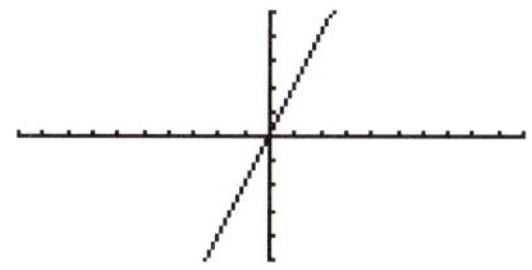
④	①과 동일하나 Dual Screen으로 설정 (SETUP 참조)		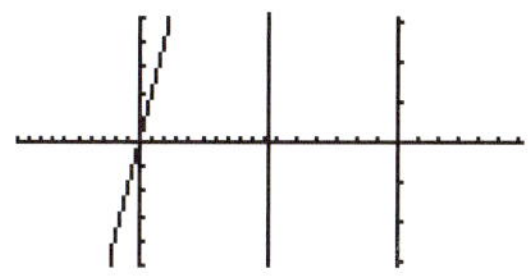

(2) 어느 주메뉴에서 설정한 그래프 창은 그 메뉴 내에서 그려지는 그래프에만 적용됩니다. 그러므로 주메뉴 5번(GRAPH)에서의 그래프 창과 7번(TABLE)에서의 그래프 창을 다르게 설정할 수 있습니다.

6. 그래프 기능 주메뉴 5번(GRAPH)

메뉴 5번(GRAPH)를 선택하고 EXE를 누르면 함수식 입력창이 나타나고, 함수식의 형태를 지정하여 식을 입력하면 그래프를 그릴 수 있습니다. 또 그래프를 분석하여 최대・최솟값, x절편, y절편, 교점 등 그래프와 관련된 값을 구할 수 있습니다.

■ 함수식 형태 지정 TYPE(F3)

계산기에 자동으로 설정되어 있는 형태는 직교좌표계 (그림)이며, 극좌표 또는 매개변수 형태의 함수식을 함수식 입력창에서 지정할 수 있습니다.

(예) 그림 3의 계산기 창에서 TYPE(F3)를 누르면 그림 4와 같이 함수 형태에 관한 4가지 옵션이 나타납니다. 여기에서 직교좌표 Y=(F1), 극좌표 r=(F2), 매개변수식(F3), y축과 평행한 직선 X=C(F4) 중 하나를 선택할 수 있습니다. 그림 5은 여기에서 극좌표계 r=(F2)를 선택하였을 때 나타나는 화면입니다.

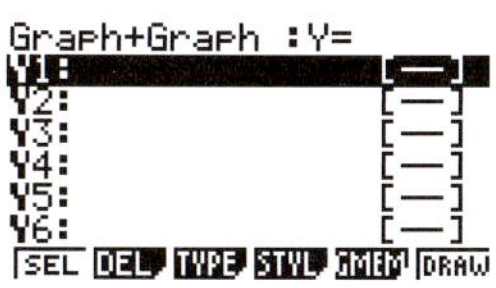

직교좌표계(선택 예)

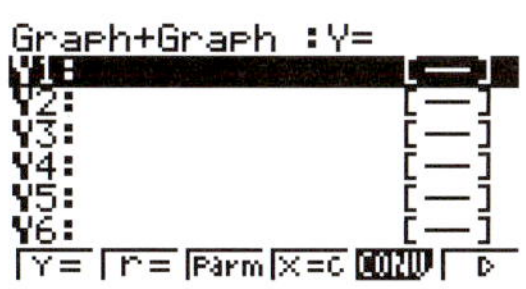

함수식 형태 옵션

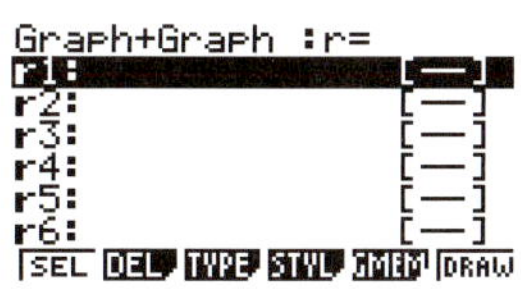

극좌표계 선택시

■ 그래프 위 점의 좌표 추적(Trace) Shift Trace(F1)

그래프가 창에 그려진 상태에서 Shift (Trace: F1)를 누르고 이동키( )로 이동하면 +자 모양의 커서가 그래프 위의 각 점을 이동하며 점의 좌표를 화면 하단에 표시해 줍니다. [그림]은 창을 이등분(Dual Screen)하여 그래프를 그린 상태에서, 그래프 점의 좌표를 추적하는 화면으로 +자 모양의 점의 좌표가 화면 하단에 표시됩니다.

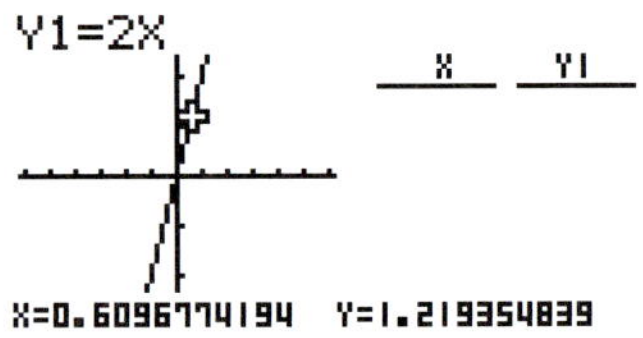

점의 좌표 추적

■ BOX ZOOM 기능 Shift Zoom(F2) Box(F1)

그래프가 그려진 상태에서 그래프 근방을 박스모양의 테두리로 둘러싸고, 화면의 크기까지 확대할 수 있습니다.

① Shift F2(Zoom) F1(Box)를 누릅니다.

② 이동키 를 사용하여 한 점에 커서를 이동시켜 EXE를 누릅니다.

③ 이동키 로 점을 다른 한 점으로 이동시켜 EXE를 누르면, 두 점을 대각점으로 하는 박스 부분이 전 화면에 확대되어 나타납니다.

■ 듀얼(Dual) 그래프 기능 Shift SET UP에서 조정

주메뉴를 선택하고 난 후에, Shift SET UP을 누르고 Dual Graph 옵션을 찾아 지정하면 됩니다.
그래프 화면을 좌우 둘로 나누어 각각 한쪽에 표와 그래프를 그리거나, 또는 좌우에 두 개의 그래프를 동시에 표시할 수 있습니다. 이때 좌측의 화면은 주그래프 화면으로 등록되어 있는 함수식의 그래프를 그립니다. 우측의 그래프의 화면은 부그래프(sub graph) 화면으로 주그래프 화면에 그린 그래프를 복사하거나 확대, 축소한 결과 등을 그립니다. 또한 주그래프 화면과 다른 V-Window를 설정하는 것도 가능합니다.

■ 그래프의 선 모양 설정 TYPE(F4)

입력 된 함수식의 그래프 선의 모양을 설정하기 위해서는 그래프를 선택한 뒤, F4(STYL) F3(점선) 혹은 F4(STYL) F2(실선)의 버튼을 눌러 그림7, 그림 8과 같이 그래프의 선 모양을 설정합니다.

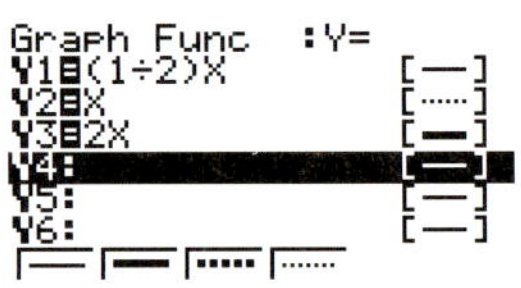

그래프 선 모양 설정

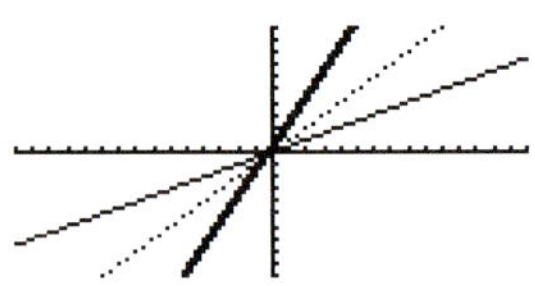

그래프 화면

■ 그래프 창 View Window 설정 Shift V-Window(F3)

그래프를 그릴 때, 화면에 그래프가 보기 좋게 나타나게 하려면 V-Window에서 x와 y의 범위를 각각 최솟값(min)과 최댓값(max)을 입력하여 적절히 설정하는 것이 중요합니다. 계산기 창은 가로와 세로의 비가 2 : 1 입니다.

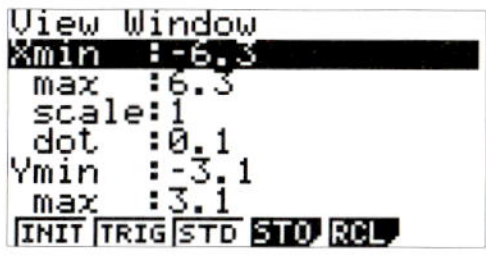

그림 1. Initial

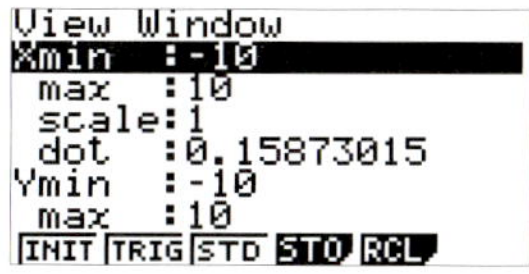

그림 2. Standard

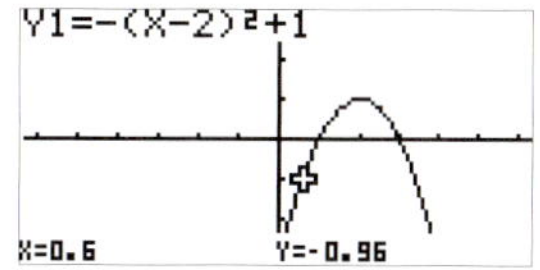

그림 3. 점의 추적

그림 1은 초기 설정(INIT)을 선택한 경우로서 x의 최솟값 -6.3, 최댓값 6.3으로 되어 있습니다. 추적(Trace) 기능을 이용할 때 점의 이동은 한 픽셀(pixel) 단위로 이루어지는 데, 초기 설정(INIT)을 사용한 경우, x 좌표가 0.1 단위로 증감합니다.

※ **참고**. 계산기 화면의 가로는 126픽셀이다. 그러므로 x의 최솟값과 최댓값 사이를 12.6인 경우에 한 픽셀을 이동할 때 x의 값이 0.1씩 증감한다.

x축과 y축의 눈금의 간격을 다르게 하는 경우 그래프의 기울기가 다르게 보일 수 있음에 유의해야 합니다.

7. 다이나믹 그래프 기능 주메뉴 6번(DYNA)

함수식의 계수를 변화시키면, 그래프의 역동적인 변화를 연속해서 볼 수 있습니다.

다음은 $Y = Ax^2$ 에서 계수 A 가 -3에서 3까지 1 간격으로 변할 때 그래프가 동영상으로 나타나는 과정을 보여 줍니다.

입력	계산기 창	
Y= ALPHA A [X,θ,T] [x^2] [EXE]	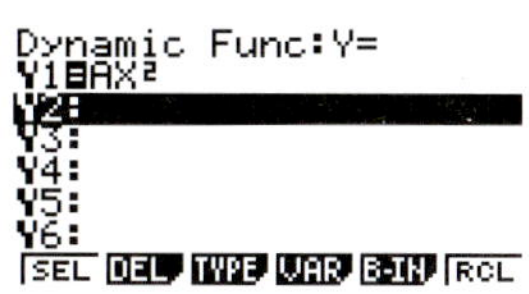	$y = Ax^2$
[F4](VAR)		A를 동영상 변수로 지정
[F2](SET)	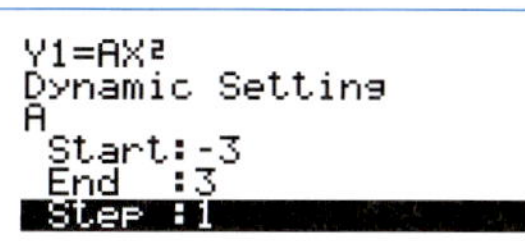	A의 범위 및 간격 지정: $A = -3, -2, -2, 0,\ 1,\ 2,\ 3$
[EXE] [F6](DYNA)	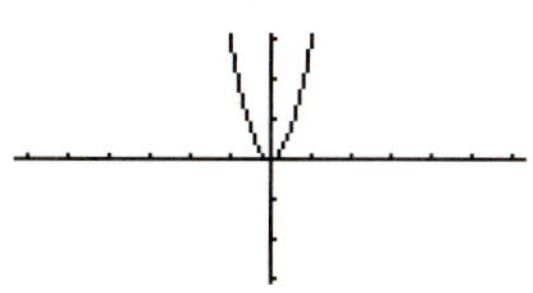	"One Moment Please!"라는 글이 화면에 나타난 후 동영상이 나타난다.

8. 테이블 기능 주메뉴 7(TABLE)

함수식의 대응표를 만들고 그래프를 그릴 수 있습니다.

입력	계산기 창	
MENU 7 (TABLE) F5 (SET) EXE	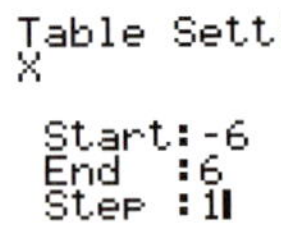	[테이블] 설정 표의 x범위 설정 $-6 \le x \le 6$, 1간격으로
Shift SET UP 누르고 Dual Graph 옵션 F1 (F+G)	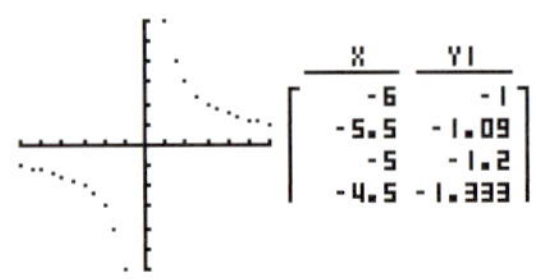	대응표와 그래프 $Y = \dfrac{6}{X}$

9. 통계 기능 주메뉴 2(STAT)

List에 입력된 데이터를 사용하여 1변수, 2변수 통계계산과 통계그래프, 그리고 회귀곡선 등을 그릴 수 있습니다.

■ 그래프 형태 설정

통계 기능에서 그래프의 형태를 설정하기 위해 (그림 4)와 (그림 5)처럼 F1 (GRPH), Graph Type을 선택하여 그래프의 형태를 설정할 수 있습니다.

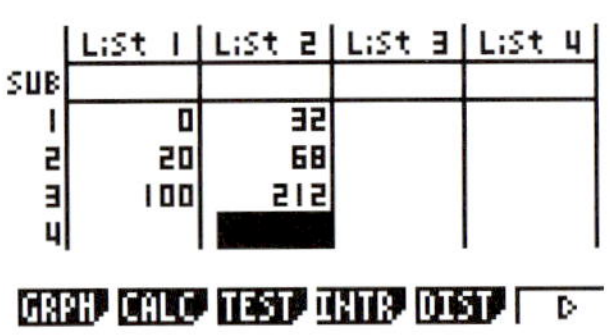

그림 4 그래프 설정화면

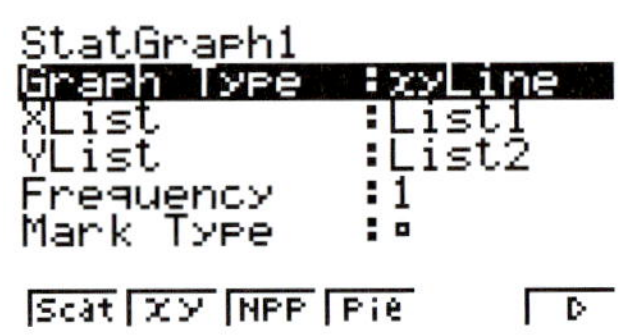

그림 5 그래프 형태설정

■ 회귀 곡선 찾기

통계 기능에서 회귀곡선을 그리기 위해서는 (그림 11)~(그림14)처럼 그래프를 설정 한 뒤, 회귀곡선을 찾을 수 있습니다. 먼저, F1 (GRPH) F6 (SET) F1 (GPH1)을 설정하고 Graph Type을 Scatter로 정한 후 XList와 YList EXE 를 입력합니다. 그리고 회귀 곡선을 찾는 F1 (CALC) F2 (X) F6 (DRAW)을 설정합니다.

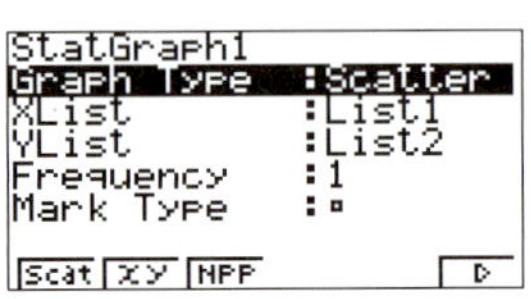

그림 6 그래프 설정

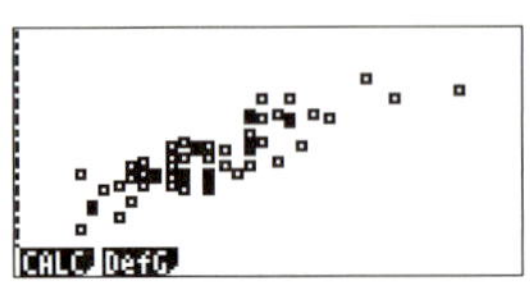

그림 7 그래프 Scatter형태

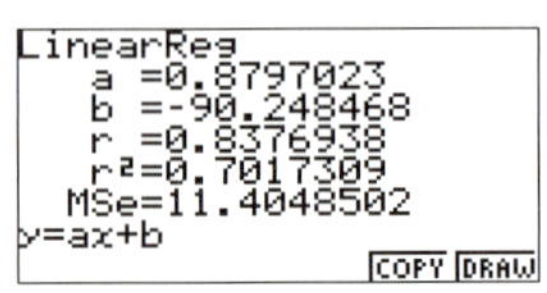

그림 8 자료 분석

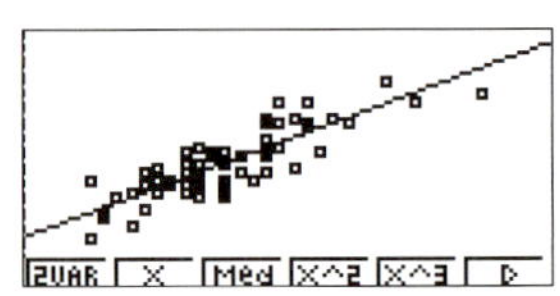

그림 9 회귀 곡선

■ 평균구하기

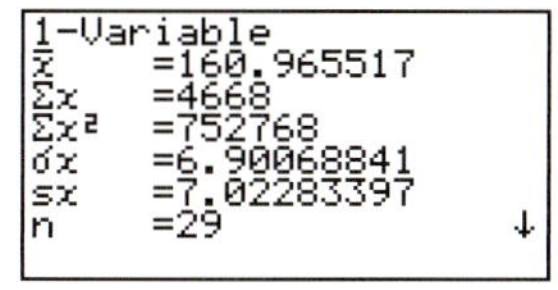

그림 10

[MENU] STAT [EXE] List1에 자료를 입력한 후, [F2](CALC) [F1](1VAR)의 순서로 선택하면 평균과 표준편차를 구할 수 있습니다.

■ 데이터 샘플링과 데이터 저장

계산기 메인 메뉴에서  를 선택하고, [F1](SET) [F1](WIZ) [F1](CASIO)의 순서로 버튼을 누릅니다. Sensor의 메뉴를 선택하여 데이터를 샘플링 합니다.

데이터 샘플링을 위해서는 EA-200이라는 별도의 기기가 필요합니다. 샘플링으로 얻은 자료는 [OPTN] [F2](LMEM) [F1](ALL) [EXE] [MENU] [2](STAT) 버튼을 눌러 데이터를 저장한 후, 분석에 이용합니다.

그림 16은 EA-200으로 온도 자료를 샘플링하는 일련의 화면을 보여줍니다.

그림 11

■ 자료 정렬하기

자료를 오름차순 (SRT-A) 혹은 내림차순(SRT_D)으로 정렬할 수 있습니다.

그림 17, 그림 18과 같이 [F6](▷) [F1](TOOL)의 순서로 선택합니다.

그림 12

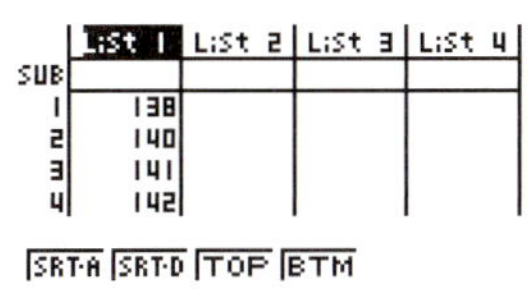

그림 13

저자 소개

장경윤: (현) 건국대학교 수학교육과 교수
kchang@konkuk.ac.kr

류현아: (현) 진주교육대학교 수학교육과 교수
ryuha@cue.ac.kr

신용대: (현) 건국대학교 사범대학부속중학교 교사
syd991031@sen.go.kr

고호경: (현) 아주대학교 교육대학원 교수
kohoh@ajou.ac.kr

원영심: (현) 서울 용곡중학교 교사
myjh63@hanmail.net

이진호: (현) 은성중학교 교사
skylover8321@hanamil.net

살아있는 수학 활동 시리즈 • 2

계산기로 하는 중학교 수학

2014년 10월 10일 초판 인쇄
2014년 10월 15일 초판 발행

저 자 / 장경윤 · 류현아 · 신용대 · 고호경 · 원영심 · 이진호
발행자 / 오판근
발행처 / 교우사

주 소 / 서울특별시 동대문구 약령시로 8 교우빌딩 2층
진 화 / 925-2861(代), 편집부 / 925-2825
팩 스 / 925-2860

E-mail / kyowoo@kyowoo.co.kr
http://www.kyowoo.co.kr

등록 / 1994. 3. 24 제6-0256호

ISBN 979-11-251-0061-4 (94410)
979-11-251-0059-1 (세트)

값 18,000 원